均线战法指南

精准把握趋势买卖点

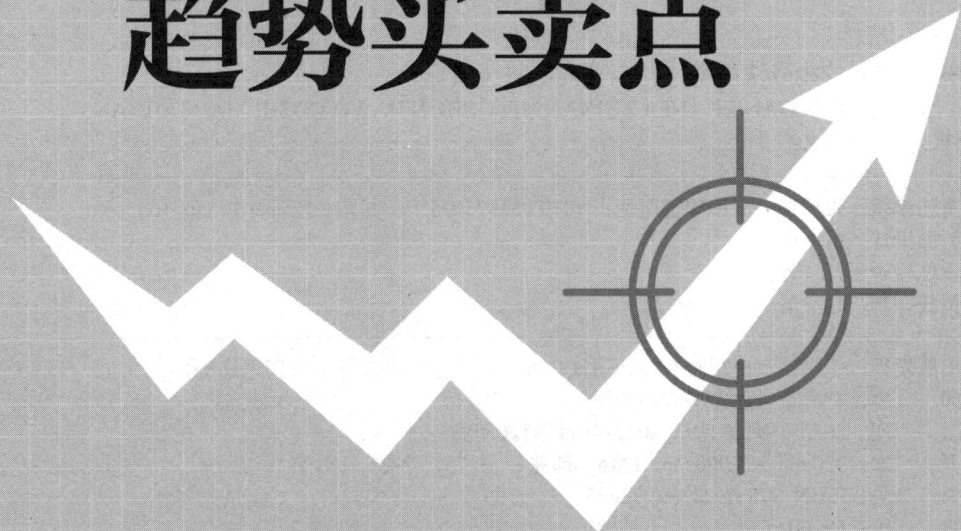

刘文杰◎编著

中国铁道出版社有限公司
CHINA RAILWAY PUBLISHING HOUSE CO., LTD.

图书在版编目（CIP）数据

均线战法指南:精准把握趋势买卖点/刘文杰编著. —北京:中国
铁道出版社有限公司, 2022.9
ISBN 978-7-113-29226-3

Ⅰ.①均… Ⅱ.①刘… Ⅲ.①股票投资-基本知识 Ⅳ.①F830.91

中国版本图书馆CIP数据核字（2022）第098902号

书　　名：**均线战法指南：精准把握趋势买卖点**
　　　　　　JUNXIAN ZHANFA ZHINAN: JINGZHUN BAWO QUSHI MAIMAIDIAN
作　　者：刘文杰

责任编辑：张亚慧　　　编辑部电话：（010）51873035　　　邮箱：lampard@vip.163.com
封面设计：宿　萌
责任校对：苗　丹
责任印制：赵星辰

出版发行：中国铁道出版社有限公司（100054，北京市西城区右安门西街8号）
印　　刷：三河市兴达印务有限公司
版　　次：2022年9月第1版　2022年9月第1次印刷
开　　本：700 mm×1 000 mm 1/16　印张：13.75　字数：184千
书　　号：ISBN 978-7-113-29226-3
定　　价：69.00元

前言

随着社会环境的改变和经济环境的向好，人们手中的闲余资金越来越多。那么，如何使这部分资金"活"起来，在盘活闲余资金的同时，又能帮助投资者获取工薪收入以外的利润呢？

答案很简单，就是参与到投资市场中来。不过投资者要知道，炒股风险是比较大的，要在股市中获利，对于技术面的分析能力必不可少。

但整个技术面分析涉及的知识和分析方法繁杂多样，投资者不可能尽数掌握，需要结合自身的需求和能力进行取舍。其中，均线指标以其简单易懂、功能强大的特性被众多投资者熟知。

作为实战操作时经常使用的指标之一，均线指标已经成为技术分析的重要一环，对其特性和含义的研究也是经久不衰。历史上围绕均线指标出现的理论和技术分析方法很多，并随着时间的推移不断丰富、完善。

通过均线指标，投资者既能判断大趋势的走向，也能具体研判可靠的买卖点。此外，还可以结合其他指标进行综合应用，进一步提高股价走势和买卖时机研判的准确性，是一个非常有用，且极易上手的指标。

为了使有切实需求的投资者都能轻松、快速地认识并掌握股市中的均线分析与运用技巧，作者从均线指标使用与实战的角度出发编写了本书。

全书共 7 章，可分为三部分：

◆ 第一部分为第 1～3 章，这部分内容较为基础，具体介绍了均线的主要功能与参数设置，以及不同周期均线的分类和使用方法。同时也通过大量的案例分析了均线传统买卖法则的实战用法，帮助投资者了解均线指标的基础应用。

◆ 第二部分为第 4～6 章，这部分主要对均线自身产生的及与股价交叉产生的特殊形态进行深入解析，包括多种上攻形态和下跌形态，同时对均线组合常出现的黏合、交叉、服从、扭转及修复形态进行详细解析。能够在实战中帮助投资者做出买卖决策。

◆ 第三部分为第 7 章，这部分介绍了均线与其他常见技术指标的结合战法，能够帮助投资者对市场走势及买卖点有更准确的判断。

本书使用了大量的案例对理论知识进行详解，方便投资者在实战中将理论知识与实际情况逐一对应，达到融会贯通的效果。书中图文并茂，注解详细，形态种类众多，无论是短期投资者还是中长期投资者，都能够在书中找到适合自己的投资策略。

由于编者经验有限，加之时间仓促，书中难免会有疏漏和不足之处，恳请专家和读者不吝赐教。

最后，祝愿各位投资者在对均线指标进行深入的学习后，早日通过股市获取丰厚的利润，但也请牢记，股市有风险，投资需谨慎。

编　者

2022 年 6 月

目录

第1章 均线战法入门：深入认识均线

在变幻莫测的股市中，万千股票纵横交错，由此衍生了大量针对股价走势研判的技术分析方法，其中对于均线的研究是非常重要的一部分。那么，均线到底是什么？具有怎样的功能呢？

第2章　周期均线详解：了解不同用法

以时间周期为依据分类的周期均线，是投资者在实战中最常用到的均线种类，运用范围极广。对周期均线的研究贯穿了整个均线指标的技术分析，无论是单条周期均线还是周期均线系统，对买卖点的研判都有其独到之处。

第 3 章　传统均线实战：葛兰威尔法则

　　均线指标只有应用到实战中，帮助投资者决策买卖点，才能实现其价值。葛兰威尔法则就是均线的经典用法，它历经了无数实战的考验，以及一代代研究者的完善。其八项法则精而不简，指导意义极强，对大部分投资者都适用。

第 4 章　经典上攻形态：决策入场时机

在实战中，均线时常会出现一些特殊的上攻形态，能够帮助投资者做出较为准确的买入决策。学会正确选择买入点，是投资者获取收益的关键一步。

第5章 经典下跌形态：研判卖出信号

均线的下跌形态在实战中的地位极其重要，投资者在选择了合适的买入点后，还需要在一个恰当的位置兑利离场。投资者如果判断失误或是犹豫不决，面临的可能就是大额损失，所以均线的下跌形态也是投资者需要重点掌握的。

第6章　均线组合形态：多种情形分析

均线的组合用法几乎遍布于大部分的均线应用中，是均线技术分析中非常重要的一种，也是投资者在实战中较常接触到的。均线组合的使用非常多样化，其中有几项较为重要的用法需要投资者特别掌握。

第7章　均线与指标结合：提高精准度

在经过前期对均线各种概念的介绍与大量案例解析后，相信投资者已经对均线这项技术分析方法比较熟悉了。但在实战中，投资者也不能单纯地依靠均线进行研判，可以结合其他常用指标一同使用，以提高决策的准确性。

第 1 章

均线战法入门：深入认识均线

在变幻莫测的股市中，万千股票纵横交错，由此衍生了大量针对股价走势研判的技术分析方法，其中对于均线的研究是非常重要的一部分。均线与K线形态如影随形，能够帮助投资者判断适宜的买卖点，预测未来趋势。那么，均线到底是什么？具有怎样的功能呢？本章将对此进行详细的介绍。

- 均线的基本认识
- 追踪股价运行趋势
- 反映市场平均成本
- 软件中均线的调用与参数设置
- 均线参数的优化

1.1 均线基础概述

均线因其功能的完整性和用法的简便性，已成为技术分析中关键的指标。投资者要想在股市中获益，自然也离不开对均线的研究。下面就先来了解均线的基本概念。

1.1.1 均线的基本认识

均线全称移动平均线（Moving Average，简称 MA），它是用统计分析的方法，将一定时期内的证券价格（指数）加以平均，并把不同时间的平均值连接起来形成的一条曲线，用于观察证券价格变动趋势。

图 1-1 所示为平安银行（000001）2021 年 6 月至 12 月 K 线图中的移动平均线。

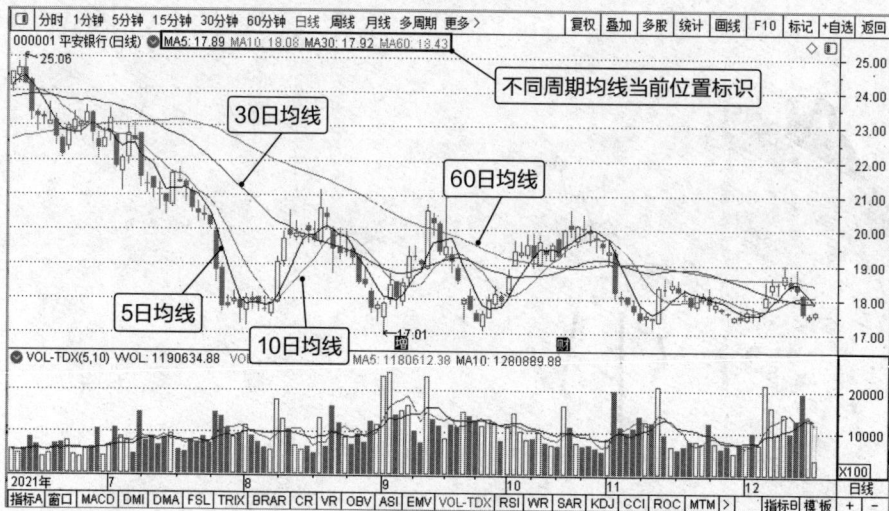

图 1-1 平安银行 2021 年 6 月至 12 月 K 线图中的移动平均线

从图中可以看到，K 线周围围绕 4 条均线，分别是 5 日均线、10 日均线、30 日均线和 60 日均线。图上方框选的位置即当前均线的设置周期参数，冒号后跟随的数据为当日均线的值。

在实际操作中，对于均线时间周期的限制并没有太严格，投资者可以根据自身情况进行设置和使用，使其更符合个人的操作习惯，相关内容在本章后面介绍。

在均线的基本认识中，均线的几个基本特点也是需要了解的，如表 1-1 所示。

表 1-1　均线特点及其描述

均线特点	描　　述
追踪趋势	均线跟随 K 线运动，因此该指标可以对股价运行起到趋势跟踪的作用。当股价的波动暂时脱离原来的运行趋势时，只要其均线系统没有出现相应的变化，短时间内就不会产生较大转折
稳定性	均线是股价平均波动幅度的反映，对股价波动起到了平滑的作用。在一段大趋势中，短期均线的波动可能会被操纵，但中长期均线不会有大的改变，均线正是反映了这种趋势的稳定性
滞后性	因为均线反映了股价的趋势，具有平滑和稳定性，所以其相对股价稍有滞后。在股价原有趋势发生反转时，移动平均线的行动往往显得迟缓，掉头时间滞后，这一点中长期均线表现得尤其明显
助涨助跌性	当股价突破均线时，无论是向上突破还是向下突破，股价有向突破方向继续运行的意愿，这就是均线的助涨助跌性
支撑和压制性	由于均线的上述几个特性，使得它在股价走势中起支撑和压制的作用。股价对均线的突破，实际上是对支撑线和压制线的突破。均线所选用的周期越长，对股价的支撑和压制就越大

1.1.2　均线的算法分类

按照不同的分类方式，可将均线分为不同的类型。其中，按照其算法分类，可分为算术移动平均线和加权移动平均线。

（1）算术移动平均线

算术移动平均线是最简单的移动平均线，大多数技术分析使用的也正是这种算法。它是以每日收盘价作为计算依据，以不同时间长度作为计算周期，所得出的没有偏向性的平均曲线。图 1-2 所示是万科 A（000002）2021 年 11 月至 12 月 K 线图中的 10 日均线。

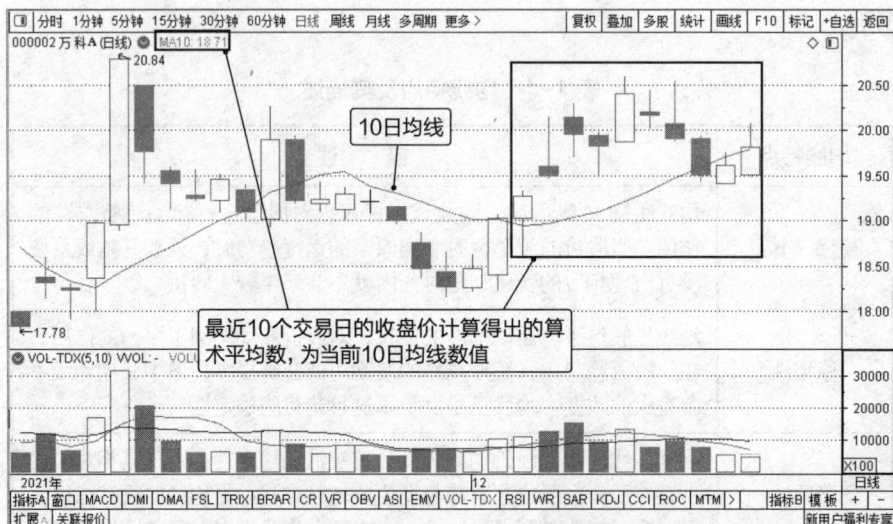

图 1-2　万科 A 在 2021 年 11 月至 12 月 K 线图中的 10 日均线

从图中可以看到，以 10 日均线为例，当前的数值为最近 10 个交易日的收盘价相加除以 10 得来，并在每个新的交易日实时更新。这种计算方法在均线分析中占据重要地位，因为大部分周期均线都是以算术平均的方式刻画的，如 5 日均线、10 日均线、30 日均线及 60 日均线等常用均线，都是依靠这种算法得出的结果。

（2）加权移动平均线

由于算术移动平均线默认时间周期内的每个价格对市场趋势产生的影响是一致的，虽然具有非常好的稳定性，但也因此产生了一定的滞后性。为了更好地观察趋势和更及时地获得信号，加权移动平均线出现了。

加权移动平均线（Weigted Moving Average，简称 WMA）的设计基于一个假设，即距当前越近的价格对未来价格波动的影响越大，距当前越远的价格对未来价格波动的影响越小。根据加权方式的不同，加权移动平均线分为多种类型，其中线性加权移动平均线的应用较为广泛，这里进行具体介绍。

线性加权移动平均线的算法非常简单，以 10 日线性加权移动平均线为例。首先找出目标个股的最近 10 个交易日的收盘价，将第一天的收盘价乘以 1，第二天的收盘价乘以 2，以此类推，直到第 10 天的收盘价乘以 10 后，将所得值相加再除以所有权重的和，就得到了 10 日线性加权移动平均线的当日值。这样以线性加权平均的算法得出的均线，就区分了每一天的收盘价对整体走势的影响。

图 1-3 所示是国华网安（000004）（现为 ST 国华）2021 年 6 月至 9 月 K 线图中的 10 日均线和 10 日线性加权均线。

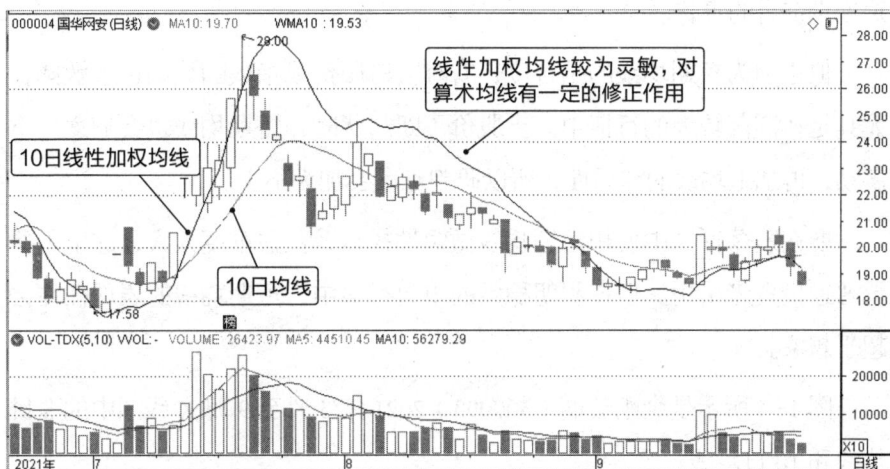

图 1-3　国华网安的均线和线性加权均线

从图中可以看到，通过加权后的均线比算术均线更为灵敏，也更贴近股价走势，在一定程度上弥补了算术均线的滞后性。但因为加权均线计算公式的复杂性，均线的时间周期越长，对应的计算量越大，对硬件和软件来说都是不小的负担。

因此，投资者在实际操作中可以适当调用加权均线作为参考，但不建议将其取代算术均线来作为常用均线研究，大部分的实战仍然要依靠算术均线来进行买卖点决策。

1.1.3　均线的时间分类

按照时间周期不同分类是较为常见的均线分类方法，可分为短期均线、中期均线和长期均线。

（1）短期均线

短期均线主要以 5 日均线和 10 日均线为代表，一般用于指导短线操作。因为其时间周期较短，能够更好地贴合股价或指数，因此短期均线比较受短期投资者的青睐。

但正因为短期均线的贴合度，有时会对股价或指数的波动过于敏感，尤其是在震荡较大的行情中。当股价不断起伏时，短期均线也会随之上下震动，再加上均线的滞后性，所以研判难度会加大不少。

要在震荡行情中使用短期均线做短期操盘，获益难度太大，这里不建议普通投资者采用。但在明朗稳定的单边行情中，短期均线的表现往往会超乎想象。

图 1-4 所示是金刚玻璃（300093）2021 年 3 月至 9 月 K 线图中的 5 日均线和 10 日均线。

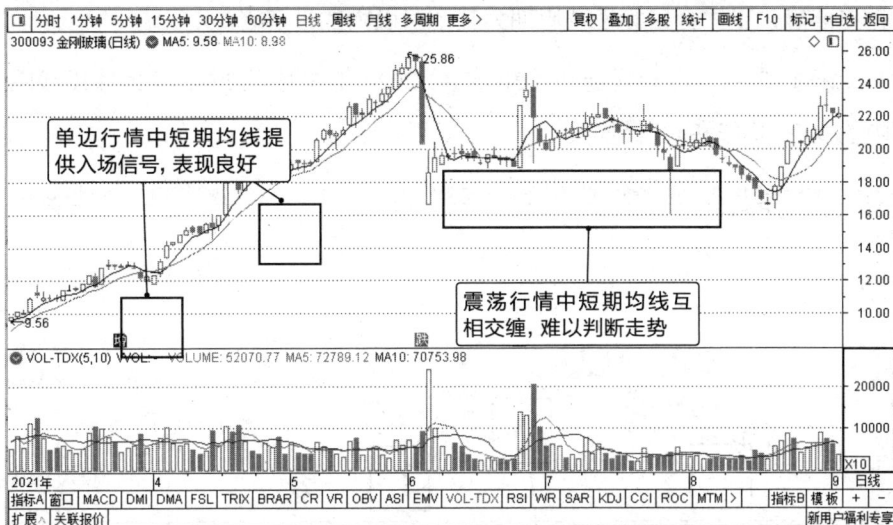

图 1-4 金刚玻璃的 5 日均线和 10 日均线图示

金刚玻璃这一段的走势中同时包含了单边行情和震荡行情，从图中可以比较直观地观察到两条短期均线的不同表现。

在单边行情中，两条短期均线大部分时间呈 5 日均线在上、10 日均线在下的状态，虽然 5 日均线会时不时地回踩 10 日均线，但在受到其支撑后又再次往上。

每次 5 日均线的回踩，股价对应都会有小幅的回调和整理，对于投资者来说这就是明显的入场信号，每一次回踩就是一次做多机会。

而在震荡行情中可以明显地看出两条均线排列的杂乱无章，股价的横盘震荡带动均线不断地互相穿插，难以判断后续走势如何。此时建议投资者不要轻易入场，以观望为佳。

（2）中期均线

中期均线主要以 30 日均线和 60 日均线为代表，可以用于观察几个月内的趋势转折及后续走向，相对于短期均线来说更为稳定，对趋势的预测也更准确，更适合目标投资周期为几个月以内的投资者。

图 1-5 所示是会畅通讯（300578）2020 年 5 月至 2021 年 2 月 K 线图中的 30 日均线和 60 日均线。

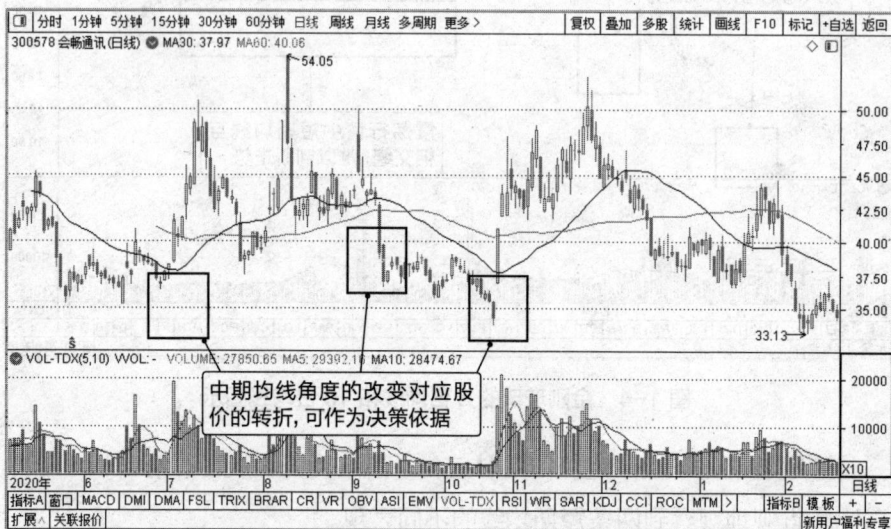

图 1-5　会畅通讯 30 日均线和 60 日均线图示

从图中可以看到，会畅通讯的这一段走势很不稳定，大阴线与大阳线交错出现，波动幅度也不小。但两条中期均线却表现得较为平滑和稳定，虽然存在滞后性，但每一次均线的角度变化都对应着股价的转折，这些角度的改变就可以作为中期投资者的研判依据。

（3）长期均线

长期均线主要以 120 日均线和 240 日均线为代表，常用于观察大盘指数走向及为长期投资者提供指导。时间周期越长的均线，其运行方向要改变也越困难，且滞后性也愈发严重。

正是因为长期均线的稳定性远超短中期均线，往往一年也不会出现几次拐点，提供的交易信号非常少，所以长期均线更多地用于观察长期趋势，尤其是大盘指数。

图 1-6 所示是上证指数（999999）2018 年 1 月至 2021 年 12 月 K 线图中的 120 日均线和 240 日均线。

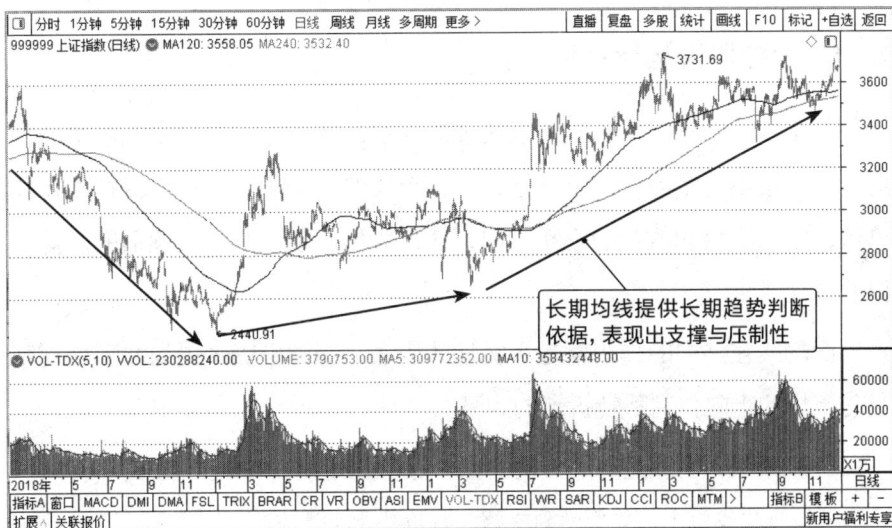

图 1-6　上证指数 120 日均线和 240 日均线图示

从上证指数这 4 年的走势来看，大致分为了 3 段，分别是受到均线压制的熊市、均线交错缓慢上升的震荡阶段和受到均线支撑的牛市。可以看出，长期均线在对指数长期走势的判断中起到了重要作用，均线的支撑和压制功能展露无疑。

长期均线对于市场风向的预估作用，可以帮助投资者在不同的市场环境中制订适宜的投资策略。无论是观察大盘指数还是个股走势，长期均线都是理想的参考指标。

1.2　均线在趋势分析中的功能

均线作为技术分析常用的重要指标之一，其功能也十分完善，能够追踪股价运行趋势、反映市场平均成本、助涨与助跌股价及判断买卖时机，直观地为投资者提供了可靠的研判依据。

1.2.1　追踪股价运行趋势

基于均线的稳定性，它可以实现对现有趋势的追踪及对未来趋势的预测。在大量不稳定因素的干扰下，一只个股的走势不可能一直保持稳定和单边，主力机构和散户的不断进出，使得股价产生无数难以预估的震荡，幅度或大或小。

而均线在其中的作用就是平缓这些震荡，帮助投资者更为清晰地观察当前市场的走向，判断转折点的到来。

一般来说，均线运行的方向会指示股价的走向。

◆　当均线向上，股价受到支撑，行情处于上涨中。

◆　当均线向下，股价受到压制，行情处于下跌中。

◆　当均线拐头向下，股价可能在阶段高位或是行情高位见顶，即将下跌。

◆　当均线转头向上，股价可能在阶段低位或是行情低位见底，即将上涨。

需要注意的是，均线上扬或是下滑的角度越大，拐点越尖锐，股价的走势和转折也会愈发陡峭、快速。

下面来看具体的案例。

实例分析

通合科技（300491）均线追踪股价运行趋势的分析

图 1-7 所示是通合科技 2020 年 7 月至 2021 年 3 月的 K 线图。

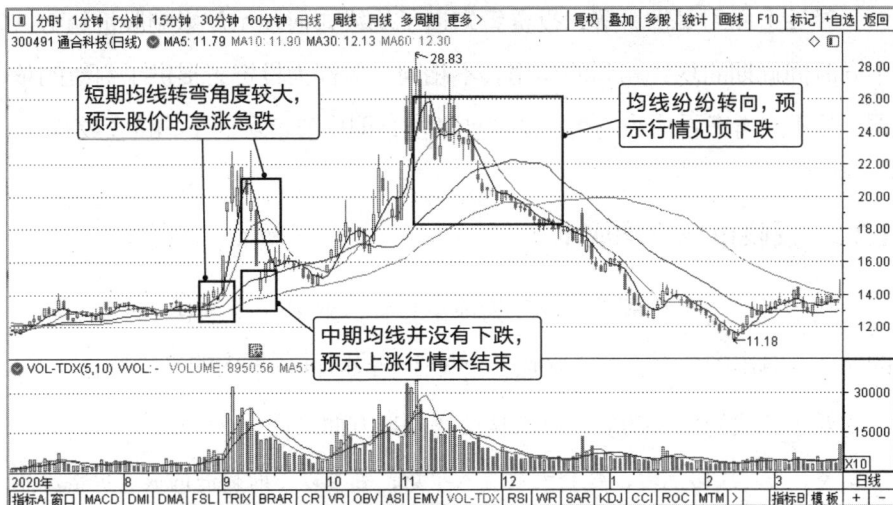

图 1-7 通合科技 2020 年 7 月至 2021 年 3 月的 K 线图

从图中可以看到，2020 年 7 月至 8 月，5 日均线、10 日均线、30 日均线和 60 日均线呈紧凑的黏合状态，但依旧可以看出 30 日和 60 日这两条中期均线在股价下方斜向上运行，但角度非常平缓，支撑股价在盘整中低点收高，缓慢向上爬升。

9 月初，成交量突然放出巨量，连续拉出两个涨停板，股价急速上涨。此时 4 条均线同时大幅上扬，周期越短的均线上扬的角度越大。但在数天后，5 日均线和 10 日均线均拐头向下，而 30 日均线和 60 日均线并没有向下，预示着股价的上涨并没有结束。

此时的股价表现为急速上涨后的急速下跌，但并没有跌破 60 日均线，随后在其支撑作用下继续向上，上涨趋势并没有被破坏，此次的转折就可以判断为一次回调洗盘。

之后均线与股价齐头并进，到 11 月初股价冲高回落，5 日均线最先反应过来，出现了第一个向下的拐角，随之而来的是 10 日均线和 30 日均线的转弯。此时股价已经向下运行了一段距离，前 3 条均线纷纷向下转弯，60 日均线的上扬角度也越来越小，有了转向下方的趋势。从均线的走向来看，已经基本可以判定该股的上涨行情告一段落，之后便进入到下跌行情中。

经过上面的案例讲解，投资者知道了均线如何预示及影响股价趋势。不同时间周期的均线起到的作用各不相同，但都为投资者提供了判断的依据。接下来再来看均线的另一个重要功能，即反映市场的平均持仓成本。

1.2.2　反映市场平均成本

均线是以"平均成本概念"为理论基础，采用统计学中"移动平均"的原理计算出的数据连线，反映了市场在一段时间周期内的平均持仓成本。

对于均线的这一功能，可以从市场预期方面来理解。

◆ 当均线向上时，资金大量流入市场，且是以不断提高的成交价格流入的。这说明资金的持有人对于个股的预期不断提高，导致成交价格的持续拉升，进入市场的成本也在上升。

◆ 当均线向下时，资金转而流出市场，在投资者对个股的预期降低、急于离场之时，成交价格只会不断被压低。此时接盘的投资者能够以相同的价格获取更多的筹码，进入市场的成本随之下降。

不同时间周期均线数值的变动，反映了在这一周期内入场的投资者平均成本的变动。如 5 日均线的上扬，代表的即是最近 5 个交易日内入场的投资者平均持仓成本的上涨，说明最近 5 日周期内的投资者对于个股的预期在提高。

当上涨行情中短期均线转头向下，触碰到中长期的上扬均线时，例如 5 日均线回踩 30 日均线不破，说明短期投资者的平均成本开始降低，与中期投资者的平均成本相吻合。

但中期投资者对个股依旧看好，短期投资者离场造成的抛压会在中期投资者的平均成本线上得到释放。这就是短期均线和股价同步回调到中长期均线时，被支撑力推回原有上涨轨道的市场原理。

下面来看具体的案例。

实例分析

奥园美谷（000615）均线反映市场平均成本的分析

图 1-8 所示是奥园美谷 2020 年 10 月至 2021 年 6 月的 K 线图。

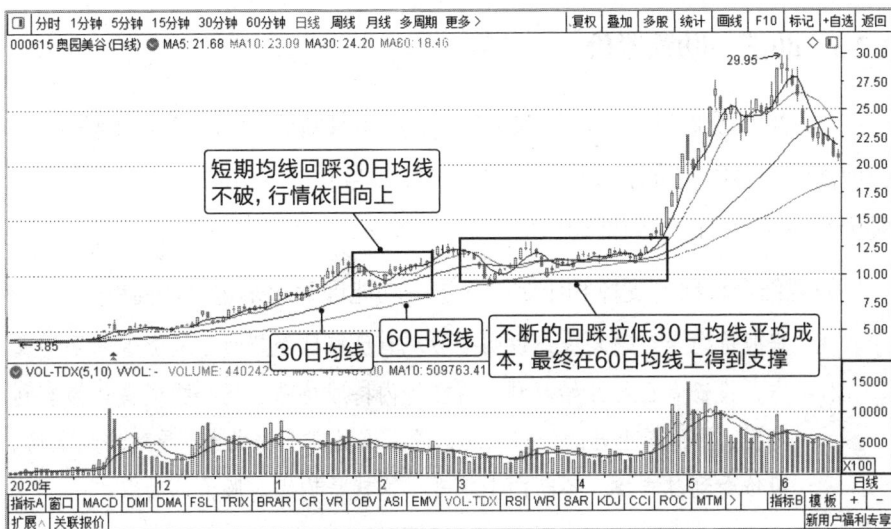

图 1-8　奥园美谷 2020 年 10 月至 2021 年 6 月的 K 线图

图中展示的是奥园美谷的一段上涨行情，可以看到，该股在 2020 年 11 月中下旬结束了长时间的盘整，开始向上攀升。均线从纠缠状态中脱离出来，纷纷朝上方发散，此时短期、中期的投资者对该股的预期都在提高，不同周期的平均成本同步上升。

2021 年 1 月底到 2 月初，5 日均线拐弯向下跌破了 10 日均线，在距离 30 日均线不远的位置折返，10 日均线随后也回踩了 30 日均线，但两者均未跌破 30 日均线。这说明在一段上涨后，盘中积压了不少的短期兑利盘，但都在中期投资者的平均成本线上方释放完毕，股价得以继续上涨。

3 月初，两条短期均线再次掉头向下并迅速跌破了 30 日均线，在 60 日均线上方止跌回升。随后的一段时间内短期均线不断上下波动，与 30 日均线形成交缠。

不断产生的抛压在消耗 30 日周期投资者的价格支撑力后，30 日均线上扬角度逐渐变缓，在 4 月下旬愈发靠近 60 日均线，最终还是在其上方将获利盘消耗殆尽。失去了上方的压力，股价在成交量和多方的有力支撑下回到了上涨轨道中，且涨速较快。

1.2.3　助涨与助跌股价

均线的助涨助跌功能应用非常广泛，源于其对股价的支撑和压制作用。在前面的内容中也介绍过均线的这一功能，当股价突破均线时，均线会对股价新的运行方向起到推动作用。

只要结合均线的支撑和压制性，这一功能理解起来也比较简单。

◆　当股价向上突破均线，说明个股现有价格已经超过了投资者的平均成本，投资者已经开始获利，留在场内持股待涨。场外投资者认为有利可图，便追着上升的价格入场，进一步提高平均成本，导致均线上扬。股价受到其支撑，不断向上攀升，这就是均线对股价的助涨。

◆　当股价向下跌破均线，说明个股的现有价格已经低于投资者的平均成本，投资者资金亏损，希望尽快抛盘离场。场外接盘的投资者则希望以更低的价格建仓，不断压低的价格导致均线下行。股价受到其压制，不断下跌，这就是均线对股价的助跌。

下面来看具体的案例。

实例分析

长安汽车（000625）均线对股价的助涨助跌分析

图 1-9 所示是长安汽车 2020 年 9 月至 2021 年 4 月的 K 线图。

从图中可以看出，长安汽车在 2020 年 12 月之前处于上涨行情中。

在上涨阶段，30 日和 60 日两条中期均线都在股价下方向上运行，短期均线则与股价有交错穿插，但还是可以看出，两者在波动中保持同步上升。

此时短中期投资者都普遍看好后市，并不断有资金追涨入场，在拉高平均成本的同时不断推升股价，均线对股价则起到了有力的助涨作用。

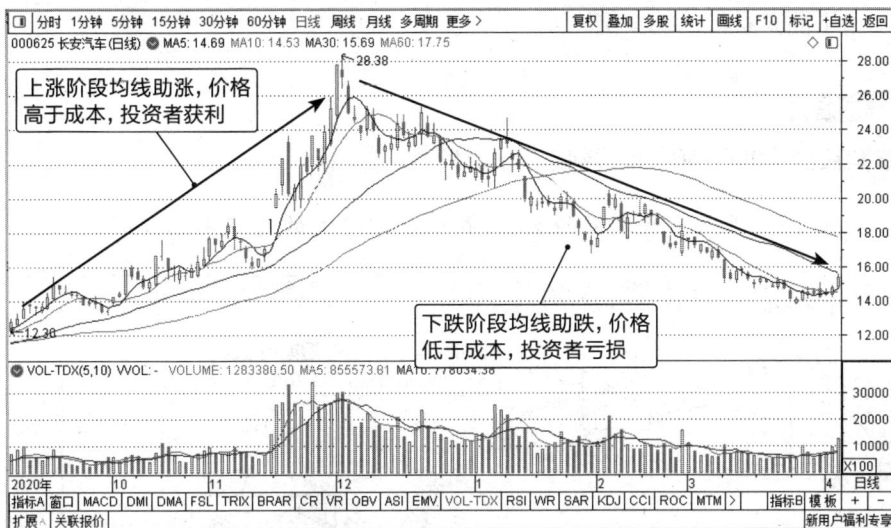

图 1-9　长安汽车 2020 年 9 月至 2021 年 4 月的 K 线图

　　该股的上涨持续到 12 月初，股价冲高回落后，均线逐一掉头向下，上涨行情告一段落，转势为下跌。此时在上涨阶段积累的获利盘大量抛出，不断将股价向下打压。

　　下跌阶段大部分 K 线依附短期均线同步向下，更拉开了与中期均线的距离。现有价格愈发远离平均成本，强大的抛压使得股价一路下跌，此时的均线对股价起到的就是助跌作用。

1.2.4　判断买卖时机

　　通过均线的各种形态寻找买卖时机，是均线指标分析中非常关键的一环。在决策买卖时机时，均线所包含的大量信息能给予投资者可靠的参考依据。

　　◆　在上涨行情中，当短期均线回踩中长期均线不破，或从下向上突破中长期均线时，形态释放出买入信号。

　　◆　在下跌行情中，当短期均线回抽到中长期均线附近受阻，或从上向下跌破中长期均线时，形态释放的则是卖出信号。

下面来看具体的案例。

实例分析

金科股份（000656）均线判断卖出时机

图 1-10 所示是金科股份 2020 年 8 月至 12 月的 K 线图。

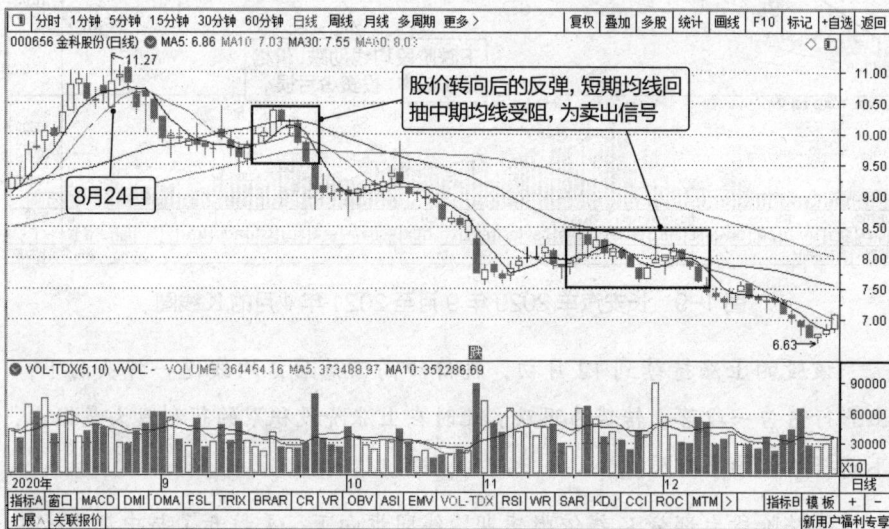

图 1-10　金科股份 2020 年 8 月至 12 月的 K 线图

图中展示的是金科股份的一段下跌行情，从均线的转折可以看到，该股在 8 月 24 日创出 11.27 元的高价之前是处于上涨阶段的。

股价反转后，短期均线首先转向，在 9 月初跌破了 30 日均线，并在随后几天出现了回抽，但还未触碰到 30 日均线便再次下行。此时 30 日均线也正式转向下方，对短期均线及股价进行压制。

这是股价转势以来的第一个反弹，且距离顶部较近，均线已经发出了卖出信号，投资者在此位置应及时清仓离场。

10 月中旬该股再次出现了反弹，但此时的短期均线距离中期均线较远，证明反弹的力度不会太大，且在此次反弹过后，4 条均线都已经彻底转向，对股价共同施加压制。

11 月初，市场中的做多力量再次冒头，股价在 7.50 元左右止跌横盘，短期均线随之横向运行，但 30 日均线持续下行并主动靠近短期均线。

这表明虽然场内的短期盘平均持股成本暂时稳定，但中期盘的平均成本依旧在下降。来自中期盘的抛压不断靠近，短期盘被迫再次压价，导致股价继续下跌，均线再次释放卖出信号，后市不容乐观。

通过这些案例可以发现，均线的每种功能对于投资者的操盘来说都具有一定意义。如何判断大趋势，如何理解均线与股价之间的关系，如何判断均线释放的信号，相信投资者已经有了一个系统性的认知。

那么接下来就来了解均线的参数该如何设置使用，以及怎样对其进行优化，以获得更加可靠的判断。

1.3　均线的参数设置与优化

在观察目标股的走势时，均线需要与 K 线叠加出现，两者形成的各种形态才能够传递不同的信息，为投资者提供决策依据。

通过前面的讲解，投资者也了解到了均线的种类较为繁杂。要想使其发挥出应有的作用，在不同的时机使用适宜的均线周期，以契合自己的投资策略，投资者就必须学会如何对均线进行设置与筛选。

1.3.1　软件中均线的调用与参数设置

市面上提供给投资者的炒股软件众多，且各自的操作方式与窗口位置都有所不同。本节就以通达信金融终端为例，对均线的调用和参数设置进行详细的讲解。

（1）均线的调用

一般在进入通达信软件后，点开任意个股的 K 线图时，均线是默认出现的，投资者需要知道如何调用及隐藏均线。

图 1-11 所示是通达信中海王生物（000078）的 K 线图。投资者可将键盘调至英文输入模式，直接输入"MA"，通达信键盘精灵会自动识别输入的字符，并寻找对应指标。

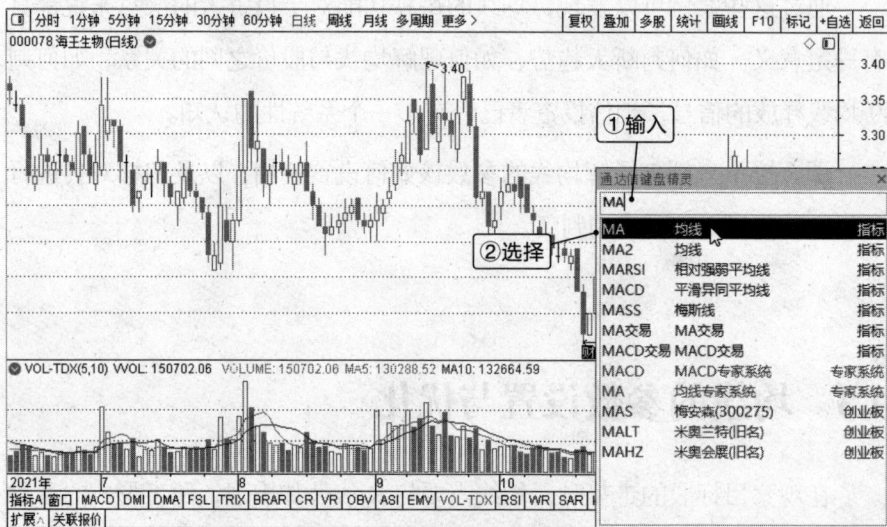

图 1-11　通达信中海王生物 K 线图的均线调用

在均线指标出现后，选择该指标选项，或按【Enter】键，即可调用均线指标。同样的，在不需要均线出现时，也可以用同样的操作进行隐藏。

在成功调用均线指标后，K 线图中就会出现对应周期的均线曲线，那么接下来就要对均线的参数进行设置。

（2）均线的参数设置

均线在 K 线图中可以同时显示多条，每一条的周期都可以自由设置，方便投资者选择。

图 1-12 所示是通达信中太龙股份（300650）K 线图。在 K 线图界面
中选择一条均线单击选中，待均线上出现连续的点后右击，在出现的菜单
中选择"调整指标参数"命令。

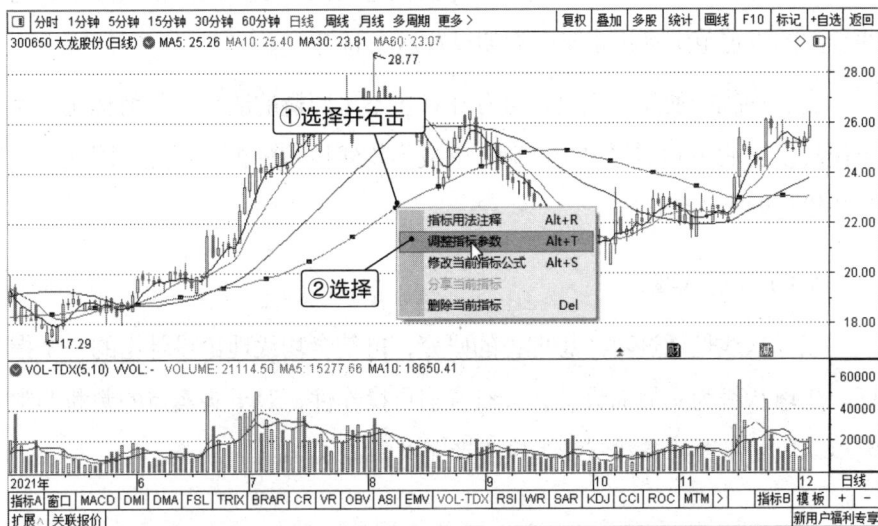

图 1-12　通达信中太龙股份 K 线图的均线参数设置

随后就可以在打开的对话框中调整均线的周期参数了，完成设置后关
闭该对话框即可确认并应用设置的均线周期，如图 1-13 所示。

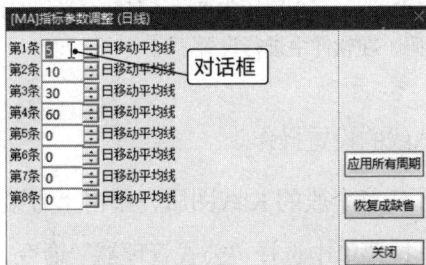

图 1-13　通达信中均线参数调整

当均线周期被设置为 0 时，就意味着在 K 线图中，这一条均线被取消
显示。这样的设置方便了投资者任意选择均线的数量，并根据自己的策略
自由组合使用，非常方便。

1.3.2 均线参数的优化

对于许多投资者来说，常见的均线运用方法其实已经足够，而且其参数的设置比较简单易懂，得到的指标曲线适用面也很广泛。但实际上，均线参数的设置范围远不止时间周期设置这么简单。

由于均线的使用率太高，且存在许多不可回避的缺点，如何优化其参数使其发出的买卖信号更加准确，就成为均线技术分析的重点。因此，江恩八线与顾比均线出现了。

（1）江恩八线

江恩八线是通过对江恩理论的研究，再结合均线理论设计出的一个指标。江恩八线为实战而设计，具有普遍可操作性，对于买卖点的判断非常简单，只要设置好参数就能为投资者提供参考依据。

> **理财贴士** *江恩八线与顾比均线的参数设置*
>
> 江恩八线与顾比均线的设置，都不是单纯地改变均线的外部参数，而是要重新编写其内部公式。这样才能从各个方面对均线的参数进行优化，让投资者在使用时尽可能方便直观。
>
> 江恩八线与顾比均线的公式编辑较为复杂，对此有兴趣的投资者可以搜索相关资料获得其公式代码，在软件中进行设置。

下面介绍江恩八线的设置操作。

在通达信中打开任意个股的 K 线图后，单击上方菜单栏中的"公式"菜单项，在弹出的下拉菜单中选择"公式管理器"命令，如图 1-14 所示，或直接按【Ctrl+F】组合键，用快捷键调用公式管理器。

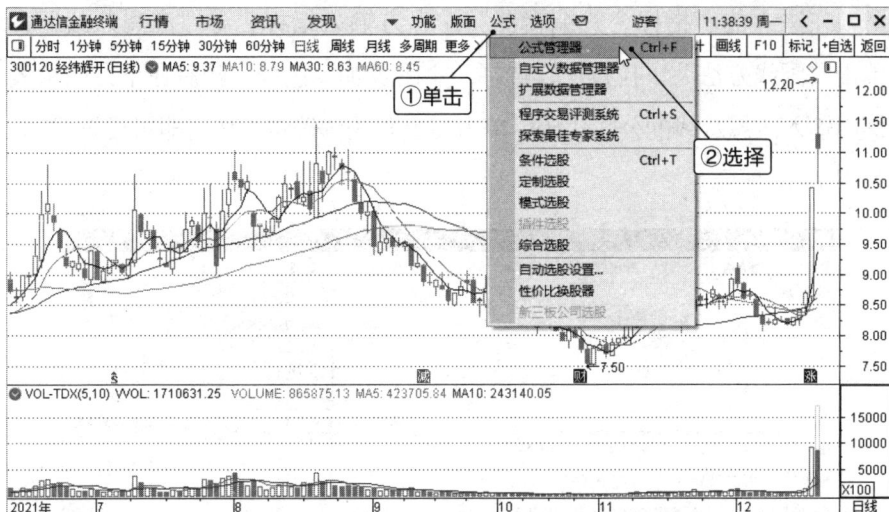

图 1-14　通达信中经纬辉开 K 线图的江恩八线设置

程序自动打开公式管理器对话框，在左边选择"均线型"选项，随后在右边单击"新建"按钮，如图 1-15 所示。

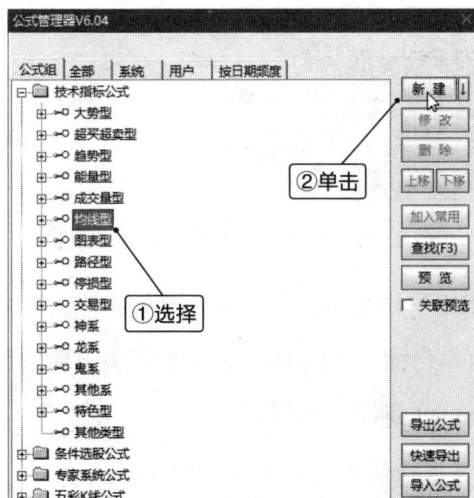

图 1-15　通达信中的公式管理器

在进入的"指标公式编辑器"左上方输入指标名称"江恩八线"，单击"画线方法"下拉按钮，选择"主图叠加"选项，随后在下方的列表框中输入江恩八线的公式代码，单击右上角的"确定"按钮即可设置成功，如图1-16所示。

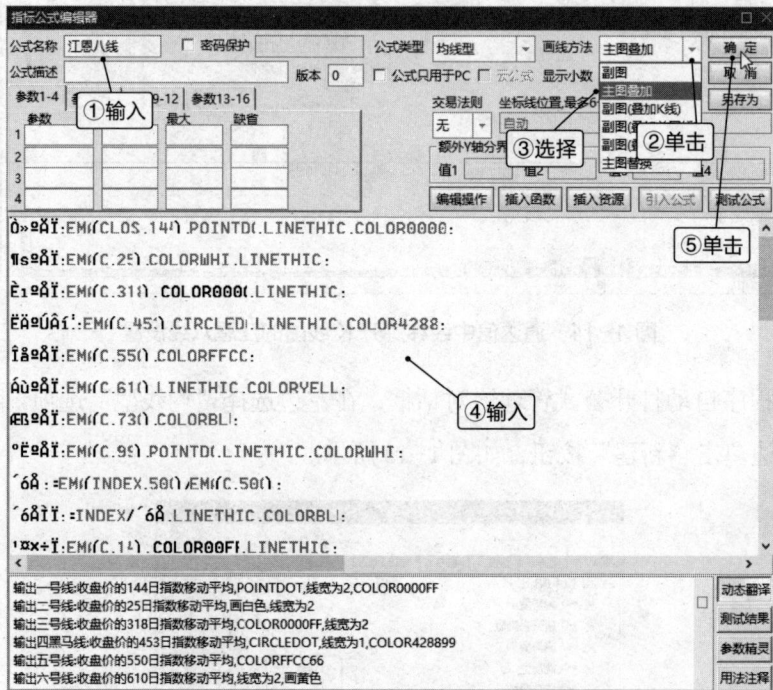

图 1-16　通达信中的指标公式编辑器

江恩八线的调用与均线一致，只要将键盘调整为英文输入模式，直接输入江恩八线的首字母缩写"JEBX"，键盘精灵出现后选择"江恩八线"选项，或是按【Enter】键即可调用。

图 1-17 所示是通达信 K 线图中添加的江恩八线。

图中展示的是设置完成后的江恩八线，由 8 条均线及一条工作线共同形成了一个箱体。江恩八线对于买卖点的判断，就是基于这个均线箱体与 K 线之间不断变换的位置关系。

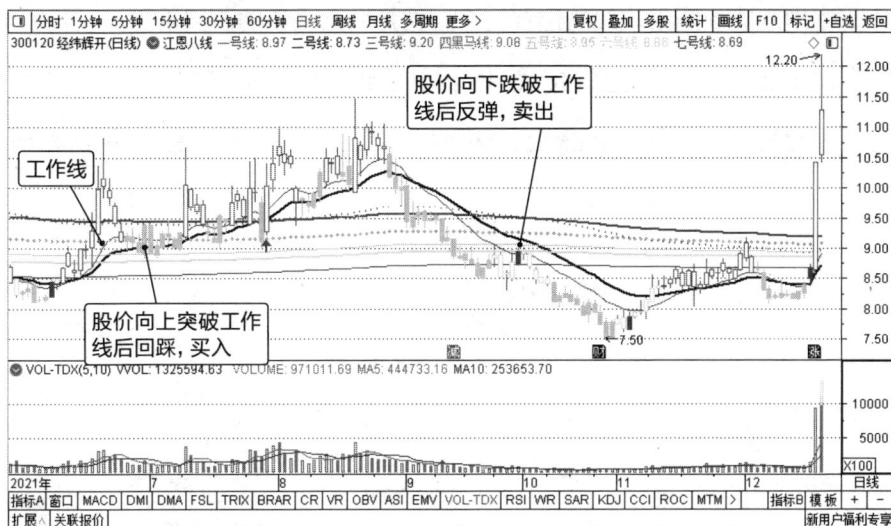

图 1-17　通达信 K 线图中添加的江恩八线

其中，工作线为江恩八线研判的关键线，买卖点遵循"线上阴线买，线下阳线抛"的原则。

◆ **线上阴线买**：当股价有效突破工作线阻力，并在随后的走势中收阴回踩，同时成交量缩量，此时为买入点。当后续成交量持续放量到 3 倍以上时，短线盘就可以考虑出局了。

◆ **线下阳线抛**：当股价向下跌破工作线支撑力，并在随后的走势中收阳反弹，同时成交量放量，此时为卖出点。这是一个判断错误后的补救措施，尽量在下跌后的反弹高位卖出。

（2）顾比均线

顾比均线是由两组均线构成，短期组为 3 日均线、5 日均线、8 日均线、10 日均线、12 日均线及 15 日均线，这组均线透露了市场短期投资者的行为；长期组为 30 日均线、35 日均线、40 日均线、45 日均线、50 日均线及60 日均线，这组均线能够反映市场中长期投资者的行为。

顾比均线的参数设置方法与江恩八线类似，调用成功后即可在 K 线图中直观地观察到两组均线的位置关系，这是顾比均线的研判重点。

图 1-18 所示是通达信 K 线图中添加的顾比均线。

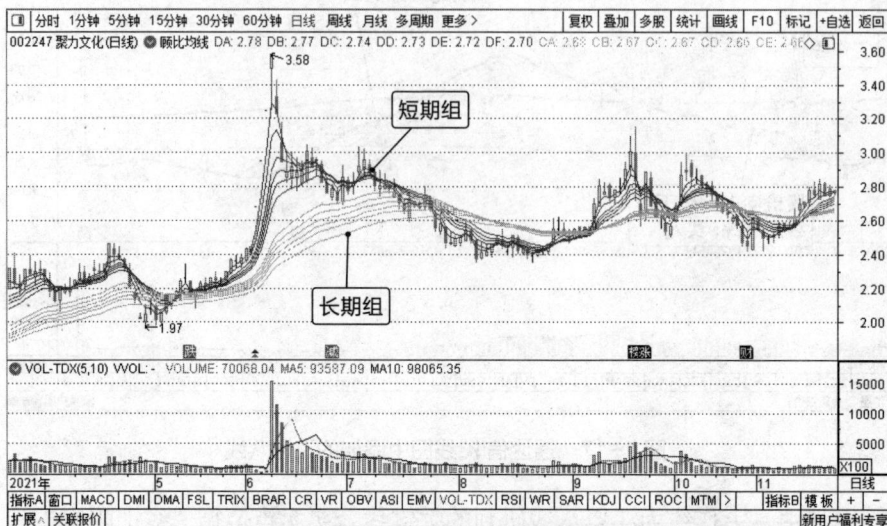

图 1-18　通达信 K 线图中添加的顾比均线

顾比均线主要有 6 种形态，分别是向上发散、向下发散、向上聚拢、向下聚拢、发散平移及聚拢平移，具体研判依据如下。

◆ 当长期组从聚拢平移转为向上发散，短期组与之一致，为做多信号。

◆ 当长期组从聚拢平移转为向下发散，短期组与之一致，为做空信号。

◆ 当长期组从聚拢点向下发散后平移，再向上聚拢，短期组向上发散并穿越长期组，可能为趋势反转，为做多信号。

◆ 当长期组从向上发散状态转为平移，再向下聚拢，短期组向下发散并穿越长期组，可能为趋势反转，为做空信号。

第2章

周期均线详解：了解不同用法

　　以时间周期为依据分类的周期均线，是投资者在实战中最常用到的均线种类，运用范围极广。对周期均线的研究贯穿了整个均线指标的技术分析，无论是单条周期均线还是周期均线系统，对买卖点的研判都有其独到之处。

UP↑

- 5日均线分析方法
- 30日均线分析方法
- 周均线系统用法
- 半年均线的应用
- 超长年均线的应用

2.1 常见单条日均线应用

对于投资者来说，单条均线的应用是相对简单方便的，常见的单条均线有 5 日均线、10 日均线、30 日均线及 60 日均线。在使用单条均线时，投资者需要谨记一个原则，即均线向上，必然牵引价格向上；均线向下，必然牵引价格向下。

价格与均线两者之间联系紧密，价格始终无法脱离均线的束缚力，投资者只要认准趋势顺势而为，总会有所收益。

2.1.1 5 日均线分析方法

5 日均线反映了股价在短时间内的变化趋势，是一条敏感的短期均线，对股价在短时间内的波动反应非常快速。对于短线投资者来说，5 日均线的指导意义重大。

当股价大部分时间运行于 5 日均线下方时，表明股价受到 5 日均线的压制，整个市场处于弱势之中；当股价向上突破 5 日均线时，表明市场中有资金流入，预示股价即将转入强势中，出现短线的入场机会。

由于 5 日均线的周期短，股价与 5 日均线的乖离值一般不会太大，简单来说就是股价不会偏离短期投资者的预期太多。

- ◆ 当股价向上乖离一段距离后势必会回踩均线，在上升趋势中回踩不破，是入场机会；在下降趋势中回踩突破均线后快速拐头向下跌破，是继续下跌的警示。

- ◆ 当股价向下乖离一段距离后也会反弹到均线的位置，在上升趋势中反弹穿过均线，是入场时机；在下降趋势中反弹到均线附近没有突破而是再次下跌，意味着后市继续看跌，投资者要及时离场。

下面来看具体的案例。

实例分析

英可瑞（300713）上升阶段中 5 日均线运用分析

图 2-1 所示是英可瑞 2020 年 7 月至 12 月的 K 线图。

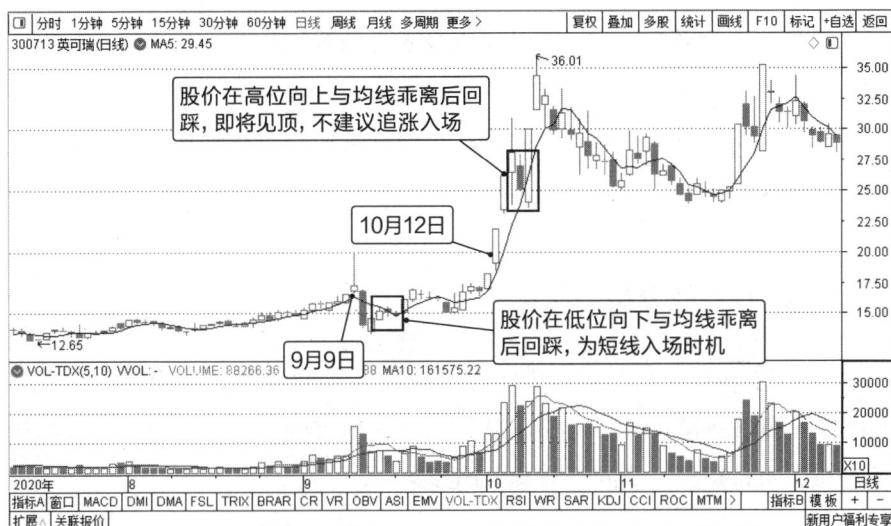

图 2-1　英可瑞 2020 年 7 月至 12 月的 K 线图

图中展示的是英可瑞的一段上涨行情，可以看到在 9 月初之前，5 日均线与股价大部分时间都在以相对稳定的增速同步向上攀升。

9 月 9 日，股价在一根巨量成交量的推动下突然上冲，收出一根带长上影线的阳线。第二天股价低开低走，以长实体阴线报收，第三天 K 线便向下与 5 日均线乖离了一段距离，但很快便回到了线上继续向上运行。

此时股价还未达到太高的位置，成交量量能在股价与均线乖离时有一定回缩，表明股价还未开始快速拉升，且后续成交量的量能在回缩后缓慢放大，意味着接下来可能还会有一波拉涨，此时的股价向下乖离就是短期投资者的入场时机。

9 月底，股价在成交量放量的支撑下强势向上突破 5 日均线，5 日均线呈大幅度折角快速向上攀升，随后几天的 K 线都伴随 5 日均线向上运行，表明股价开始快速拉升。

10 月 12 日之后，股价连续拉出两个涨停板，向上与 5 日均线产生乖离，但并没有持续太久便回到了均线上。在股价回踩均线时成交量回缩，随后再次放量推动股价创出 36.01 元的新高。接着股价冲高回落，5 日均线转而压制股价，进入一段下跌行情中。

这里的高位回踩也可以视作短期投资者的入场机会，但此时的股价位置已经太高，投资者一旦判断失误就可能在高位被套。所以这里不建议投资者在如此高的位置追涨，在上涨途中的股价回踩均线时入场，才是比较稳妥的操盘方式。

2.1.2　10 日均线分析方法

10 日均线是考察股价在半个月内走势变化的重要参考指标。相对于 5 日均线的敏感和大幅的波动，10 日均线要相对稳定一些，而且滞后性并不严重，也是短线操盘的重要参考均线之一。

在判断盘整行情的结束和整理形态的突破时，10 日均线可以起到关键性的作用。

◆　当股价处于低位盘整或是上升途中的整理阶段，股价向上突破 10 日均线，并在随后回踩不破时，可能会出现一段上升趋势，是投资者的入场时机。

◆　当股价处于高位滞涨或是下跌途中的整理阶段，股价向下跌破 10 日均线，并在随后反弹不过时，下降趋势将会持续一段时间，为投资者的离场时机。

下面来看具体的案例。

实例分析

延华智能（002178）下跌阶段中 10 日均线运用分析

图 2-2 所示是延华智能 2020 年 7 月至 2021 年 1 月的 K 线图。

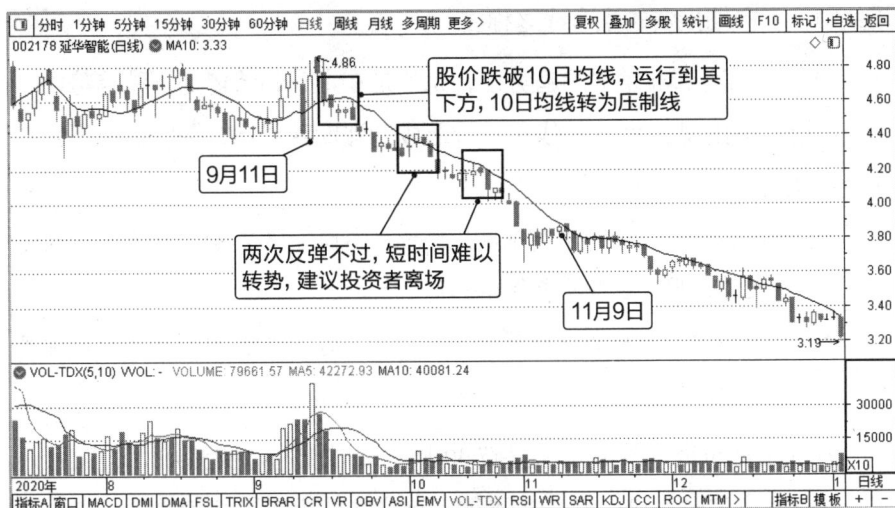

图 2-2　延华智能 2020 年 7 月至 2021 年 1 月的 K 线图

图中展示的是延华智能的一段下跌行情，可以看到，在 2020 年 9 月中旬之前，该股处于一段横盘震荡之中。股价在 4.40 元到 4.80 元的价格区间内上下波动，10 日均线与之交错运行。

9 月 11 日，股价在低开高走后以大阳线报收，随后 3 天连续收阴，股价加速下滑，在两根短实体阳线出现后彻底运行到 10 日均线下方。此时的 10 日均线也已经转弯向下，对股价形成了压制作用。

10 月上旬，股价反弹向上穿过了 10 日均线，但很快便回落到均线下方。紧接着 10 月中旬股价再次向上试图穿越，却与上一次的反弹走出了相似的轨迹，两次的股价都是反弹不过。

11 月 9 日之后的股价几乎是从下方贴合着 10 日均线缓慢向下移动，再结合前期的反弹不过，已经说明了 10 日均线对于股价的压制力较强，短时间内的下降趋势难以改变，投资者此时应尽快离场。

2.1.3　30 日均线分析方法

与前面介绍的 5 日均线和 10 日均线不同，30 日均线被划分到了中期均线中，有中期投资的生命线之称。

30 日均线有着非常强的趋势性，无论是在上升趋势还是下跌趋势中，一旦单边行情出现，30 日均线对股价形成助涨助跌作用，一般情况下趋势在短时间内不会有太大改变。

◆ 当阶段或是行情的下跌见底，股价自下向上突破 30 日均线后回踩受到支撑，那么后市可能会有一轮上升。

◆ 当阶段或是行情的上涨见顶，股价自上向下跌破 30 日均线后反弹受到压制，那么后市可能会有一轮下跌。

需要注意的是，股价向上突破 30 日均线时要有成交量放大的配合，在回踩时成交量较突破时有一定萎缩，这样才能更精准地确定买入点，否则股价可能会在失去成交量推动的情况下突破失败，使得投资者对买点的判断失去价值，甚至可能遭受损失。

尤其是在行情底部出现特殊形态的构筑成立，如双重底、头肩底的颈线突破，伴随股价向上穿过 30 日均线时，成交量的量能需要有相应的放大，此时释放的才是真正的入场信号。下面来看具体的案例。

实例分析

东方雨虹（002271）行情见底时 30 日均线运用分析

图 2-3 所示是东方雨虹 2018 年 7 月至 2019 年 4 月的 K 线图。

图中展示的是东方雨虹下跌行情的底部，可以看到，在 2018 年 10 月之前，该股处于下跌之中，30 日均线伴随股价同步下行。

10 月 8 日成交量量能放大，股价当日低开低走，收出一根长实体的阴线。随后数天股价连续收阴，跌速骤然加快，直到创出 6.21 元的新低后止跌。股价在达到 6.21 元的底部后并未进行整理，而是快速转头向上，朝着 30 日均线攀升。

10 月中下旬，股价在攀升到 30 日均线下方被压制数天后，终于在

10 月 31 日被放大的成交量推动向上穿过了 30 日均线。第二天更大的量能放出，推动股价强势上涨，暂时脱离了 30 日均线的压制，运行到均线上方。

之后股价上涨乏力，成交量也出现明显萎缩，股价频繁回踩 30 日均线。从 11 月初到 12 月中旬，股价一直在 30 日均线附近小幅度地震荡运行，但 30 日均线始终支撑着股价，并未使其彻底跌破到其下方。此时的市场形势还暂时难以判断，投资者可以继续保持观望。

12 月 21 日，股价以低于前日收盘价的价格开盘，在盘中被不断出现的成交量大单打压，导致股价低开低走，当日以阴线报收。而在这一天的阴线实体向下穿过了 30 日均线后，股价快速下滑，运行到了 30 日均线下方。

但这一段跌破的走势并没有持续太久，2019 年 1 月初股价止跌后立即回升。1 月 14 日，成交量放量推涨股价，使当日收出的阳线实体向上穿过了均线，伴随后续成交量的持续放量，股价很快便进入稳定的抬升阶段。此时的上涨行情就比较明朗了，投资者可在确认股价突破均线后入场。

此后的数个月内股价都保持在 30 日均线上方，且每次的回踩都在离 30 日均线还有一段距离时便被推回。从成交量来看也可以发现，这段时间市场表现十分活跃，看多情绪高涨，资金大量入场。

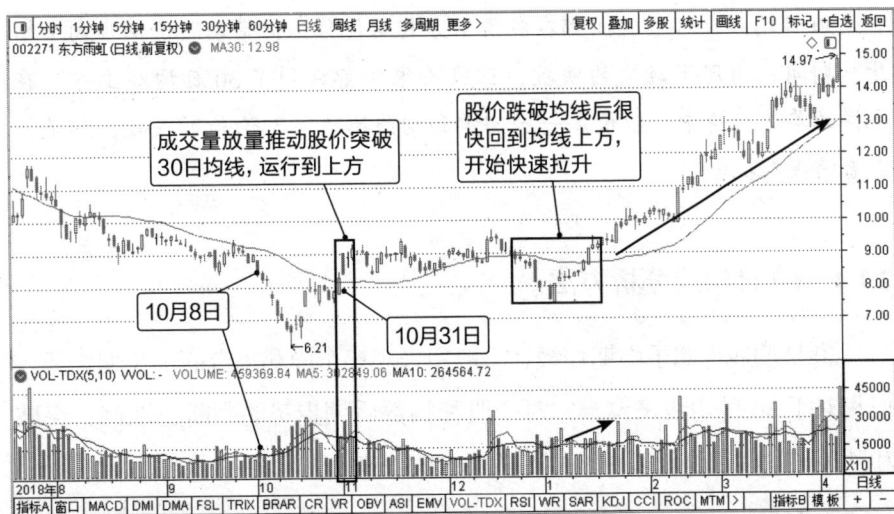

图 2-3   东方雨虹 2018 年 7 月至 2019 年 4 月的 K 线图

图 2-4 所示是东方雨虹 2018 年 10 月至 2020 年 8 月的 K 线图。

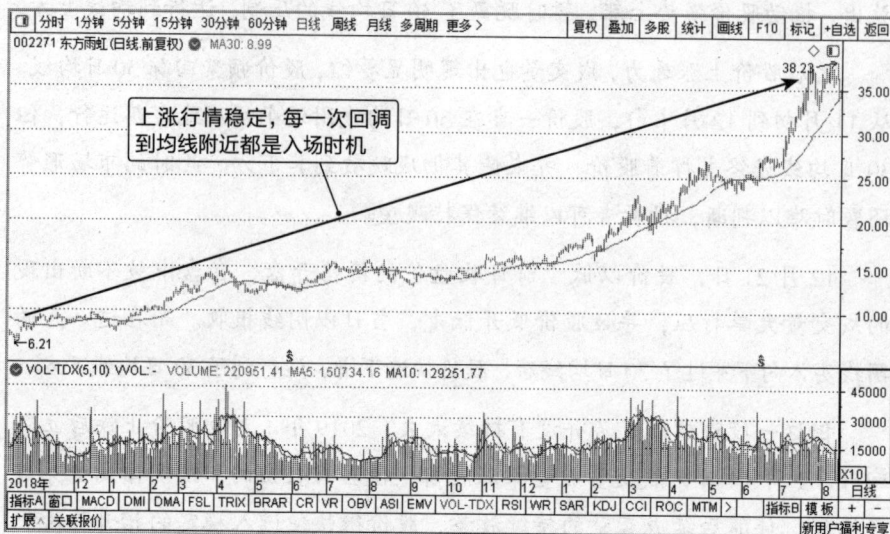

图 2-4　东方雨虹 2018 年 10 月至 2020 年 8 月的 K 线图

从图中可以看到，东方雨虹的上涨趋势持续了相当长的时间，从 6.21 元的位置上涨到 38.23 元，涨幅约 516%，非常可观。而且这一段行情较为稳定，虽然震荡不可避免，但较大幅度的回调很少出现。

30 日均线大部分时间都在股价下方起承托作用，带动股价同步向上攀升，期间也出现了数次的跌破，但股价很快都回到了 30 日均线上方。在这样的单边行情中，股价每一次回调到均线附近，无论是否跌破，都是投资者的买入机会。

2.1.4　60 日均线分析方法

60 日均线也属于中期均线，一般用来观察个股和指数的中长期走势。但相对于 30 日均线来说，它对个股和指数后期走势的判断更准确，突破和跌破该均线都是代表一波牛市或熊市的到来。

更重要的是，60 日均线是判断主力是否有异动的关键均线，它能够揭示主力的成本和动向。

◆　在下跌末期，如果 60 日均线运行方向由向下逐渐转为平缓，伴随成交量异动，可以判断该股有主力在建仓。

◆　行情转势后，如果 60 日均线运行方向由平缓逐渐转为上扬，成交量大量放量，代表主力建仓完毕开始拉升。

◆　在股价顶部，如果 60 日均线运行方向由上扬逐渐转为平缓，成交量在放量后横向运行或开始回缩，代表主力正在出货或出货完毕，行情即将进入下跌。

下面来看具体的案例。

实例分析

模塑科技（000700）60 日均线的运用分析

图 2-5 所示是模塑科技 2019 年 12 月至 2020 年 6 月的 K 线图。

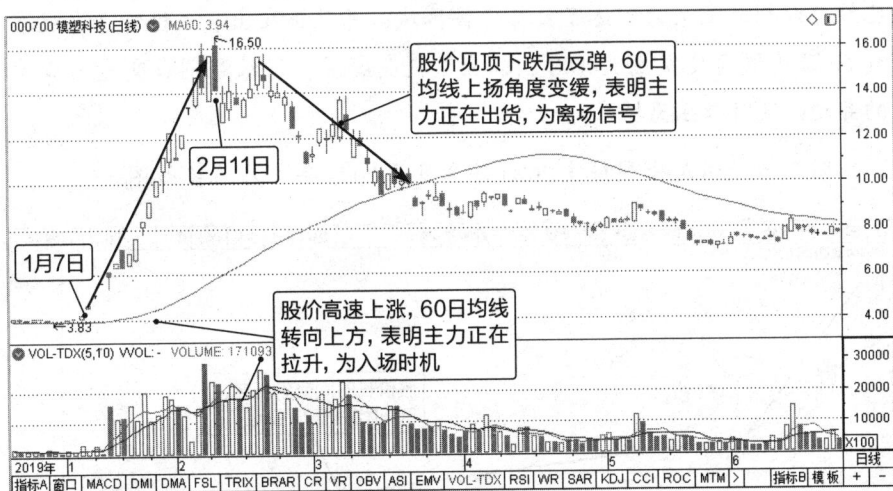

图 2-5　模塑科技 2019 年 12 月至 2020 年 6 月的 K 线图

从图中可以看到，在 2020 年 1 月之前，模塑科技经历了一段时间的低位横盘。直到 1 月 7 日，股价开盘的第一分钟就被大单冲上了 9.93% 的涨幅，接近涨停板的涨幅宣告着主力拉升的开始。

在此之后股价又连续拉出两个涨停板，与 60 日均线拉开了距离。在涨停板打开后成交量飙升，股价被强大的支撑力推动向上，涨速极快。此时 60 日均线还未表现出明显的转向，两者的距离越来越远。

2020 年 1 月中旬，随着成交量的持续放量，股价涨停板不断出现，K 线斜向上高速攀升。同时 60 日均线向上的转角也在逐渐加大，与股价形成同步。

这都表明主力正在发力拉升，而且从拉升的速度来看，主力急于脱离成本区域，尽快到达预期价格兑现利润。这对于短中期投资者来说是绝佳的跟庄机会，在 60 日均线明显转头向上时入场会非常稳妥。

2 月 11 日，股价到达了顶峰 16.50 元的位置，冲高回落后开始下跌。2 月中下旬成交量放量，股价出现第一个反弹，但持续时间不长，很快便加速向下运行，此时的 60 日均线上扬角度开始变缓。

这里从 K 线图成交量的波段缩放和分时图不断出现的大单交易来看，已经可以判断出主力到达了目标价位区域，并且正在出货。投资者在观察到 60 日均线角度发生变化时，就应该提高警惕，仔细甄别成交量与股价的异动，及时跟庄离场。

图 2-6 所示是模塑科技 2020 年 2 月至 2021 年 4 月的 K 线图。

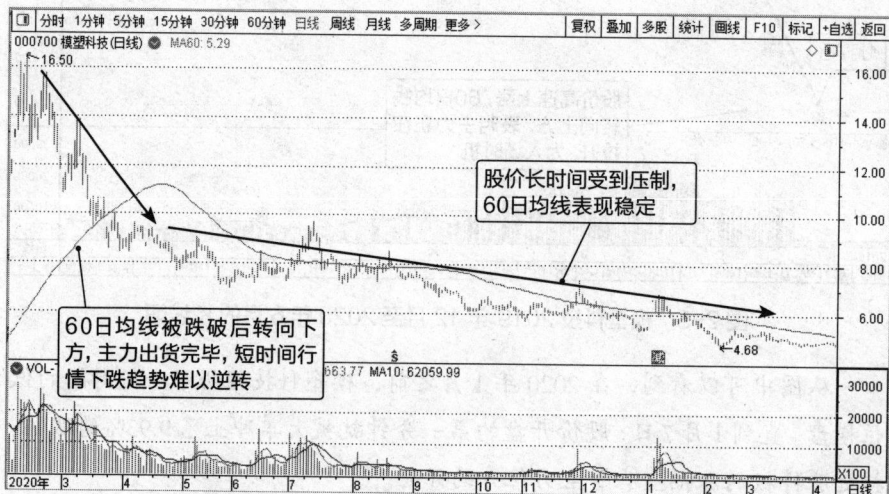

图 2-6 模塑科技 2020 年 2 月至 2021 年 4 月的 K 线图

从图中可以看到，随着 2020 年 3 月初该股第二次大幅反弹的出现，60 日均线的运行方向逐渐向下跌的股价靠拢，直到 3 月 23 日被彻底跌破，此时 60 日均线出现明显的走平迹象。在股价运行到其下方近一个月后，60 日均线才彻底转向。

60 日均线拐头向下后，该股的下跌行情持续了非常久。其中 60 日均线始终保持着对股价的压制，即使股价向上突破了均线也会很快回落到下跌轨道中。

由此可以看出，60 日均线具有非常强的稳定性和趋势性，单边行情中一般的波动都无法撼动其运行方向，对于观察股价的中长期趋势和大盘的走向非常有效。

介绍完了 4 条常用周期均线的分析方法，相信投资者已经有所收获。但是单条均线的使用始终有一定局限性，每条均线的优势与劣势都非常明显，鱼与熊掌不可兼得。例如，5 日均线减缓了滞后性却牺牲了稳定性，60 日均线得到了稳定性但滞后性非常严重。

那么，如何将不同周期均线的优势有机地结合在一起，尽量去除劣势的干扰呢？这就是投资者需要掌握的又一项均线用法，即周期均线系统的使用。

2.2　如何使用周均线系统与月均线系统

我们前面介绍的均线系统都是日均线系统，即在日 K 线中的均线系统。其实，在均线系统中还有两个较为重要的分类，即周均线系统和月均线系统。相较于日均线系统，这两类更偏向于中长期的投资，对于短期投资者来说不太常用，但是在某些买卖点的判断上具有指导意义。

2.2.1 周均线系统用法

周均线系统简单来说就是在周 K 线下的均线系统。在实战中，比较常见的周均线系统为 3 周均线、5 周均线和 10 周均线的结合，这 3 条周均线的组合对于短线和中线都适用。

在进行周均线系统的设置时，投资者需要先将软件中默认的日 K 线转换为周 K 线，在周 K 线图中进行 3 条均线的设置。图 2-7 所示是天通股份（600330）中的周 K 线系统。

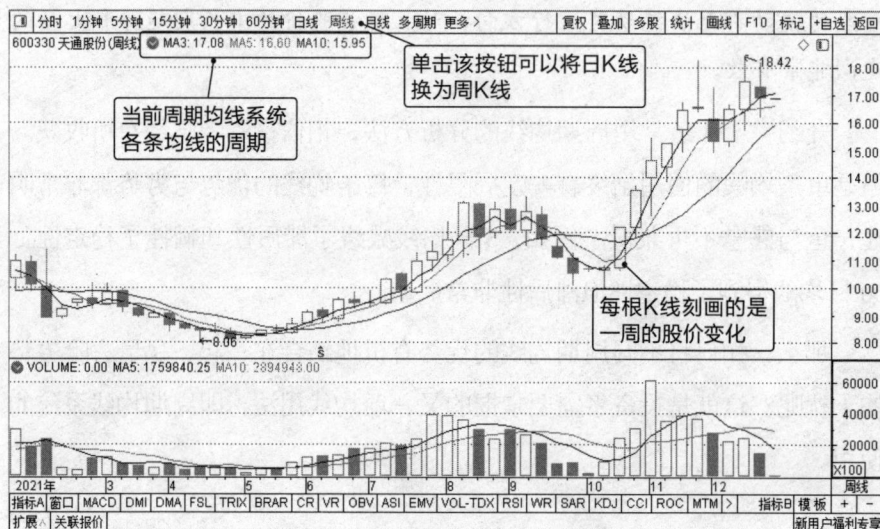

图 2-7　天通股份中的周 K 线系统

在周 K 线图中，展示的是以周为时间单位的均线。其中，每一根周 K 线的信息包含了周一的开盘价、周五的收盘价、全周最高价和全周最低价。

周均线系统相对于日均线系统来说趋势更加稳定，其较大的优势就是能够将日均线系统中频繁的反弹和回调屏蔽掉，帮助中长期投资者去除很多无效的买卖点，避免频繁操作。

投资者在系统中使用 3 条周均线判断买卖点时，一般要遵循三线合一原理，也就是周均线的聚合。在上涨行情与下跌行情中，这样的形态发出的买卖信号大不相同。

（1）上涨行情中周均线系统的应用

在上涨行情中，如果周均线在相互纠缠后交叉上扬，表明股价前期处于上涨阶段中的横盘，上涨还未结束，为买入时机。

如果周均线上扬角度变缓，直至转弯向下形成交叉，表明股价即将进入大幅回调。短期投资者需要结合自身的投资策略来决定是否离场，中期投资者可以继续持股观望。

下面来看具体的案例。

实例分析

苏宁环球（000718）上涨行情中周均线系统运用分析

图 2-8 所示是苏宁环球 2020 年 3 月至 2021 年 6 月的周 K 线图。

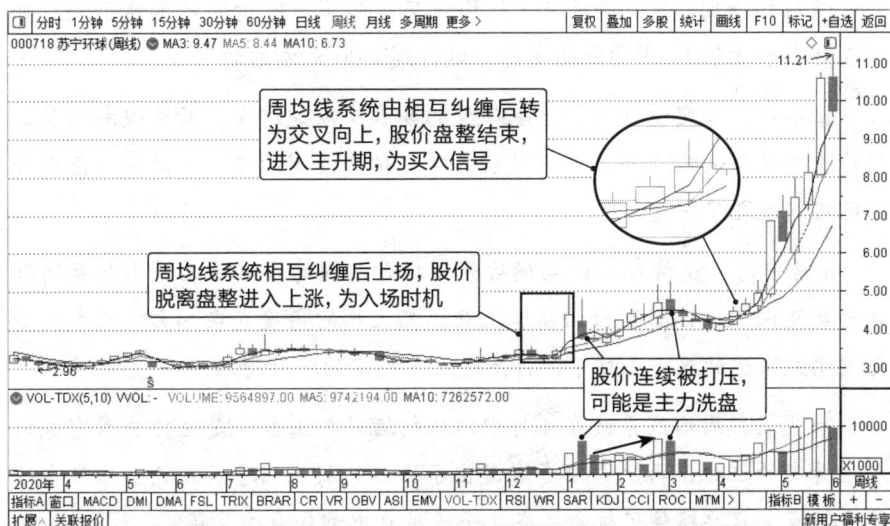

图 2-8　苏宁环球 2020 年 3 月至 2021 年 6 月的周 K 线图

从图中可以看到，苏宁环球处于一段上涨行情中，2021年1月之前股价的波动幅度不大，在3.00元到3.50元的价格区间内横盘。这段时间内的3条周均线处于互相纠缠的状态，使人难以判断后期走势。

2021年1月初，股价被放大的成交量推涨，周K线以长实体阳线报收，并踩着10周均线，强势向上突破了3周均线和5周均线。同时3条周均线纷纷上扬，以3周均线角度最大，周均线系统脱离了纠缠状态。

从股价位置来看，此时尚处于股价低位区域；从成交量的异动来看，主力可能开启了拉升。两者相结合，再加上周均线系统的上扬，更确定了行情拉升的开始，此时就是投资者的入场时机。

1月中上旬，股价上冲5.00元价位线附近，被再次放大的成交量打压回落，连续下跌3周后跌破了3周均线和5周均线，但在10周均线上受到支撑，随后股价在成交量放量的牵引下缓慢向上攀升。

2月底到3月初，股价向上攀升一小段距离后再次被打压，此时3条周均线已经由上扬转为走平，并且互相靠拢。从成交量的连续打压行为来看，可以大致判断出是主力的洗盘动作，场内的投资者可以保持观望。

随后的一周，3周均线与5周均线交叉向下，股价随之加速下跌，并在3月底跌破了10周均线的支撑，运行到4.00元左右的位置。

但很快，成交量从股价下跌导致的萎靡中恢复过来，开始逐渐放量。股价重整旗鼓再次上行，在4月初成功突破3条周均线，此时的3条周均线已经纠缠在了一起。

4月中旬，股价在确认站稳后开始拉升，周均线系统此时由相互纠缠转为交叉向上，伴随股价的高速上涨，其上扬的角度也在加大。在成交量与周均线系统的双重支撑下，行情进入了稳定的拉升阶段。

很明显，周均线系统在4月中旬从纠缠转为上扬，是主力洗盘完成进入主升期的征兆，再次向投资者发出了强烈的买入信号。无论是短期盘还是中期盘，只要抓住了机会，在这一段拉升中都会有所收获。

（2）下跌行情中周均线系统的应用

在下跌初期出现周均线上扬角度变缓，但还未转头向下形成交叉，说明股价反转速度太快，周均线来不及反应，在股价下跌一段时间后才出现周均线的交叉。这样的交叉传递出相当危险的信号，投资者应立即出局。

在下跌途中，如果周均线在靠拢后交叉下跌，表明股价前期处于下跌阶段中的横盘状态，说明下跌还未结束，为卖出时机。

在下跌途中，如果周均线并未聚合而是短期周均线下跌角度变缓，当短期周均线转弯向上形成交叉，表明股价即将进入大幅反弹。经验丰富的短期投资者可以入场操作，场内的套牢盘则要抓住时机出局。

下面继续借助苏宁环球的案例来解析下跌行情中周均线系统的应用。

实例分析

苏宁环球（000718）下跌行情中周均线系统运用分析

图 2-9 所示是苏宁环球 2021 年 4 月至 12 月的周 K 线图。

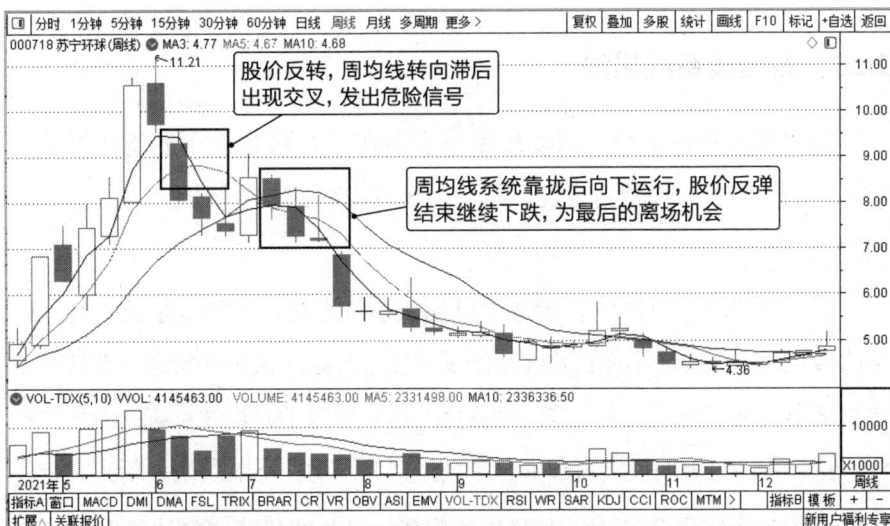

图 2-9　苏宁环球 2021 年 4 月至 12 月的周 K 线图

图中展示的是苏宁环球的见顶回落后进入下跌行情的阶段，可以看到，经过上一段的上涨后，股价在11.21元的位置见顶。在此位置反转后，由于滞后性的原因，周均线并没有及时做出反应，只是上扬角度变缓，并逐渐转为向下。

在周均线转向的过程中，股价也在连续周K线收阴的牵引下快速下跌，在6月底暂时止跌。此时3周均线与5周均线靠拢后交叉向下，3周均线跌破了10周均线，5周均线也在靠近10周均线，周均线系统逐渐靠拢。

股价在6月底到7月初反弹，连续穿过了3周均线和5周均线，但成交量在随后持续缩量，股价不得不继续下跌。5周均线在股价下跌的影响下很快跌破了10周均线，在7月中下旬时，周均线系统全部转头向下，股价反弹结束继续向下运行。

可以看出，当股价在高位反转后再出现周均线系统向下的交叉，说明下跌行情已经非常明朗化，前期拉升的主力在此位置基本出货完毕，短时间内的下跌趋势很难有所改变，投资者要立即出局。而后续的周均线系统靠拢，则是留给投资者最后的离场机会。

2.2.2　月均线系统用法

与周均线系统类似，月均线系统表示在月K线状态下的均线系统。对于一般的中长期投资者来说，常选用3月均线、5月均线和10月均线的组合均线。

在同一段观察时间内，相对于日均线系统来说，月均线系统的统计周期比较长，因此波动不像日均线系统那样随时都是起伏波动状态，尤其在单边行情中几乎不会产生太大的波动变化。这也导致了月均线系统的滞后性相对严重，所以对短期投资者和部分中期投资者来说，不能用来判断买卖点。

月均线系统更多是用于对趋势的判断，是长线投资者的决策利器，常用于寻找黑马股。

当行情长期低位盘整，突然出现股价突破月均线系统，并在回踩后确认其支撑力后，短期月均线逐一向上穿过中长期月均线，并同时向上发散运行，那么黑马股的牛市即将来临。

下面来看具体的案例。

实例分析

宁德时代（300750）月均线系统寻找黑马股分析

图 2-10 所示是宁德时代 2018 年 11 月至 2020 年 11 月的月 K 线图。

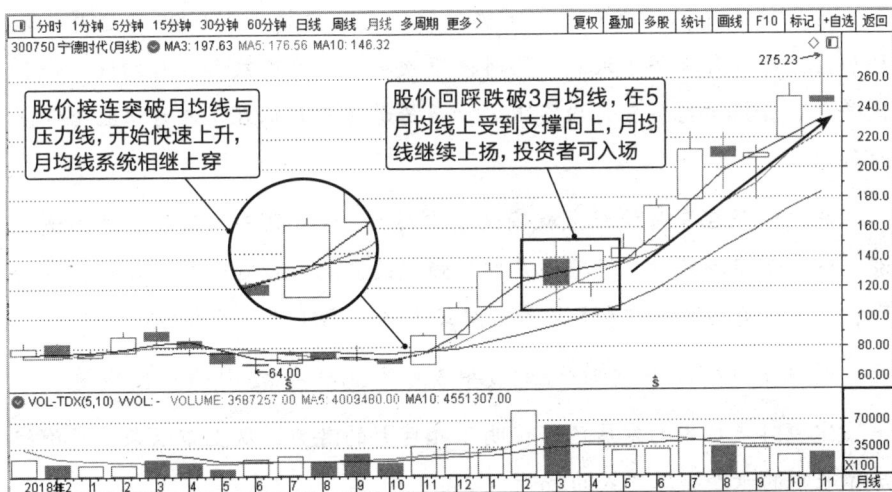

图 2-10 宁德时代 2018 年 11 月至 2020 年 11 月的月 K 线图

图中展示的是黑马股宁德时代的牛市拉升初期，可以看到，该股在拉升前期处于低位横盘状态，且持续了不短的时间。

2018 年 11 月至 2019 年 10 月这段时间，股价都在 64.00 元到 95.00 元的价格区间内上下波动，3 条月均线的震荡幅度较小。从成交量、月均线及股价三者的状态来看，宁德时代表现平平。

在 2019 年 11 月左右，成交量出现放量，股价在其推动下向上冲破了 3 条月均线，此时的 3 月均线和 5 月均线已经转向，在 10 月两者几乎是黏合在一起向上运行，其间形成了 3 月均线对 5 月均线的上穿。

10 月均线的滞后性最强，此时还变化不大，前两条月均线逐渐向其靠拢，终于在 11 月完成了 3 条月均线的交叉上穿。在紧接着的 12 月，成交量持续放大，支撑股价成功向上突破了限制该股数月的压力线。

在月均线系统上穿成功，确认了上涨趋势时，部分激进的投资者就会入场了。但这样的操作存在一定的风险，如果后续该股并没有出现牛市，而是在快速上涨一波后跌至谷底，不仅会打击投资者的信心，还有可能造成经济损失。更稳妥的入场时机是在股价回踩月均线，并确认受到支撑时。

从后续的发展可以看到，宁德时代的这一段拉升到 2020 年 2 月阶段见顶后，在 3 月收阴下跌，且同时向下跌破了 3 月均线和 5 月均线。但股价并没有直接运行到 5 月均线下方，而是迅速回升踩在了 5 月均线上向上运行。

此次回踩在 5 月均线上就确认了支撑力，4 月到 5 月股价更是加速上涨。这表明市场的看多预期还是比较强烈的，此时投资者就可以放心入场了，下方强有力的支撑和月均线的继续上扬，已经预示了黑马股的腾飞。

图 2-11 所示是宁德时代 2020 年 3 月至 2021 年 12 月的月 K 线图。

宁德时代后市的发展已经证明了其巨大的潜力，从上市以来，股价经历了长期的盘整和爆发式的拉升。

截至 2021 年 12 月，宁德时代的股价最高已经飙升到了 692.00 元，相较于回踩确认时的 105.01 元，该股在接近两年的时间里上涨了近 559%，被称为黑马股，宁德时代当之无愧。

这也说明了月均线系统在寻找黑马股上的优势，对于长期投资者来说，月均线系统是非常有用的选股工具。

如果能够利用月均线系统进行决策，在黑马股的牛市到来之前赶上头班车，其中的利润空间将会超乎想象。

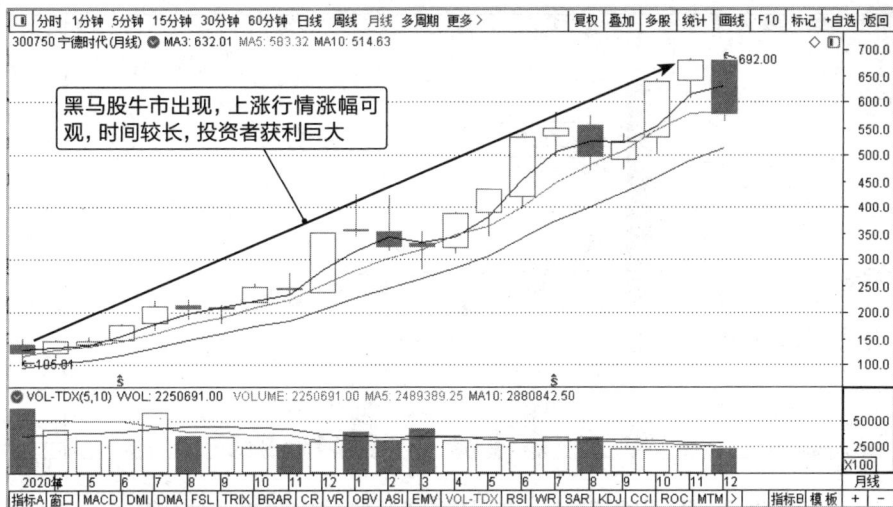

图 2-11　宁德时代 2020 年 3 月至 2021 年 12 月的月 K 线图

2.3　适用于长线投资的年均线

从周期来说，K 线有季线、年线等更长周期的 K 线。对应的，均线系统也有季度均线系统、年度均线系统等。但是单纯从这些周期系统来说，由于周期比较长，反映在 K 线图上的图形内容就不多，且在年 K 线图中会有大量信息被淹没，令人难以判断个股在这一年内的具体状态，也就无从决策买卖点，分析也没有多大意义。

图 2-12 所示的是山西路桥（000755）从上市以来的年 K 线图对应的年均线系统。

从图中可以看到，该股自 2001 年底上市以来，只有 2007 年和 2008 年出现了较大的波动，其他年度变化都比较小。无论从 K 线还是从均线上，都很难对未来走势进行比较清晰的预判。

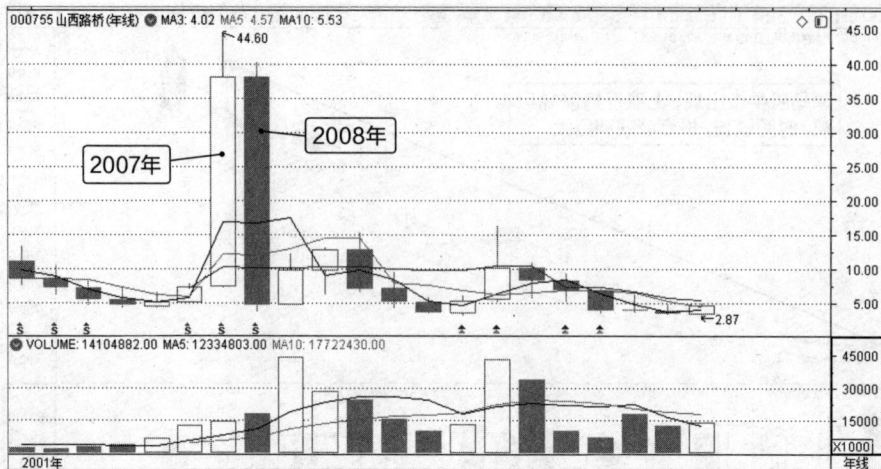

图 2-12　山西路桥从上市以来的年 K 线图对应的年均线系统

　　虽然年均线系统对投资的分析意义不大，但是年均线也是比较重要的均线，它是大周期的成本线，因此对市场的反映已经不是局部的涨跌，而是整体趋势的变化。因此年均线也常被称为股价的趋势线，在盘中，趋势线就是方向标，是个股或大盘走牛或者走熊的依据。

　　在实战中，可以使用年均线来辅助判断行情的大趋势，它是直接在日 K 线图中添加年均线进行观察。在年均线中，比较常用的有半年均线、一年均线和超长均线。

理财贴士 *分清年线与年均线*

　　严格意义上来讲，年线与年均线是两个不同的概念，年线是指目前 K 线图处于年 K 线图状态下的均线；年均线可以是任何一种 K 线周期下的以年为计量单位的均线，如在日 K 线图中可以添加周期为年的年均线。

2.3.1　半年均线的应用

　　半年均线是指周期为 120 日的均线，有时也称为半年线，该均线代表着大盘中长期走势，通常可以作为"牛""熊"界线的判断依据。一般来说，如果股价从上向下跌破半年线，则表示行情进入到熊市；如果股价从下向上突破半年线，则表明行情进入到牛市。

此外，半年线还有很多实用的技法，下面介绍两种。

◆　股价下跌到低位，在半年线下方完成双重底、三重底、头肩底等底部形态的构筑。随着底部形态的完成，半年线走平，之后股价放量突破半年线，意味着股价即将快速拉升，此时就是很好的买入时机，且很多黑马股的产生都是从此时开始的。

◆　股价经过一段时间的下跌后，在半年线上方形成了典型的整理形态或底部形态，之后股价放量突破整理形态或底部形态，这类股价未来涨幅都不会太小，是中长线投资者优选的品种。

实例分析

万年青（000789）股价大幅下跌低位上穿半年线买点分析

图 2-13 所示是万年青 2015 年 11 月至 2016 年 8 月的 K 线图。

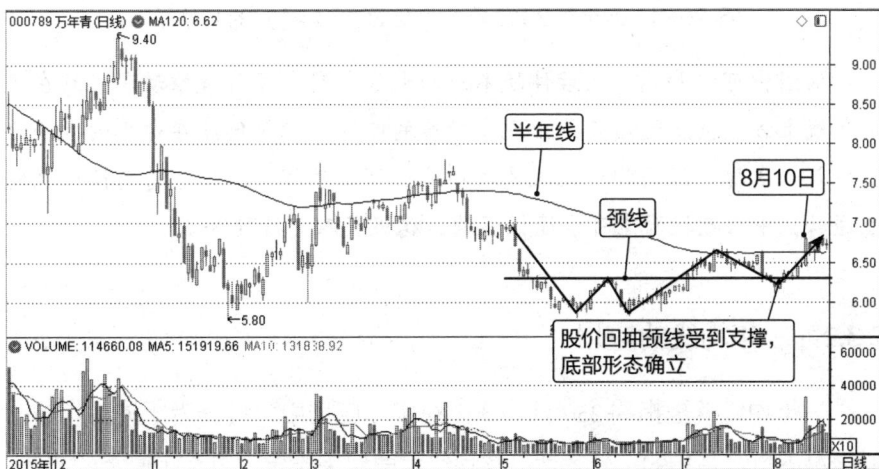

图 2-13　万年青 2015 年 11 月至 2016 年 8 月的 K 线图

从图中可以看到，该股大幅下跌到低位后跌势减缓，并在 2016 年 5 月进入双重底底部形态的构筑。在 7 月中旬，股价放量突破颈线完成双重底的构筑。之后股价很快在走平的半年线下方上冲受阻，但是股价在回抽到颈线位置附近后止跌。8 月 10 日，该股突然放出巨量推动股价上穿半年线，说明行情有望逆转。

图 2-14 所示是万年青 2016 年 5 月至 2017 年 4 月的 K 线图。

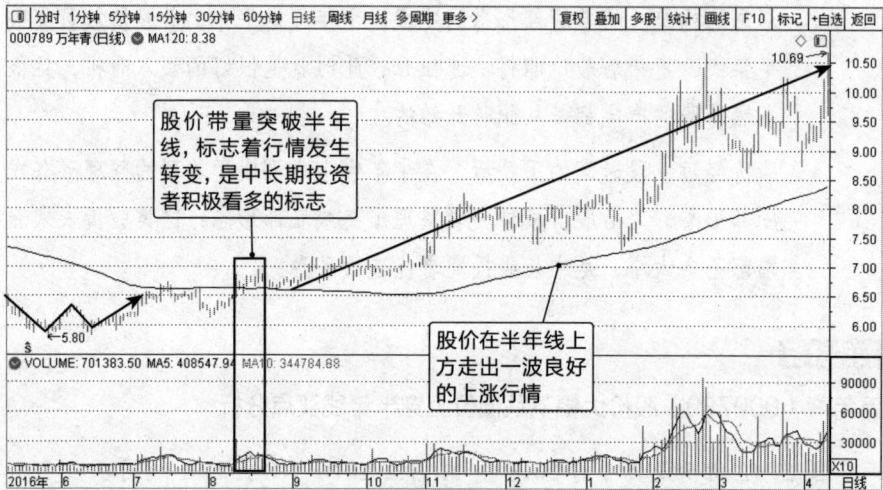

图 2-14　万年青 2016 年 5 月至 2017 年 4 月的 K 线图

从图中可以看到，之后伴随不断的大量成交，股价被推动向上站在了半年线上方。虽然随后股价出现了短暂的回落，但是仍然在走平的半年线上方获得支撑，说明股价此次是成功地上穿半年线，也标志着行情已经发生逆转，中长期投资者可以逢低吸纳，积极买入，持股做多。

2.3.2　一年均线的应用

一年均线就是指的 250 日均线。在实际应用中，投资者所说的年线一般情况下也都是指的一年均线。该均线主要用来判定大盘及个股大的趋势。通常如果股价在上行的年均线上方运行，则说明行情处在牛市阶段，此时买入盈多亏少，投资者应持股待涨；如果股价在下行的年均线下方运行，说明行情处在熊市阶段，此时买入亏多盈少，投资者应持币观望。

除了判断牛熊行情以外，一年均线还有许多特别的用法，具体如下。

◆ 在股价大幅上涨出现见顶回落后，如果之后股价持续下跌并跌破一年
均线，则说明下跌行情格局已经形成，股价后市下跌的时间和空间都
难以预测，被套的投资者在股价跌破一年均线后应当机立断，以一年
均线作为止损线，尽快逃离。因此很多时候，一年均线也被投资者称
为逃命线。

◆ 在上涨途中，运行在一年均线上方的个股在出现回落走势时，往往会
在上行的一年均线位置获得很好的支撑，之后股价会继续大幅上涨。
因此，在股价回落至年均线位置附近时，投资者可以适当补仓。

◆ 在下跌途中，运行在一年均线下方的个股在出现反弹走势时，往往会
在下行的一年均线位置受到强烈的压制，之后股价大概率反弹见顶继
续回落，套牢者在股价反弹至一年均线附近时，宜减仓或清仓出局。

实例分析

深深房 A（000029）股价大幅上涨后跌破一年均线卖点分析

图 2-15 所示是深深房 A 在 2014 年 1 月至 2016 年 1 月的 K 线图。

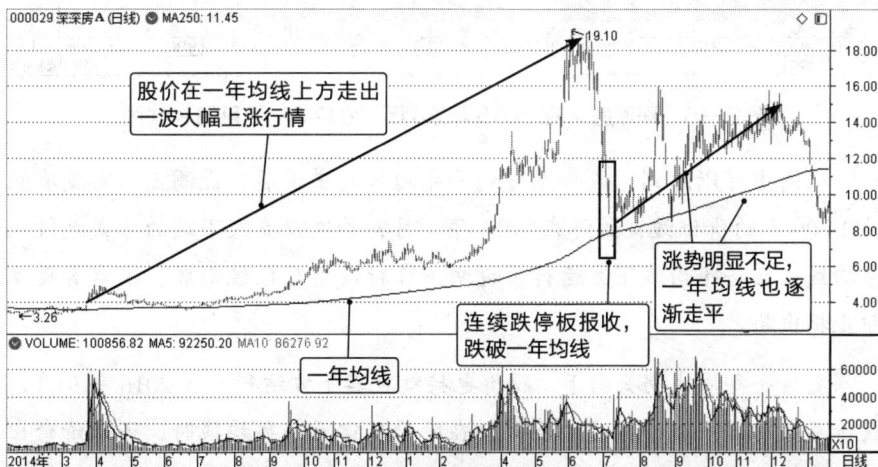

图 2-15　深深房 A 在 2014 年 1 月至 2016 年 1 月的 K 线图

从图中可以看到，该股在一年均线的上方走出一波大幅上涨行情，最终在 2015 年 6 月 2 日创出 19.10 元的最高价后见顶。从最低的 3.26 元到最高的 19.10 元，涨幅约 486%。之后股价在高位短暂横盘后出现直线下跌，在连续的跌停板出现后，股价在 2016 年 7 月初跌破了一年均线。

虽然稍后股价在一年均线受到支撑继续上涨，但是此时明显出现了上涨乏力的表现，且一年均线的上行趋势也开始减缓。在大幅上涨的高价位区出现这种情况，股价见顶的概率很大，投资者最好抛售离场。

图 2-16 所示是深深房 A 在 2015 年 5 月至 2017 年 12 月的 K 线图。

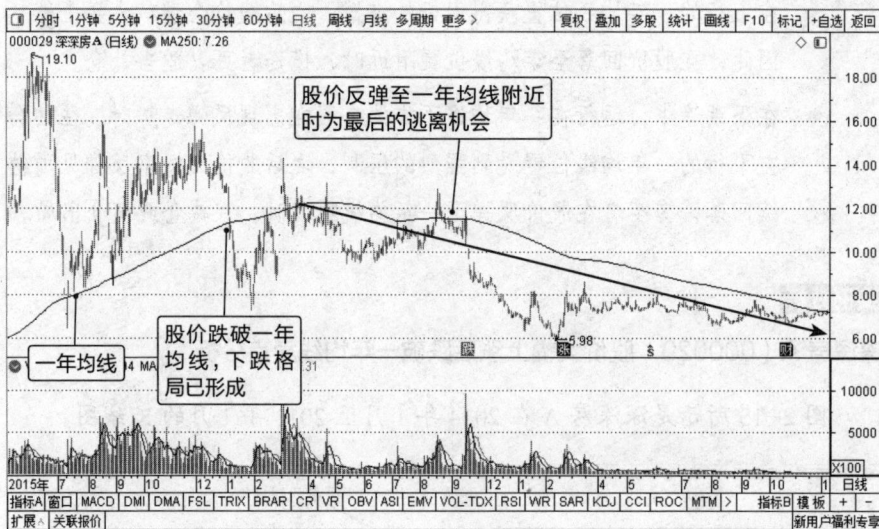

图 2-16　深深房 A 在 2015 年 5 月至 2017 年 12 月的 K 线图

从图中可以看到，股价在受到一年均线的支撑后，最高上涨都没有涨过 16.00 元的价位线，最终在 2016 年 1 月初再次以直线下跌的方式跌破一年均线，在一年均线下方运行，说明下降行情格局已经形成，投资者要立即止损出局。

之后一年均线拐头向下，股价也持续在其下方运行。在 2016 年 9 月，股价再次出现一波小幅度的反弹，在股价反弹至一年均线时，还未清仓出局的投资者此时就要果断出局了，因为股价已经开始跌破一年均线且在一年均线下方运行，后期的下跌时间和幅度都无法预估。

从后市的走势来看，该股之后持续下跌，一年均线始终向下。如果在前期股价反弹至一年均线位置还未离场的投资者，将被深度套牢。

2.3.3 超长年均线的应用

超长年均线一般选用 5 年均线与 10 年均线。如此长周期的年均线基本不会用于判断买卖点，甚至在个股中都很少使用，毕竟不是所有股票上市都超过了 10 年。超长年均线一般用于大盘指数与行业指数中，用来判断市场和行业的估值情况，是价值投资常用的估值线。

◆ 当行业指数处于 5 年均线下方附近，表示市场对该行业有所低估。再结合对基本面的分析确认其成长性后，投资者就可以选择行业中的龙头股或是潜力股介入。

◆ 当行业指数远离 5 年均线下方，甚至跌破 10 年均线，表示市场对该行业过度低估。行业中的个股可能都会相对低迷，做好了长期持有准备的投资者也可以在此时选择入场。

在调用这两条超长年均线时，投资者可以使用日 K 线，也可以根据需求或是操作习惯，将日 K 线转换为周 K 线或者月 K 线，再进行时间周期的换算来设置 5 年均线和 10 年均线。这样可以屏蔽一些干扰性的波动，使得整个指数走势更为直观和明朗。

实例分析

汽车类（880390）行业指数中超长年均线运用分析

图 2-17 所示是汽车类行业指数 2017 年 10 月至 2021 年 12 月的月 K 线图。

图中展示的是汽车行业这一统计期间的行业指数走势，可以看到，从 2017 年 10 月到 2018 年 10 月，行业指数一路向下跌破了 5 年均线，并在距离 10 年均线还有一段距离的位置止跌横盘。

2019 年 2 月，行业指数受到激励政策的刺激，在汽车行业回暖的带动下向上快速爬升，于 4 月成功突破了 5 年均线。但好景不长，指数突破不到一个月就又被打回了低估值区。

由于汽车需求量的饱和、城市公共交通的完善、高铁线路网的扩散、城市限行等影响，造成了汽车行业长时间的低迷。从指数再度跌到低估值区后，5 年均线与 10 年均线形成了一个矩形箱体，限制着指数的波动。

这样长期的被低估状态，为价值投资创造了机会。汽车行业作为一个常盛行业，不太可能在数年内衰败，那么价值投资者就可以在低估值区域内寻找合适的时机，选择潜力大的个股入场，持股待涨即可。

从指数后续的发展来看，也证明了这一观点，新能源汽车的崛起和刺激消费政策的出台，使得汽车行业再度火热。实体经济的繁荣带动行业指数飙升，在 2020 年 7 月终于突破了 5 年均线，进入了长时间的上涨，截至 2021 年 12 月，指数已经达到了 2 571.62 点。

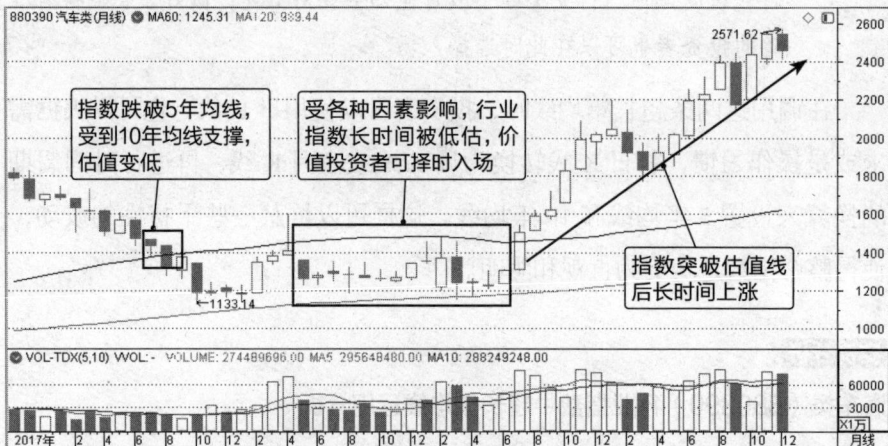

图 2-17　汽车类行业指数 2017 年 10 月至 2021 年 12 月的月 K 线图

单纯观察两条均线的走势其实很难看出几年内行业指数的涨跌，只能预测出大趋势依旧向上。不过超长年均线的最大价值也不在于此，对于市场估值的判断才是它的意义所在。

第 3 章

传统均线实战：葛兰威尔法则

　　均线指标只有应用到实战中，帮助投资者决策买卖点，才能实现其价值。葛兰威尔法则就是均线的经典用法，它历经了无数实战的考验，以及一代代研究者的完善。其八项法则精而不简，指导意义极强，对大部分投资者都适用。

- 买点1：黄金交叉
- 买点2：回踩不破
- 买点3：小幅跌破
- 卖点3：小幅突破
- 卖点4：乖离过大

3.1 葛兰威尔法则简介

葛兰威尔法则全称葛兰威尔均线八大买卖法则，由美国投资专家葛兰威尔（Joseph E.Granville）在他 1960 年所著的《每日股票市场获得最大利益之战略》一书中提出。

这八项法则是葛兰威尔结合艾略特波浪理论的"股价循环法则"和道氏理论，以一条周期均线和股价之间的位置关系为依据，用于预测股价未来的走势，作为买卖的参考的法则。

葛兰威尔法则分为 4 条买入法则和 4 条卖出法则，图 3-1 所示是葛兰威尔法则买卖点示意图。

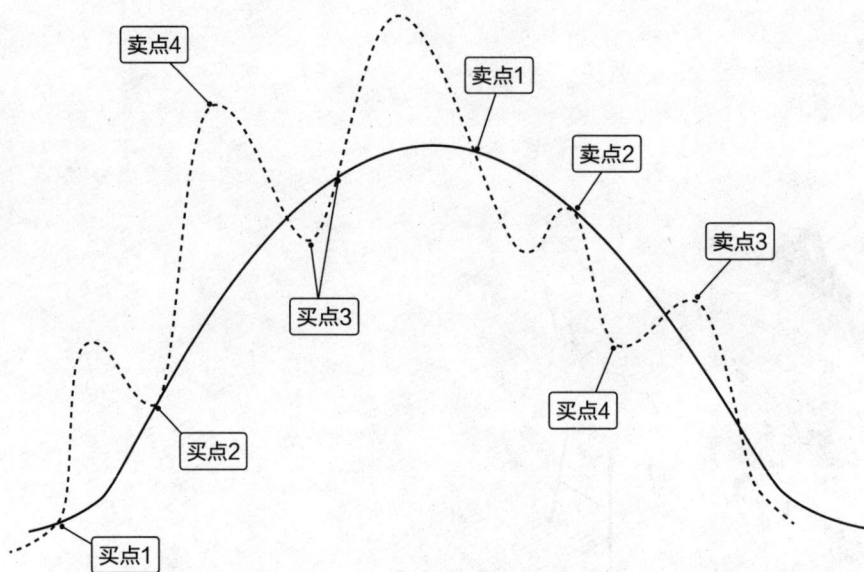

图 3-1 葛兰威尔法则买卖点示意图

图中的虚线代表股价走势，实线代表选用的周期均线。可以看到，股票的买卖点在葛兰威尔法则中被诠释得非常清晰，投资者在使用时也可以逐一进行比对，尽量做出正确的决策。

对于法则中均线的选择，在葛兰威尔最初提出的理论中是 200 日均线，但它的周期相对较长，对短中期投资者来说不太适用。不过法则具有通用性，人们在使用时会根据不同的投资策略改变均线的周期，使其更加完善和灵活。

但需要注意的是，使用葛兰威尔法则时最好不要设置多条均线。因为周期的不同也会导致均线敏感性与滞后性的不同，有时均线的交叉形态和法则之间可能会发出互相矛盾的信号。

本章将选择 40 日均线，对实战中的法则应用进行解析。因为 40 日均线作为一条短中期均线，其优劣势相对均衡，在实战中发出的信号也会比较及时。

在熟悉了法则基本概念和注意事项后，接下来就进入葛兰威尔法则的实战解析。

3.2　葛兰威尔买入法则实战

葛兰威尔法则的 4 条买入法则分别对应 4 个买点，其中有 3 个买点分布在上涨阶段，一个买点分布在下跌阶段，每个买点的利润空间和可靠度也各不相同。

3.2.1　买点 1：黄金交叉

买点 1 的黄金交叉指的是均线经过上一段下跌后，逐渐转为走平，并有抬头向上的迹象。此时，股价也转而上升，并自下方向上突破均线，形成一个黄金交叉。

在买点 1 位置向上突破均线的 K 线最好呈现中阳线或大阳线，而且突破均线时如果已经构筑或正在构筑底部形态，例如双重底、头肩底或圆弧底，或等边三角形、旗形、楔形、矩形等整理形态，其发出的买入信号会更有说服力。

下面来看具体的案例。

实例分析

洛阳玻璃（600876）葛兰威尔法则买点 1 实战解析

图 3-2 所示是洛阳玻璃 2019 年 6 月至 12 月的 K 线图。

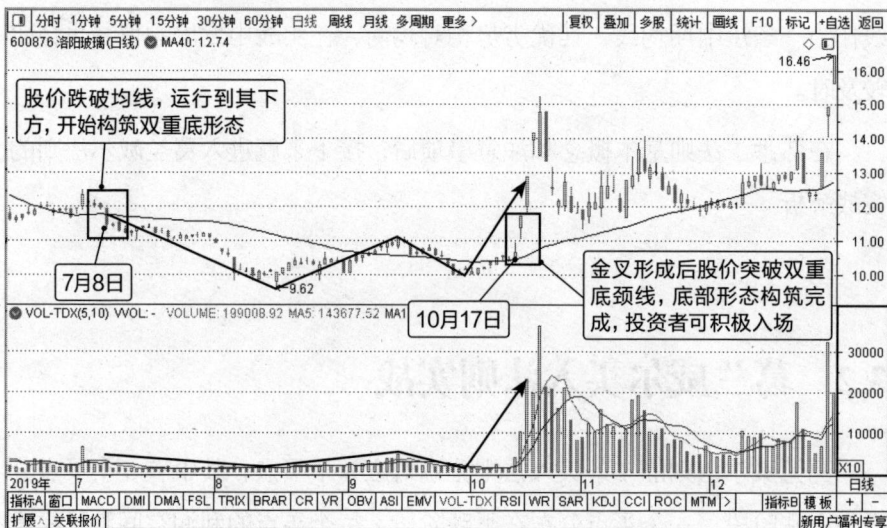

图 3-2　洛阳玻璃 2019 年 6 月至 12 月的 K 线图

从图中可以看到，洛阳玻璃正处于下跌行情的反转阶段。7 月初之前，股价从下跌转为盘整，在 11.00 元到 12.50 元的价格区间内震荡运行。均线的下行角度也在变缓，逐渐跟随股价的横盘而走平。

7 月 8 日股价低开低走，收出的阴线跌破了均线，随后股价跌速加快，在 11.00 元左右的位置止跌横盘，均线由走平转为下行，股价开始构筑双重底形态。

8 月初股价再次下滑，跌至 9.62 元附近后到达了行情底部，止跌回升后形成第一个波谷。随后股价在成交量的推动下向上攀升，上涨到 11.00 元左右后再次下跌，波峰形成，11.00 元的价位线即为此次双重底的颈线。第二次下跌到 10.00 元左右的位置后，股价缓慢收阳上涨，第二个波谷形成。

此时的均线已经由下滑逐渐转为走平，并在 10.40 元的价位线附近与上涨的股价相遇，还未消耗完全的下跌动能阻碍了股价的攀升，使之暂时横盘。

10 月 17 日，股价开盘后始终围绕在上个交易日的收盘价附近窄幅波动，在盘末被大单成交量推到了 4.79% 的涨幅上，当日以带有长影线的阳线报收，成功向上突破了均线的压制。

股价上穿均线形成一个黄金交叉后，成交量放出天量，股价连续拉出涨停板，强势向上突破了 11.00 元。此时双重底构筑成立，葛兰威尔法则买点 1 释放的买入信号更加强烈，投资者可以积极入场。

3.2.2　买点 2：回踩不破

买点 2 回踩不破指的是股价在连续上升后远离了均线，但随着时间的推移，均线也开始上升。此时股价下跌到均线附近，但未彻底跌破，均线依旧保持支撑作用，推动股价再度上升。

相较于买点 1，在买点 2 出现后入场的安全性比较高，利润空间也不会被压缩得太多。在回踩时，K 线与均线之间可能会存在接触，也有可能在两者还相隔一段距离时，股价就被强大的支撑力推回。这两种情况都代表着场内多方力量的强势，个股后市具有很大的上升空间。

而且在上升过程中，买点 2 可能会连续出现，次数越多代表支撑力越强，股价的上涨幅度可能也会越大。谨慎的投资者可以在第二次或是第三次出现买点 2 时再入场，但需警惕股价是否已经到达高位区域，避免在高位追涨被套。

下面来看具体的案例。

实例分析

杭州银行（600926）葛兰威尔法则买点2实战解析

图3-3所示是杭州银行2020年3月至8月的K线图。

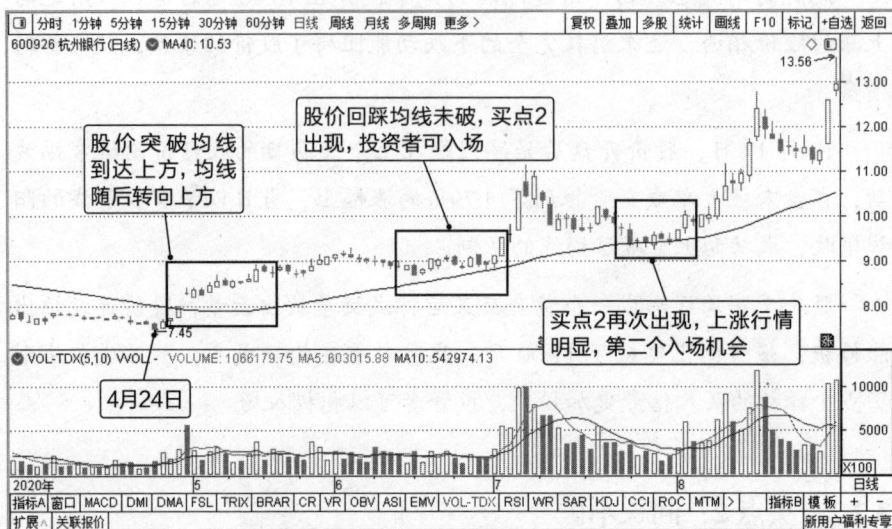

图3-3　杭州银行2020年3月至8月的K线图

图中展示的是杭州银行的上涨阶段，可以看到，在4月底之前股价保持了一段时间的横盘，均线在其上方运行。

4月24日，股价在到达了上一段回调的底部，即7.45元的位置后，成交量开始放量，股价随之向上攀升，很快突破了均线，此时的均线开始由下跌转为走平。

随后的5月，股价保持在均线上方运行，呈缓慢上涨状态。而均线也在5月中上旬完成转弯，与股价同步朝着上方运行。

但在6月初，股价连续收阴下跌，向正在上行的均线靠近，两者在6月中旬相遇。股价受到支撑，在均线上方止跌横盘，并于6月底触碰到了均线。在稍做接触后，股价迅速被放大的成交量推高，远离了均线，表明此次回踩完成。

此时就出现了一个买点 2，股价回踩确认支撑后继续上涨，且从成交量的量能来看，市场的做多意愿比较强烈。在股价还未到达相对高位时，利润空间比较可观，激进的投资者可以尽早入场，而部分谨慎的投资者则可以等待第二次回踩的到来。

继续观察走势可以发现，在 7 月初，股价上涨到 11.00 元附近后再次下跌，在 10.00 元附近止跌横盘了数天后继续下行，于 7 月底接触到了均线。随后的数天，两者互相依附横向运行。

8 月初，成交量再放巨量，股价连续收阳上涨远离了均线，且此次的上涨幅度超过了上一次回踩结束后到达的高点。这表明市场的做多情绪更加热烈，交投活跃，不断有资金入场推涨，使得股价回调的低点不断抬高，高点连续创新。

此时的上涨行情已经非常明显了，后市利润空间不会太小。还未入场的投资者最好抓住再次出现的买点 2，趁着持股成本还未抬高，尽可能地增加自己的收益。

图 3-4 所示是杭州银行 2020 年 5 月至 2021 年 3 月的 K 线图。

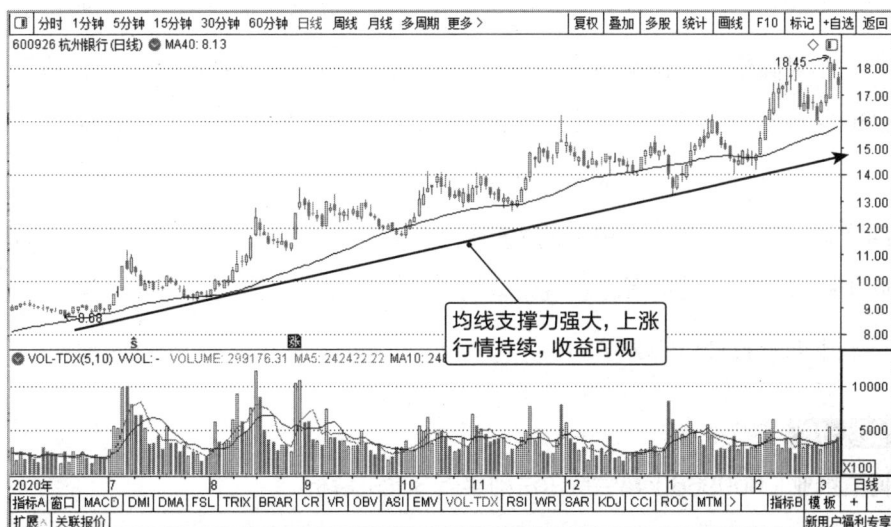

图 3-4　杭州银行 2020 年 5 月至 2021 年 3 月的 K 线图

从杭州银行后续的发展可以看到，在第二次买点 2 出现后，股价的增速有所加快，并且在上涨过程中不断回踩均线。而均线也展现了其强劲的支撑力，在下方托住股价，维持了上涨趋势。

而股价的涨幅也非常可观，在第一次买点 2 出现就入场的投资者，持股成本在 9.00 元左右，相较于 2021 年 3 月初的 18.45 元，涨幅达 105%。而在第二次买点 2 才入场的投资者，持股成本约 10.00 元，涨幅也有近85%，收益还是很不错的。

3.2.3 买点 3：小幅跌破

买点 3 小幅跌破指的是股价经过一段上涨后回落，向下跌破了均线，此时的均线仍然在向上运行，只是上扬角度稍缓。而股价在跌破均线后不久又上穿均线回到其上方，并且继续上升。

买点 3 与买点 2 比较类似，都是相对可靠的买入信号，区别只在于是否跌破。而且在上涨过程中，买点 2 与买点 3 可能会交错出现。

需要注意的是，虽然股价的小幅跌破后回升是买入信号，但在股价上升到相对高位时，投资者一定要注意辨别，股价跌破均线时是否是行情顶部的反转。一旦判断错误，投资者不仅会与获利无缘，还有可能被深套。

这一点其实从均线的角度变化就可以看出端倪，买点 3 的均线是继续向上运行的。而在行情顶部的反转到来时，均线会由上扬转为走平，最后向下跌去。只要投资者注意观察，两者还是比较好分辨的。

下面来看具体的案例。

实例分析

博汇纸业（600966）葛兰威尔法则买点 3 实战解析

图 3-5 所示是博汇纸业 2019 年 9 月至 2020 年 3 月的 K 线图。

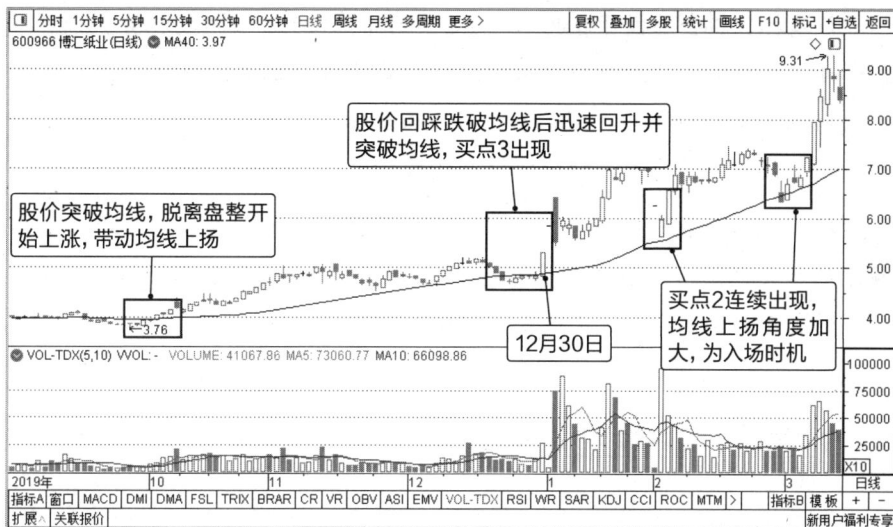

图 3-5 博汇纸业 2019 年 9 月至 2020 年 3 月的 K 线图

图中展示的是博汇纸业的上涨行情，可以看到，该股在 2019 年 9 月底之前处于一段盘整中，股价在 4.00 元的价位线附近上下波动，均线也呈现走平状态。

9 月底到 10 月初，股价在成交量放量的推动下由下向上穿过了走平的均线，之后连续收阳快速上涨，此时的均线逐渐由走平转为上扬。

股价在上涨一段后回落，与上扬的均线在 11 月底汇合。随后股价在均线上方不断震荡，连续回踩，最终在 12 月底将其跌破。均线的支撑力转为压制力，股价连续数天难以回升。

但很快，12 月 30 日成交量放大量，股价当日平开高走，在盘中被大单成交量打到涨停板上封住，直至收盘。当日收出的一根大阳线成功突破了均线的压制，紧接着第二天股价就拉出一个一字涨停，股价迅速上涨远离了均线。

可以看到，在整个小幅跌破后回升的过程中，均线都是上扬的，只是上扬角度有所减缓，那么就可以判断此处的形态为一个买点 3。投资者在观察到买点 3 出现时，就可以积极入场了。

没有抓住机会的投资者也无须懊恼，后市依旧有不少入场机会。2020 年 2 月初，股价在一段上涨后再次回落到均线上方，但并没有跌破，后续也很快回到了上涨轨道中。随后在 2 月底再次出现了类似的场景，只是这一次的回踩接触到了均线，但依旧没有跌破。

很明显这里出现了两个买点 2，再次释放出了买入信号，且均线上扬角度的加大也预示着多方力量的充沛。投资者可以放心在此处入场，短时间内的上涨趋势不会有太大改变。

图 3-6 所示是博汇纸业 2020 年 2 月至 8 月的 K 线图。

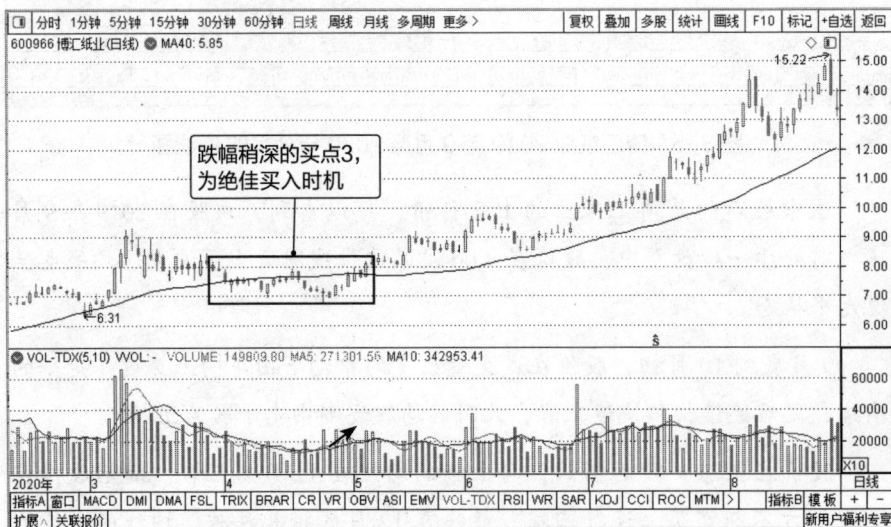

图 3-6　博汇纸业 2020 年 2 月至 8 月的 K 线图

从图中可以看到，在两个买点 2 出现后，3 月中上旬，股价回升到 9.00 元的位置，随后开始下滑，并在 4 月初跌破了均线。此时均线的上扬角度变缓许多，但并没有转头向下的迹象，而是一直对股价保持着压制，使其在 7.00 元到 8.00 元的价格区间内震荡。

4 月中下旬，成交量量能放大，股价随之收阳上涨，在 5 月初成功突破了均线，回到了上涨行情中。而均线也加大了上扬角度，恢复了对股价的支撑力，两者同步向上运行。

这里再次出现了买点 3，而且此次买点 3 的跌幅比第一次深一些，是绝佳的入场时机，能够帮助投资者降低持股成本。投资者遇到再次出现的跌幅稍深的买点 3 时，最好不要再错过。

3.2.4　买点 4：乖离过大

买点 4 乖离过大指的是当股价跌破均线并逐渐远离时，有可能产生一轮强劲的反弹，致使股价再度向均线靠拢。这里的乖离指的就是股价与均线之间的差距，乖离过大即股价跌幅太深，与均线拉开了太远的距离。

买点 4 相对于之前的 3 个买点来说较为特殊，操作难度也更大。因为这是出现在下跌行情中的买入信号，而且操盘目标也只是反弹向上的一小段涨幅。

对于投资者来说，在买点 4 入场进行操作时，无论能不能将这一整段的反弹涨幅全部收入囊中，都要及时止盈，因为在下跌行情中寻求收益本就困难重重，一旦判断失误被套，就有可能损失惨重。

下面来看具体的案例。

实例分析

天风证券（601162）葛兰威尔法则买点 4 实战解析

图 3-7 所示是天风证券 2019 年 3 月至 11 月的 K 线图。

图中展示的是天风证券下跌行情的初期，可以看到，该股前期的上涨行情在 3 月初见顶，股价从 12.43 元的位置下滑。此时均线还未反应过来，依旧保持着上升。

4 月中上旬，股价向下跌破了均线，在 10.00 元的价位线附近止跌横盘，此时均线已经逐渐走平。4 月底，股价再次下跌，连续出现的大阴线导致股价跌速骤增，并拉动均线彻底拐头向下。均线受滞后性的影响，跌速不及股价，两者的距离很快拉开。

5月初，股价在8.00元的位置附近止跌横盘，此时股价与均线之间的乖离值较大，后续可能出现一波反弹，此处就可以判断为买点4。激进的投资者在此时就可以跟进了，而谨慎的投资者则可以在反弹表现出明显迹象时再入场。

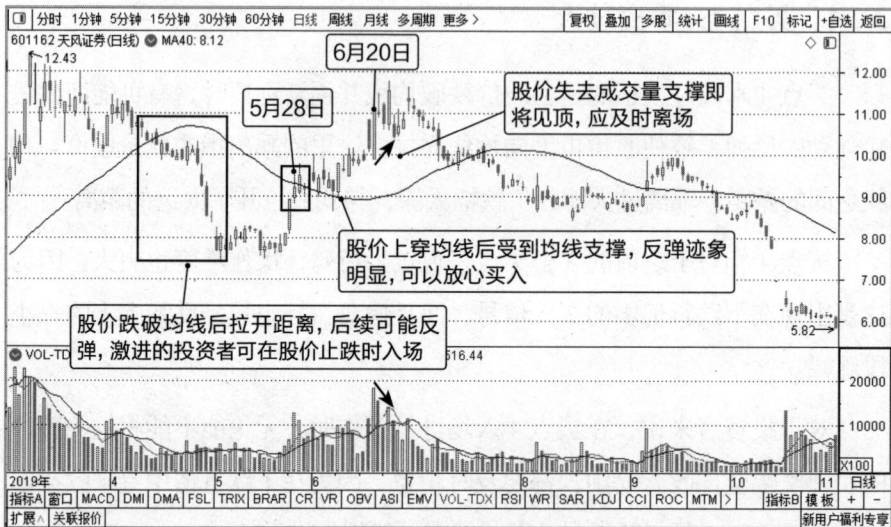

图3-7　天风证券2019年3月至11月的K线图

继续观察后面的走势，5月中下旬，成交量开始发力推涨股价，在拉升出一个涨停板后，股价于5月28日向上成功突破均线，之后股价稍作休整，但明显受到均线支撑。此时的反弹迹象已经比较明显，投资者可以放心入场。

股价在均线上站稳后，开始快速向上攀升，均线受其影响逐渐转弯向上。说明此次的反弹幅度较大，短期盘的收益将会非常不错。

6月20日，成交量放出的巨量将股价拉出了一个涨停板，随后便开始萎缩，而股价却还未止涨。这是一个非常危险的信号，股价在缩量中上涨，说明市场的做多动能即将消耗殆尽，此次反弹很快就会见顶。投资者在观察到这样的形态时需要及时离场，将已有收益落袋为安。

数天后股价果然见顶，失去了成交量的支撑，股价在滞涨一段时间后不得不向下跌去。被股价的反弹牵引向上的均线也很快走平，在 7 月中下旬被跌破后均线拐头向下，与股价一同回到了下跌轨道中。

与行情在 12.43 元的位置见顶相比，此次的反弹最高达到了 11.78 元，与行情顶部只有 6% 左右的差距。虽然在买点 4 入场的投资者，持股成本在 8.00 元左右，但短短两个月时间就收获了接近 47% 的涨幅，也是相当可观了。

图 3-8 所示是天风证券 2019 年 6 月至 2020 年 5 月的 K 线图。

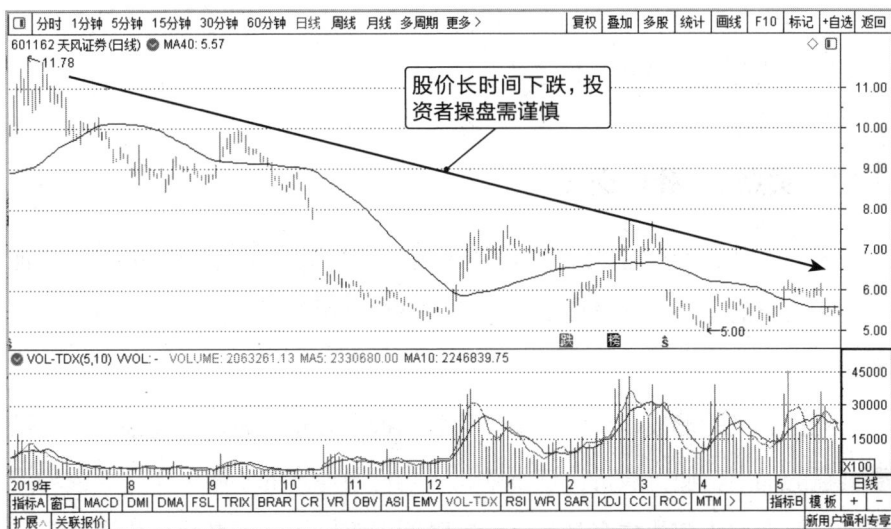

图 3-8　天风证券 2019 年 6 月至 2020 年 5 月的 K 线图

从图中可以看到，股价在此次反弹结束后，进入了长时间的下跌行情。其间也出现了多次股价与均线的乖离过大，但随着时间的推移，乖离过后的反弹幅度在不断缩小。

收益缩减的同时，整体趋势也在向下运行。如果投资者在买点 4 操作时一时贪念，没有及时出局，后续的下跌造成的损失会远远大于反弹带来的收益。这也充分说明了在股市中，收益与风险并存，投资者一定要保持理智和谨慎。

通过以上 4 个案例，已经详细介绍了葛兰威尔法则的 4 个买点。入场时机固然重要，何时兑现利润及时出局，也是操盘的重中之重，所以法则中的 4 个卖点也是投资者需要重点掌握的。

3.3 葛兰威尔卖出法则实战

葛兰威尔卖出法则对应 4 个卖点，且与之前介绍的买点有一定的对应关系。其中 3 个卖点分布在下跌行情中，一个卖点出现在上涨行情，其风险程度和获利空间都有所不同。

3.3.1 卖点 1：死亡交叉

卖点 1 死亡交叉指的是在行情见顶后，均线由上升转为平缓，并且有拐头向下的趋势。此时股价从高位向下跌破了均线，两者就形成了一个死亡交叉。

死亡交叉的形成，说明行情见顶后的抛压较重，做空动能强大。大量获利盘的涌出，使得股价快速下跌，平均持股成本的不断下压也导致均线走平。两者形成的死亡交叉预示着短时间内难以遏止的跌势，投资者需要尽快出货离场。

下面来看具体的案例。

实例分析

金运激光（300220）葛兰威尔法则卖点 1 实战解析

图 3-9 所示是金运激光 2020 年 4 月至 10 月的 K 线图。

图中展示的是金运激光高位反转后的下跌初期，可以看到，该股在 6 月之前都处于上涨阶段，但在接近顶部时出现了长时间的滞涨。股价在 45.00 元的价位线下方横向运行，却始终无法突破，均线的上升也转为走平。

5 月底，成交量量能放大，股价连续收阳，成功突破了 45.00 元价位线的压制，带动均线继续上扬。6 月 5 日，成交量放巨量，股价当日高开低走，收出一根长实体阴线，在创出 51.70 元的新高后回落。

随后数天内股价逐渐下滑，成交量同步萎缩，均线也由上扬转为走平，并有转头向下的趋势。这些不利因素都说明了股价即将转入下跌，投资者应该心生警惕。

6 月 11 日，股价再收大阴线，彻底向下跌破了均线，数天后均线也由走平转为向下。此时股价与均线形成了一个死亡交叉，两者并行向下，卖点 1 出现。

卖点 1 出现在股价高位反转时，其释放的卖出信号非常强烈。当股价与均线产生交叉后同步下行时，市场的多空攻守位置已经悄然转换，并且短时间内跌势难以遏止，投资者应尽快离场，不要犹豫。

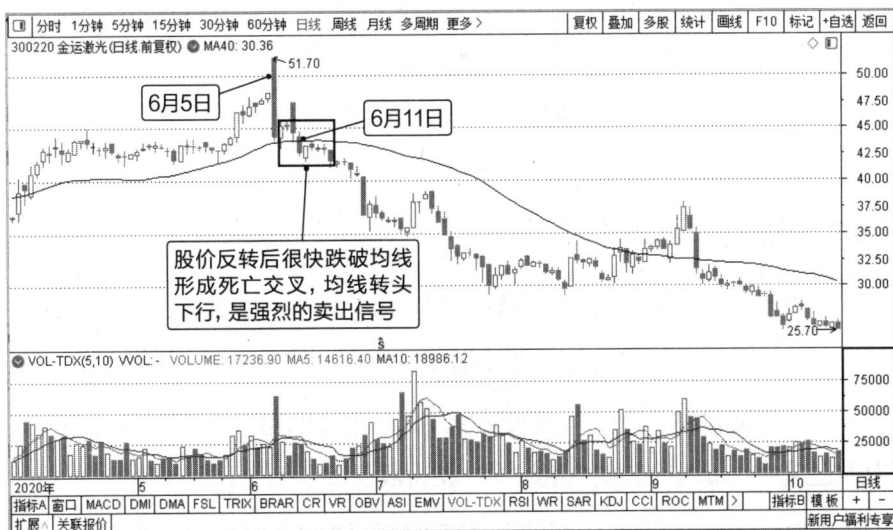

图 3-9　金运激光 2020 年 4 月至 10 月的 K 线图

图 3-10 所示是金运激光 2020 年 6 月至 2021 年 5 月的 K 线图。

从后续的均线下行角度和股价跌速来看，此次的下跌较为迅猛，在前期只用了不到两个月的时间，就运行到了 30.00 元的位置，跌幅近 42%，并且后市的下跌行情持续了非常长的时间。

虽然股价在后续出现了数次反弹，但其位置都相对较低，所能产生的收益有限，更难以挽回套牢盘的损失。

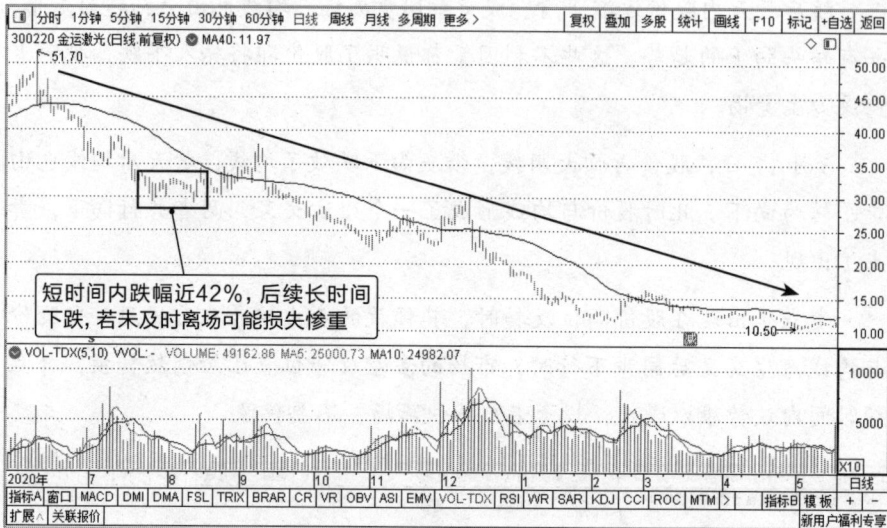

图 3-10　天风证券 2020 年 6 月至 2021 年 5 月的 K 线图

3.3.2　卖点 2：反弹不过

卖点 2 反弹不过指的是股价跌落到均线之下一段距离后，向上方开始反弹，但是还未突破均线就受到阻力回落。

这样的反弹属于比较弱势的反弹，来自上方的抛压太重，均线的压制力太过强势，市场的杀跌气氛浓厚，使得股价难以抬头。

投资者在此处卖出，大多是行情反转后及时止损的行为，避免在后续的下跌中损失更大。也有一部分是短线获利盘在操作，但此处的风险较高，收益与之不相匹配，不太建议普通投资者在此做短线操盘。

在卖点 2 的高处，股价可能会在距均线还有一段距离时就被压制向下，

也可能会与均线有所接触，但并不会突破到其上方。两种情况都是明显的
卖出信号，投资者需要抓住时机离场。

下面来看具体的案例。

实例分析

富春股份（300299）葛兰威尔法则卖点 2 实战解析

图 3-11 所示是富春股份 2020 年 6 月至 12 月的 K 线图。

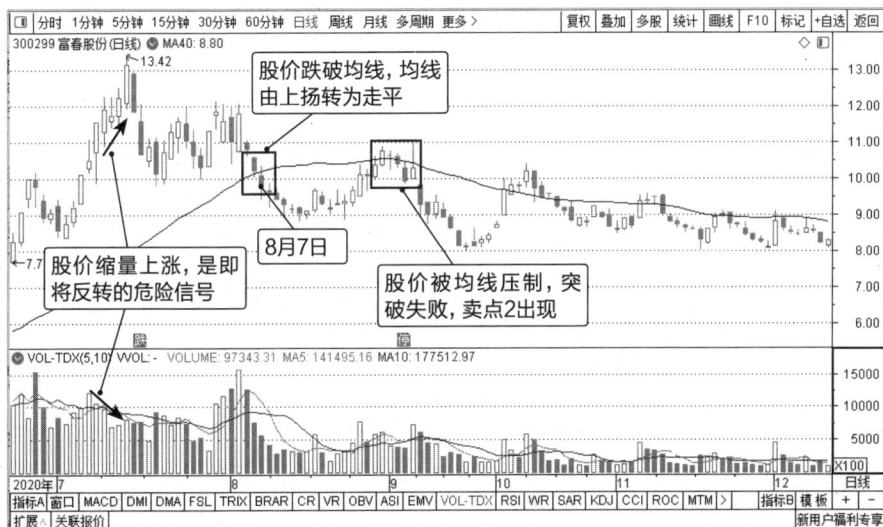

图 3-11　富春股份 2020 年 6 月至 12 月的 K 线图

图中展示的是富春股份的上涨行情反转后的阶段，可以看到，该股在
前期的上涨阶段中，涨势十分强势。

7 月初成交量放量，股价快速收阳上涨，在即将到达顶部时成交量却
出现了缩减，多方动能不足。股价在缩量上升的状态下很快止涨，创出
13.42 元的新高后开始下跌。

在 7 月中下旬，股价反转后出现一段时间的盘整，在 10.00 元到 12.00
元的价格区间内上下波动，此时均线的上升角度开始变缓。

8月初，股价再次下跌，连续的阴线报收致使其跌速骤然加快。8月7日，股价双双跌破了均线和 10.00 元的盘整支撑线。之后股价一路下滑到9.00 元的价位线附近止跌。此时的均线受到股价的影响，很快由上扬转为走平，但仍未转向。

股价踩在 9.00 元的价位线上横向运行到 8 月中下旬时，成交量开始放量推动股价上涨，股价出现反弹。8 月底，向上攀升的股价与均线相遇，却在其压制下难以突破，只能依附在均线上被带动着向下。

9月初，均线彻底转向，压制得股价难以抬头，不得不随之向下跌去，此时卖点2出现。这个位置的卖点2在11.00 元附近，距离顶部并不远，投资者借此及时离场的损失不会太大。

图 3-12 所示是富春股份 2020 年 7 月至 2021 年 5 月的 K 线图。

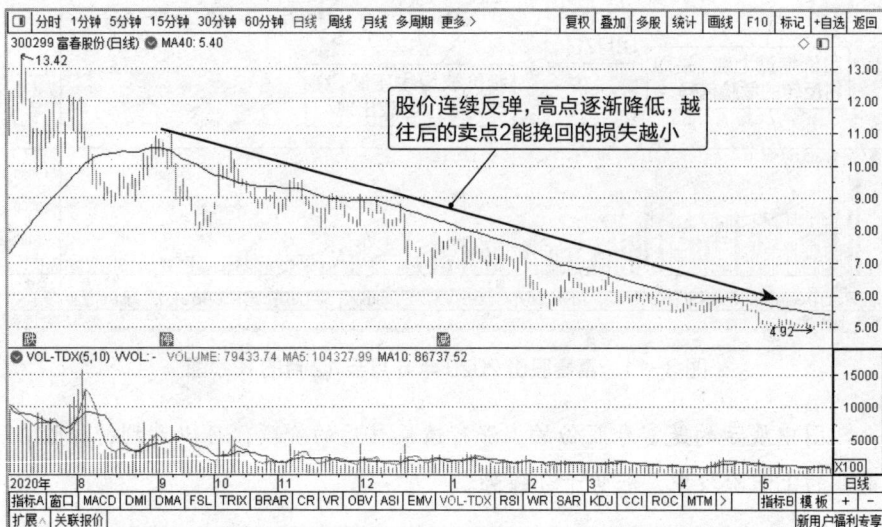

图 3-12　富春股份 2020 年 7 月至 2021 年 5 月的 K 线图

从后续的发展中可以看到，10 月初股价再次反弹到高处并小幅突破了均线，但随后每一次的反弹高点都越来越低，并且从高点逐渐回缩到均线以下来看，其压制力越来越强。

虽然高点回缩到均线以下后都表现出卖点2的形态，但随着时间的推移，卖点 2 所能产生的收益越来越小，对套牢盘来说产生的损失也愈发大。所以建议投资者尽量借助接近顶部的卖点 2 出货离场，这样才能达到及时止损的目的。

3.3.3　卖点 3：小幅突破

卖点 3 小幅突破指的是股价位于均线下方运行，反弹时突破了均线，但很快跌回下方，此时的均线仍继续呈下降趋势。

这仍旧是一个处于下跌行情中的卖点，且与卖点 2 非常类似，只是卖点 3 的反弹高位会突破均线。在下跌的过程中，这两个卖点的形态通常会交错出现，留给投资者非常多的离场机会，但越靠近顶部的卖点，释放的卖出信号越强烈。

下面来看具体的案例。

实例分析

济川药业（600566）葛兰威尔法则卖点 3 实战解析

图 3-13 所示是济川药业 2018 年 4 月至 9 月的 K 线图。

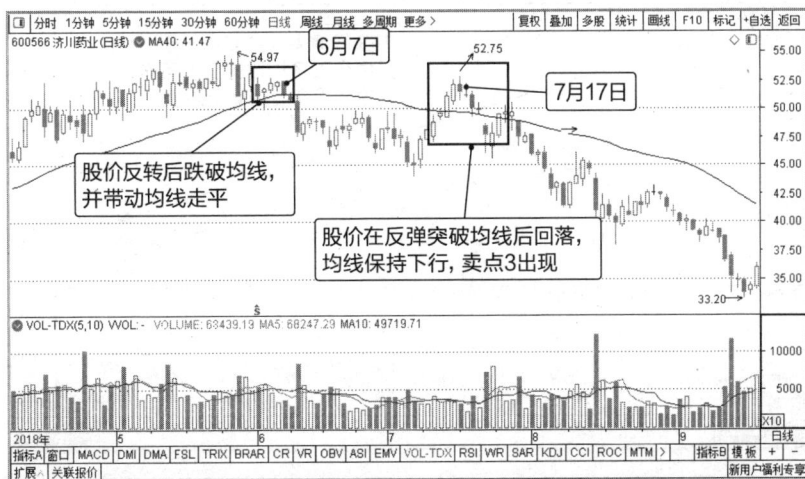

图 3-13　济川药业 2018 年 4 月至 9 月的 K 线图

图中展示的是济川药业的下跌初期，可以看到，该股在6月之前的上涨阶段比较稳定。均线承托着股价一路上行，于5月底到达54.97元的位置，行情见顶。

该股在上涨行情见顶当日冲高回落，收出一根大阴线，随后股价依附在均线上横盘了数天，此时均线逐渐走平。6月7日，股价低开低走，当日以中阴线报收，并且在第二天就跌破了均线向下运行，随后均线也由走平转为下行。

此后股价在震荡中逐渐下跌，直到在7月初到达45.00元的价位线附近止跌，然后很快进入了反弹之中。

股价在7月中上旬连续收阳上涨，并很快向上突破了均线，于7月17日到达了此次反弹的顶部，即52.75元的位置。

虽然股价只在均线上方运行了短短数天后就再次回落，但从股价的突破和均线依旧保持的下跌趋势来看，此时已经出现了卖点3。

这个卖点3所处的位置，在时间轴上距离顶部不到两个月，给投资者留下了足够的时间进行行情的判断和买卖的决策。而在跌幅上也只有4%左右，如果投资者想寻找合适的时机逃离下跌行情，这里的卖点3就是绝佳的机会。

图3-14所示是济川药业2018年5月至2019年10月的K线图。

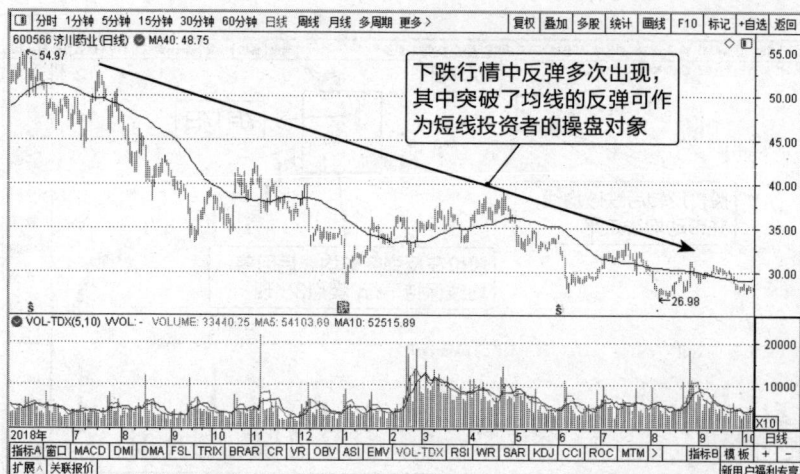

图3-14　济川药业2018年5月至2019年10月的K线图

从图中可以看出，在济川药业的后续发展中出现了非常多的反弹，既有突破均线的也有直接被压制的，卖点 2 和卖点 3 反复交错。

这些卖点对于套牢盘来说，可能只有损失大小的区别，但对于短线投资者来说还具有一定的可操作性，低买高卖的短线策略在下跌行情中仍旧可行。只要看准时机并谨记及时止盈的原则，这些突破了均线的反弹就可以为短线投资者带来一定的收益。

3.3.4　卖点 4：乖离过大

卖点 4 乖离过大指的是股价位于均线之上运行，在连续上涨后偏离均线太远，后续很有可能会出现回落。

卖点 4 是一个出现在上涨行情中的卖点，这样的形态说明近期的获利盘收获颇丰，随时都会产生兑利回吐的卖压。股价在上方抛压的压制下极有可能快速向均线靠近，形成急涨急跌的走势。

在股价的上涨过程中随时都可能出现卖点 4，但在行情初期的卖点 4 显然不如高位的卖点 4 来得有吸引力。无论是从市场氛围和利润空间来看，高位处的卖点 4 都占据优势。

但是它同样具有对等的风险，在高位出现股价急涨急跌后靠近均线甚至跌破的形态是非常危险的。因为在很多时候，投资者很难分辨这是否是行情见顶的迹象。

因此，在高位的卖点 4 出现后，投资者就一定要当断则断，立刻出局。依旧抱有期望不肯出手的部分投资者，一旦判断失误，遭受的可能就是重大损失。

下面来看具体的案例。

实例分析

天下秀（600556）葛兰威尔法则卖点4实战解析

图3-15所示是天下秀2018年10月至2019年4月的K线图。

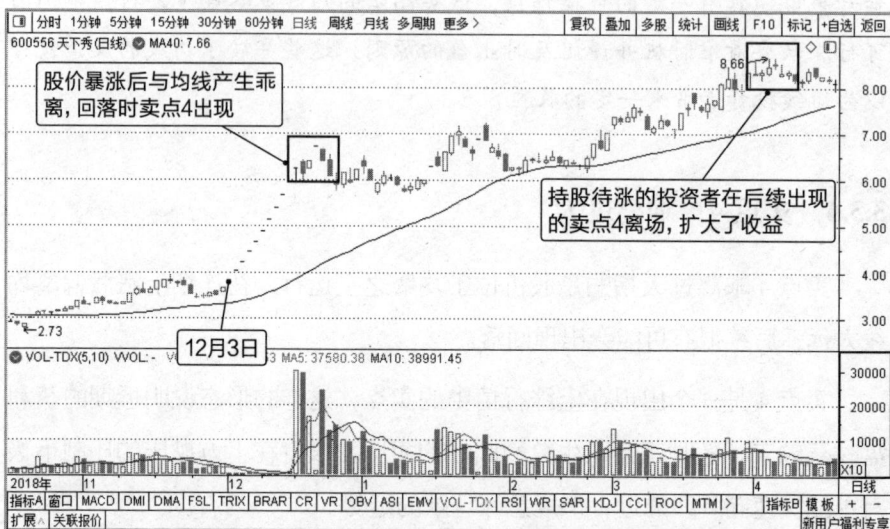

图3-15　天下秀2018年10月至2019年4月的K线图

图中展示的是天下秀上涨行情的初期，2018年10月中下旬显示的最低价2.73元，即是该股上一段下跌行情的底部。

在见底时均线已经走平，随后股价在成交量的放量推动下缓慢上升，突破均线后带动其逐渐上扬，进入了上涨初期。

11月底股价的回踩得到均线支撑，在准备继续向上攀升时，市场突然受到公司资产重组的重大利好消息刺激，导致股价在12月3日骤然拉出了一字涨停板。

随后该股以连续一字涨停暴涨了10个交易日，均线上扬角度随之加大。此时的股价在短短10个交易日内，从4.00元附近达到了6.00元左右的位置，已经与均线产生了较大的偏离。

在 12 月 17 日开板后，市场中积累的大量获利盘涌出，骤增的抛压使得股价在第二天以阴线报收。即便如此，仍有不少的投资者从外界的利好消息和股价的走势中嗅到了大涨的气息，纷纷入场接盘，两天后再次将股价拉出一个一字涨停。

之后股价开始缓慢下滑，向依旧上升的均线靠近，此时就出现了一个卖点 4。由于之前连续的暴涨，已经有大量投资者借助了这个卖点 4 离场。

但部分对后市高度看好的投资者还未离开，显然是希望股价上涨到更高的位置出现卖点 4 时再离场，以获得更高的收益。

2019 年 4 月初，股价已经在反复的回踩与拉抬中到达了 8.66 元的位置，从此处的乖离和回归来看，这也是一个卖点 4。相对于 2018 年 12 月 6.50 元左右的价格，这里的卖点 4 能够为投资者扩大约 33% 的收益，性价比还是非常高的。

这样的操盘方法在上涨初期比较可行，只要投资者确认了上涨行情的出现，就可以采用这样的操作来增加自己的收益。但在股价的高位，就需要提高警惕，保持理智了。

图 3-16 所示是天下秀 2020 年 3 月至 11 月的 K 线图。

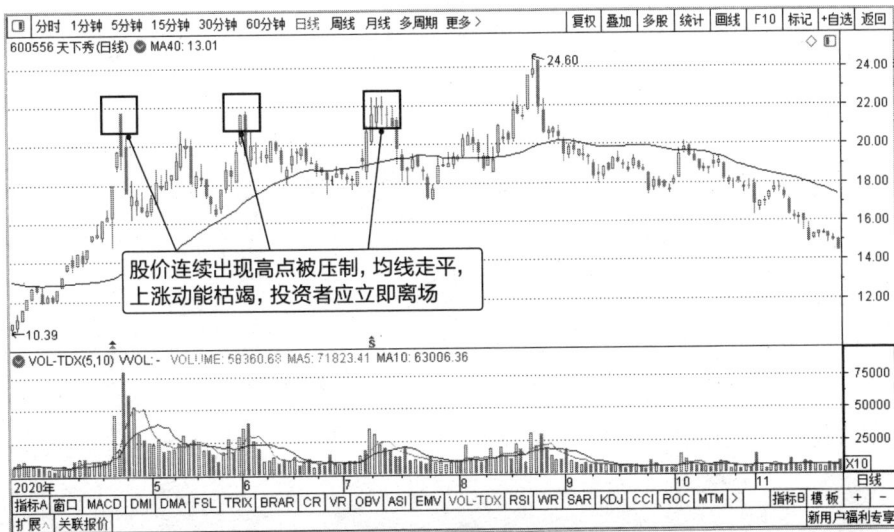

图 3-16　天下秀 2020 年 3 月至 11 月的 K 线图

图中展示的是天下秀的行情高位，可以看到在4月初，股价与均线产生了一段较大的偏离。此时的股价达到了22.00元附近，相较于上涨初期来说已经是非常高的位置了。

而且从成交量来看，当此次的股价下跌后再次上涨时，成交量整体处于萎缩状态，市场的做多动能即将消耗殆尽。

6月初及7月中上旬，该股再次出现了卖点4，但很明显的是这两次上涨高点都被压制在22.00元下方，均线也由上扬转为走平。这说明股价上涨乏力，市场疲软。

依旧持股待涨的投资者在经历了连续3次高点突破失败后，就要果断离场，将已有收益落袋为安。否则待到下一次冲高回落时，股价就将失去支撑转入下跌之中。

第4章

经典上攻形态：决策入场时机

在实战中，均线时常会出现一些特殊的上攻形态，能够帮助投资者做出较为准确的买入决策。无论是与K线配合产生，还是多条均线互相交叉、排列形成，这些多样化的上攻形态都预示着入场的机会。学会正确选择买入点，是投资者获取收益的关键一步。

- 银山谷
- 金蜘蛛
- 上山爬坡
- 烘云托月
- 旱地拔葱

4.1 均线相互交叉上攻

本章在对均线的上攻形态解析时，会采用 4 条均线组合的方式进行，分别是 5 日均线、10 日均线、30 日均线和 60 日均线，这些均线也是投资者在日常操盘中较为常用的。

与单条均线不同的是，均线在组合使用时会产生各种交叉，其中就有一些特殊的、对股价未来走势有一定预示作用的上攻形态。均线互相交叉产生的上攻形态会侧重于观察均线本身的状态，以及这些形态形成后对股价产生的影响，进而决策买入点。

4.1.1 银山谷

银山谷一般由 3 条均线组成，具体指的是股价经过一段时间的整理或下跌后，均线组合中的短周期均线由下往上穿过中等周期均线和长周期均线，中等周期均线由下往上穿过长周期均线，从而形成了一个尖头朝上的不规则三角形。

银山谷比较常见于行情的底部和深度回调的底部，是阶段见底的信号。它的出现表明场内的抛压减小，多方已经积累了较大的上攻能量，在银山谷形成的同时带动市场开始活跃。

在构筑银山谷的过程中，成交量需要有放量的配合。但也有一种特殊情况，即银山谷构筑时股价出现了一字涨停，此时对应的成交量自然不会有放量。但在一字涨停开板后需要有一波大的量能出现，用于支撑股价后续的上升。

下面来看具体的案例。

实例分析

五洲新春（603667）行情底部的银山谷解析

图 4-1 所示是五洲新春 2020 年 12 月至 2021 年 6 月的 K 线图。

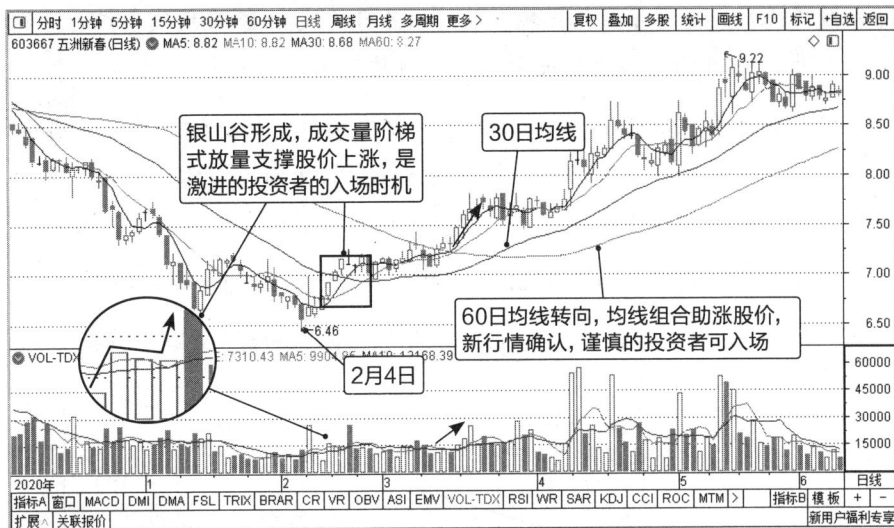

图 4-1　五洲新春 2020 年 12 月至 2021 年 6 月的 K 线图

从图中可以看到，五洲新春正处于下跌行情的底部。2020 年 12 月到 2021 年 1 月这段时间内，股价一直处于震荡下行的状态，均线有大部分时间在其上方起助跌作用。

2 月 4 日，股价在 6.46 元的位置到达了下跌行情的底部，股价在第二天就开始放量收阳拉升。之后成交量短暂缩小后呈阶梯式放量拉升股价，在这期间，股价很快向上突破了 5 日均线和 10 日均线，此时这两条灵敏的均线已经转头向上，稍显滞后的 30 日均线也开始走平。

2 月中旬，股价向上强势突破了 30 日均线，随后成交量再次放量拉升股价，当日与股价同步上扬的 5 日均线上穿 30 日均线，很快 10 日均线也上穿 30 日均线，此时均线系统形成了一个尖头向上的银山谷。

在行情底部形成的银山谷已经释放出了买入信号，但在实战中，投资者只靠银山谷其实很难判断是否产生了新行情。激进的投资者会在此入场，但谨慎的投资者依旧保持观望。

那么，下面继续观察后面的走势。在银山谷形成后，股价出现了短时间的盘整，但依旧保持在 30 日均线上方运行。3 月中旬，成交量逐步放量推动股价上涨，离开了盘整区域。此时的 5 日均线和 10 日均线承托着股价向上攀升，30 日均线已经拐头向上，60 日均线则逐渐走平。

种种迹象表明，银山谷的形成很有可能预示了新行情的出现。并且后续股价不断攀升，成交量的量能也越来越大，上涨行情愈发明朗。那么在 4 月初，60 日均线彻底转弯向上时，谨慎的投资者也可以放心入场了。

图 4-2 所示是五洲新春 2021 年 2 月至 9 月的 K 线图。

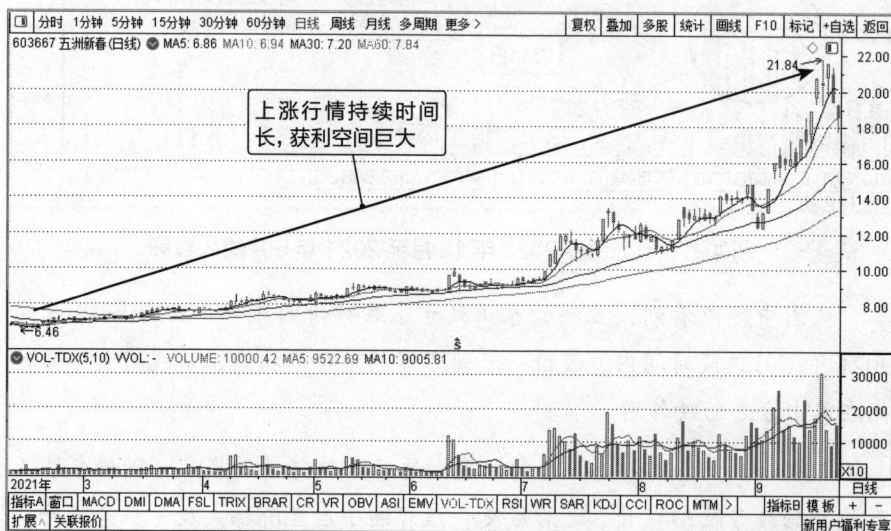

图 4-2　五洲新春 2021 年 2 月至 9 月的 K 线图

从图中可以看到，五洲新春的上涨行情持续了很长时间。在银山谷处入场的投资者持股成本在 7.25 元左右，而在确认新行情产生后再入场的投资者持股成本在 7.75 元左右。两者的利润空间其实相差不大，在 182% ~ 201% 之间，都是非常不错的。

4.1.2　金山谷

金山谷和银山谷的构筑方式是一致的，只是金山谷构筑的位置需要在银山谷之后，其形成原因是股价在上涨行情初期上升一段时间后，又出现了回落，随后再次上涨，均线第二次形成一个尖头向上的不规则三角形，这个三角形就被称为金山谷。

在前面银山谷的案例解析中提到过，谨慎投资者可以在新行情确认时再入场，其实在这里金山谷就可以满足需求。继行情底部的银山谷之后再次出现的均线组合上穿，充分说明了多方动能的充沛，均线的上扬代表市场平均持股成本的上升，证明不断有资金入场追涨，看多气氛浓厚。

一般情况下，金山谷距离银山谷越远，位置越高，目标股的上涨潜力越大。但金山谷的构筑位置也有可能低于银山谷，这并不影响其预示意义，只是会降低其可信度。

下面来看具体的案例。

实例分析

博腾股份（300363）上涨初期的金山谷解析

图 4-3 所示是博腾股份 2018 年 8 月至 2019 年 3 月的 K 线图。

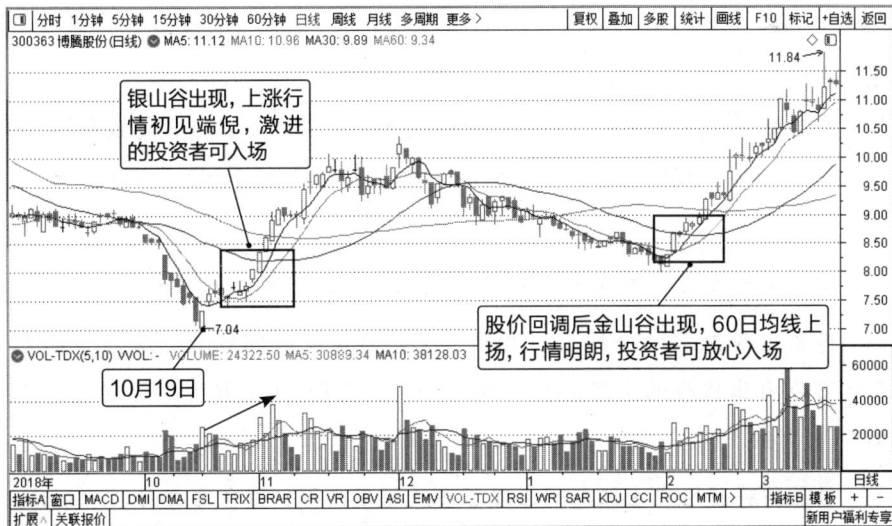

图 4-3　博腾股份 2018 年 8 月至 2019 年 3 月的 K 线图

从图中可以看到，博腾股份处于行情反转后的上涨初期。10 月之前，股价围绕 9.00 元的价位线横向运行，市场表现低迷。10 月初，股价连续收阴下跌，跌速骤然加快，均线下行角度加大。10 月 19 日，股价在 7.04 元的位置见底，随后成交量放量推涨，股价迅速反转上升。

很快 5 日均线和 10 日均线也转头向上出现交叉，伴随股价同步上扬，并在 11 月初上穿了 30 日均线。此时的 30 日均线已经走平，3 条均线构筑出了一个银山谷。

银山谷出现后，60 日均线也很快转向上方，但上扬角度较为平缓，新行情还不太明显。11 月中旬，股价进入滞涨横盘阶段，股价在 9.20 元到 10.40 元的价格区间内震荡运行，5 日均线与 10 日均线出现纠缠，30 日均线由上扬转为走平的趋势。

此次盘整并未持续太久，很快股价便出现下跌，带动 3 条均线下行，60 日均线也受其影响上扬走缓。直到 2019 年 1 月底，股价在 8.00 元左右的位置止跌回升。

由于成交量的活跃放量，股价上涨速度较快，5 日均线和 10 日均线在跟随股价迅速转向出现交叉后，很快完成了对 30 日均线的上穿，形成了一个金山谷。

在后续成交量的强力推动和股价的飞速上涨影响下，30 日均线与 60 日均线纷纷转向，上涨行情已经明朗。而投资者在确认金山谷出现后，就可以积极入场了。

图 4-4 所示是博腾股份 2018 年 10 月至 2020 年 4 月的 K 线图。

博腾股份此次的金银山谷相隔 3 个月左右，时间较长。从后市的发展也可以看出该股的上涨潜力确实不小，到 2020 年 4 月为止已经有了近 369% 的涨幅。

虽然博腾股份在上涨期间出现了多次深度回调，但在每次回调结束时，均线都会出现交叉向上的形态。这种形态预示的都是买入信号，场内投资者可以在这些位置适当加仓，而场外投资者就可以伺机买入。

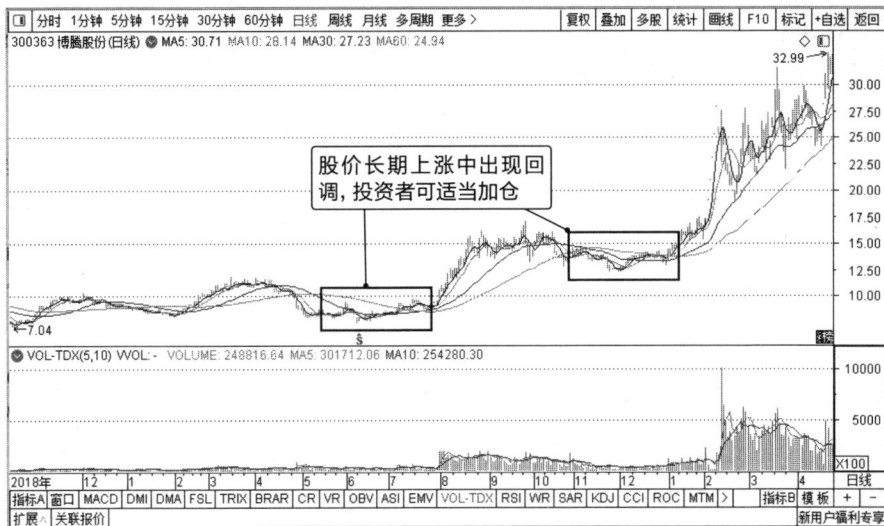

图 4-4　博腾股份 2018 年 10 月至 2020 年 4 月的 K 线图

4.1.3　金蜘蛛

金蜘蛛是由 3 条及以上的均线自下而上发生扭转时，交叉于同一点形成。数条均线在形成金蜘蛛后会向上发散，呈点辐射形态，对后续股价的上涨产生支撑作用。

金蜘蛛的出现位置与金银山谷有些类似，都常见于行情底部和深度回调的底部，只是构筑方式稍有不同。金蜘蛛用一个点代替了金银山谷的不规则三角形，并且均线数量并不限于 3 条。

当数条均线同时向上交叉在某一个价位或某一个价位附近，说明这个价位是最近数个不同时间周期的投资者共同的持股成本。当股票的最新价格在这个共同的持股成本之上时，说明近期买入的投资者都产生了盈利。当这种盈利信号以金蜘蛛的形态呈现时，就会吸引更多的投资者入市，将股价继续推高。

下面来看具体的案例。

实例分析

华东数控（002248）行情底部的金蜘蛛解析

图 4-5 所示是华东数控 2021 年 2 月至 7 月的 K 线图。

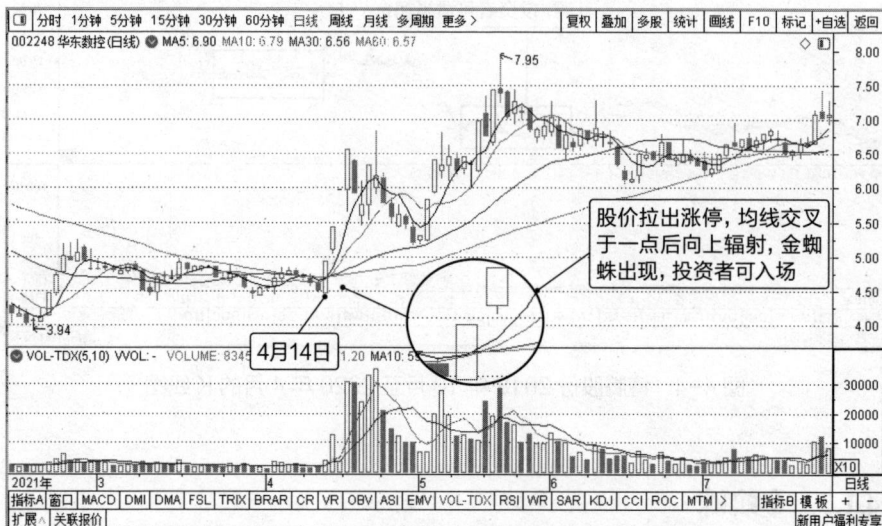

图 4-5 华东数控 2021 年 2 月至 7 月的 K 线图

图中展示的是华东数控的上涨初期，从均线的状态可以看出，该股在 2 月之前都处于下跌之中。2 月，股价在 3.94 元的位置见底止跌，然后在成交量放量的推动下，很快上涨到 5.00 元的价位线附近回落，之后进行横盘整理。

股价在 4.50 元到 5.00 元的价格区间内震荡了一个多月，在这段盘整期间，5 日均线和 10 日均线跟随股价的步伐不断上下波动。30 日均线也已走平，在盘整区间内横向运行，60 日均线则还在下跌。

4 月初，横向运行的股价带着 5 日均线、10 日均线和 30 日均线与仍旧下跌的 60 日均线相遇，并在后续纠缠在了一起。4 月 14 日，股价在尾盘突然放大量，直接将股价打到一个涨停板，强势向上突破了 4 条均线。

与此同时，纠缠在一起的均线受到股价涨停的影响，同时在这一天向上交叉于一点，然后迅速朝上方以短周期均线在上、中长周期均线在下的排列形态辐射开来，金蜘蛛均线形态出现。

此时的均线形态非常像一只张牙舞爪的蜘蛛，由躯干处延伸出了 4 条长腿。在后续接连出现的涨停板带动下，金蜘蛛 4 条长腿张开的角度也比较大。这说明股价拉升力度非常大，使得均线的转向有些突然，这一点从成交量后续放出的巨量也可以看出端倪。

此时股价正处于相对低位，金蜘蛛的出现预示着新一轮行情的开启。投资者在观察到这样的形态出现时，就要当机立断逢低入场。当行情以金蜘蛛为开启标志，后市的上涨幅度就不会太小。

图 4-6 所示是华东数控 2021 年 4 月至 9 月的 K 线图。

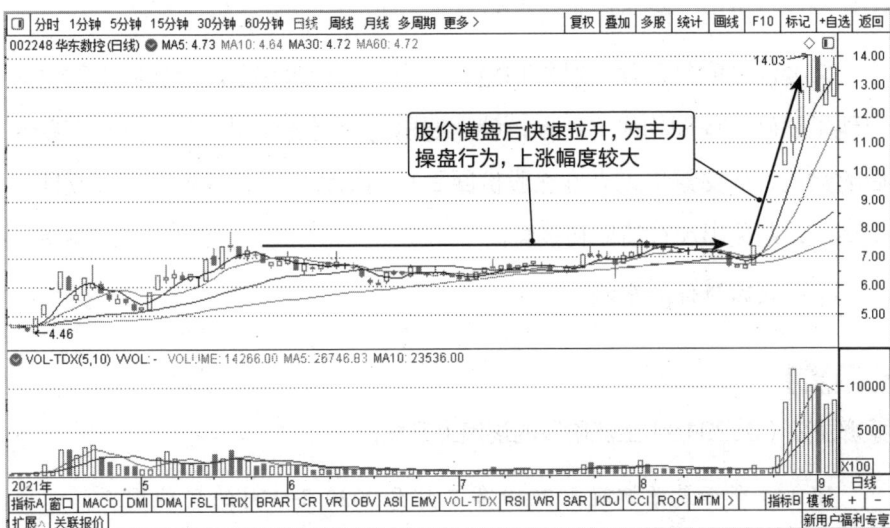

图 4-6　华东数控 2021 年 4 月至 9 月的 K 线图

从图中可以看到，在金蜘蛛出现后，华东数控进行了一段时间的横盘整理。这其实是主力的洗盘手段，在前期将股价从 5.00 元左右突然拉升到 7.00 元附近后，主力不太可能会就此放弃，长时间的洗盘就是在减轻后续继续拉升的压力。

可以看到，在 8 月中下旬主力洗盘完毕开始发力，一连拉出的数个一字涨停充分说明了其控盘度非常高。股价在短短半个月内就达到了 14.03 元的高度，相较于金蜘蛛处的 5.00 元左右，上涨了近 181%，收益非常可观。

4.1.4　逐浪上升

逐浪上升指的是在单边上涨行情中，短、中等周期均线伴随股价上移时多次出现交叉现象，长周期均线以斜线向上状态托着短、中等周期均线往上攀升。整体形态仿佛一波一波向上打的海浪，浪形十分清晰。

逐浪上升为买进信号，而且上升时浪形越有规则，信号越可靠。一般来说，均线的逐浪上升一旦形成，股价大多会有较大的上涨空间。

投资者在遇到这样的均线形态时，应保持理智，避免跟随股价和均线的波动反复进出，耐心持股待涨的收益一般会比频繁交易高许多。

需要注意的是，如果股价和短、中等周期均线在呈波浪式向上推进时出现了跌破长周期均线的现象，就需要引起投资者警惕。一旦发觉在跌破后的数天，成交量仍无力推涨股价回到长期均线之上，投资者就要立即抛空离场，避免出现行情反转被套。

下面来看具体的案例。

实例分析

蒙娜丽莎（002918）上涨阶段的逐浪上升解析

图 4-7 所示是蒙娜丽莎 2019 年 7 月至 2020 年 3 月的 K 线图。

图中展示的是蒙娜丽莎的上涨阶段，可以看到，该股在 2019 年 8 月之前经历了一小段时间的拉升，30 日均线走平，60 日均线仍然向下运行。

8 月初，股价加速下跌，带动 5 日均线和 10 日均线下行。很快，股价在 9.61 元的位置止跌回升，并在 8 月中下旬向上穿过了 30 日均线和 60 日均线，再次进入上涨轨道之中。

8 月底，股价的上涨势头稍缓，进入了横盘整理中。在股价进行盘整时，30 日均线和 60 日均线逐渐由走平转为上扬，并于 9 月中旬向上发散，共同形成了对股价的支撑。

在此之后，股价不断出现上下震荡的波动，随着时间的推移，每一个下跌的低点都在抬高，同时上涨的高点也在上升。

5 日均线和 10 日均线随之形成波浪式的交叉走势，一浪一浪向上攀升，30 日均线和 60 日均线在下方形成了有力的支撑，均线与股价整体出现了逐浪上升的形态。投资者在此时确认了逐浪上升形态的成立，那么就可以在股价向下接触到 30 日均线时入场。

虽然在 2020 年 2 月初，股价和两条短周期均线向下跌破了 30 日均线和 60 日均线，但并未向下偏离太远，而且很快就再次上涨回到了均线上方，逐浪上升形态在这时依旧是成立的。投资者不必恐慌，坚定持股待涨才能够获得更高的收益。

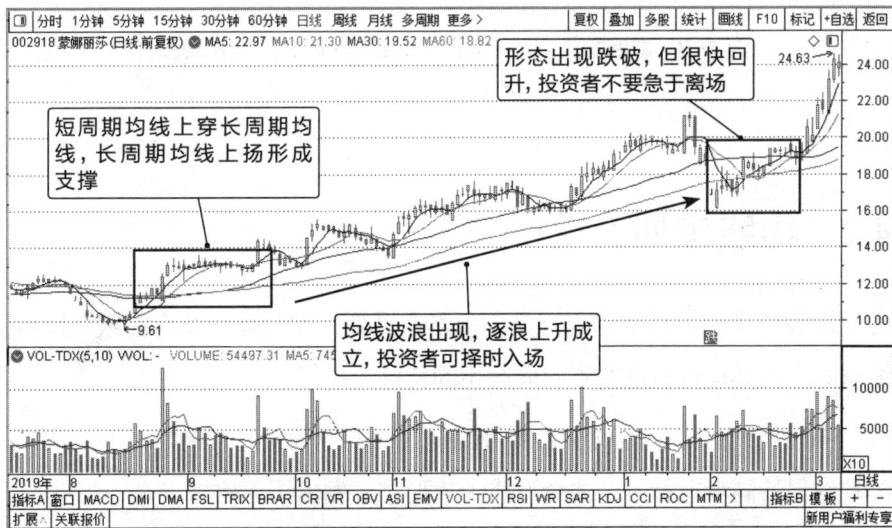

图 4-7　蒙娜丽莎 2019 年 7 月至 2020 年 3 月的 K 线图

图 4-8 所示是蒙娜丽莎 2019 年 8 月至 2020 年 8 月的 K 线图。

从图中可以看到，蒙娜丽莎后续的上涨行情还是比较稳定的，而且逐浪上升的形态持续了很长时间，留给了投资者非常多的入场机会。

在场内的投资者只要不被股价的回调迷惑，在长周期均线的支撑力没有被打破之前坚定持有，收益会比较可观。

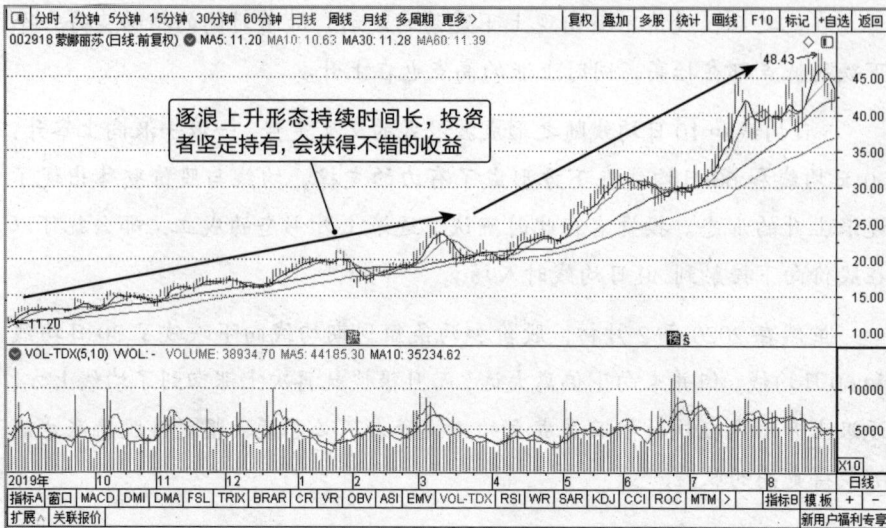

图 4-8　蒙娜丽莎 2019 年 8 月至 2020 年 8 月的 K 线图

4.2　均线排列上攻

均线的排列上攻形态与交叉上攻形态类似，都是均线组合在跟随股价波动时，因其运行轨迹的不同而产生的特殊形态。

不过均线的排列上攻形态侧重的是均线的排列状态，通常是不同周期的均线保持同步运行时，才会形成上攻形态，发出买入信号。

4.2.1　多头排列

多头排列指的是股价呈上升趋势，以下依次排列短周期均线、中等周期均线和长周期均线，三者与股价一样，都保持上扬状态。

这样的形态说明不同周期投资者的平均持股成本都低于当前股价，无论是短线、中线还是长线投资者都已经获利。多头排列预示着牛市的到来，市场以看多气氛为主导，多方对空方产生了绝对的压制，后市将进入长时间的上涨，此时是投资者进场的机会。

下面来看具体的案例。

实例分析

抚顺特钢（600399）上涨阶段的多头排列解析

图 4-9 所示是抚顺特钢 2020 年 6 月至 2021 年 1 月的 K 线图。

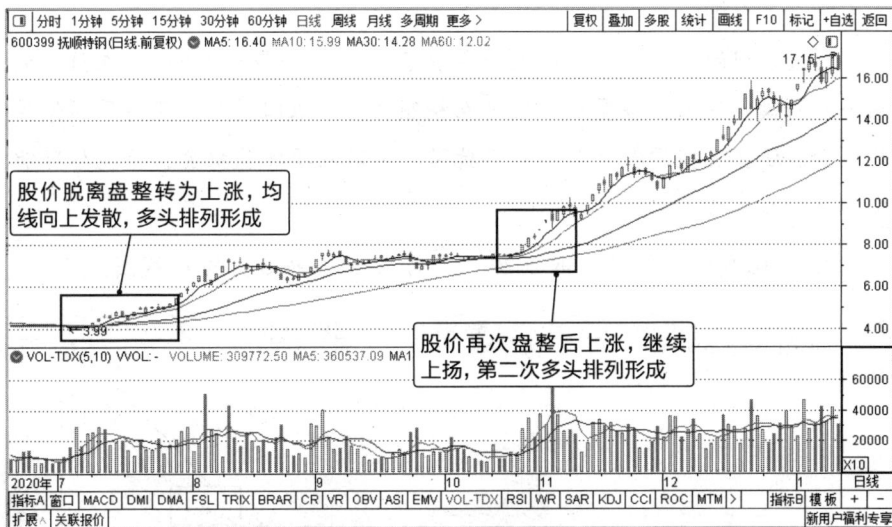

图 4-9　抚顺特钢 2020 年 6 月至 2021 年 1 月的 K 线图

从图中可以看到，抚顺特钢处于上涨阶段中。2020 年 6 月期间股价横盘，在 4.00 元到 4.50 元的价格区间内上下波动，均线组合也随之横向运行，并在 6 月底纠缠在一起。

7 月初，成交量放量拉涨股价，使之脱离了盘整区间朝上方攀升。此时较为敏感的 5 日均线和 10 日均线首先转头向上，而 30 日均线和 60 日均线稍显迟缓，在 7 月底才开始转弯。

8 月初，4 条均线全部拐头向上，从纠缠的状态转为向上发散，并且均线基本都处于股价下方，对其产生了支撑作用，多头排列形成，投资者在此时就可以借助股价的回踩入场。

9月初，股价的上涨受到了来自获利盘回吐的压力，在8.00元价位线下方滞涨横盘。两条短周期均线跟随股价的横盘出现交叉，30日均线逐渐走平，只有60日均线依旧保持着上扬。

在股价的横盘持续到10月底时，成交量开始逐渐放量，拉动股价快速上涨，成功突破了8.00元的压力位。很快两条短周期均线向上发散开来，30日均线再次转弯向上，与一直保持上扬的60日均线一起，4条均线形成了第二次多头排列。

再次出现的多头排列已经充分表明了多方推涨动能的强大，在前期近两个月的盘整阶段，多空双方经过互相倾轧后，依旧是多方获得了压倒性的优势。还在观望的投资者不必再犹豫，及时入场抓住机会，才能尽可能增加自己的收益。

图4-10所示是抚顺特钢2020年7月至2021年8月的K线图。

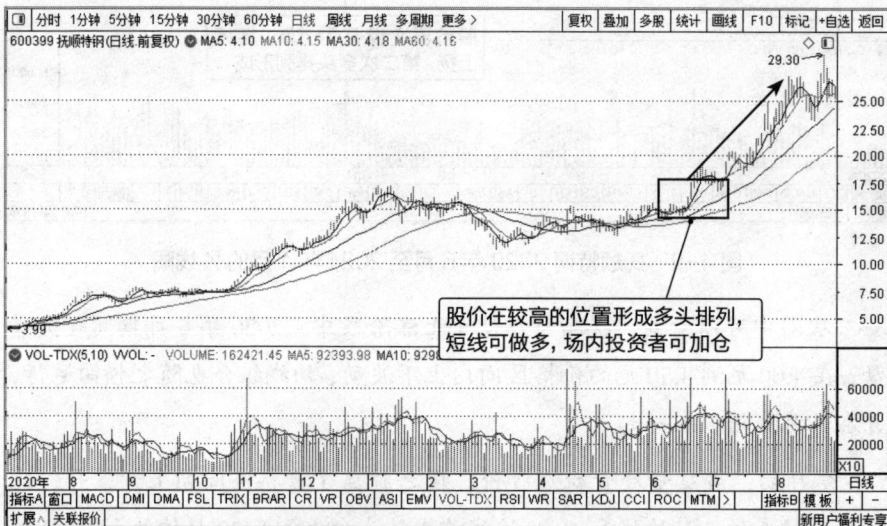

图4-10　抚顺特钢2020年7月至2021年8月的K线图

从图中可以看到，抚顺特钢在形成两次多头排列后保持了上涨趋势，虽然在后续出现了回调和盘整，但整体趋势依旧是向上运行的。

不难发现，在 2021 年 6 月多头排列再次形成，但此时股价位置相对较高，在此位置入场的利润空间被压缩了很多。不过对短线投资者来说这依旧是一个做多机会，场内的投资者也可以适当加仓。

4.2.2　上山爬坡

上山爬坡指的是在稳定的上涨行情中，短周期、中周期和长周期均线基本沿着一定的坡度往上移动。

上山爬坡是典型的买入信号，只要股价没有过分上涨乖离均线太多，或是跌破长周期均线难以回升，投资者就可以逢低吸纳，积极做多。上山爬坡的坡度越小，行情越稳定，上升趋势延续得越久。

这种形态与逐浪上升有些类似，但逐浪上升重点关注的是均线的波浪是否形成，中长周期均线是否产生支撑；而上山爬坡则没有浪形的要求，只要均线组合按照既定的排列规则同步向上运行，且没有出现彻底的跌破，就可以视为形态成立。

下面来看具体的案例。

实例分析

鲁阳节能（002088）上涨阶段的上山爬坡解析

如图 4-11 所示是鲁阳节能 2021 年 1 月至 7 月的 K 线图。

从图中可以看到，鲁阳节能处于上涨行情中。2021 年 1 月期间，股价正处于上一次回调的低位，上下波动的股价使得均线呈纠缠状态，5 日均线和 10 日均线跟随其震荡，30 日均线和 60 日均线也在回调中走平。

1 月底，成交量开始放量推涨，股价回升，并在 2 月 1 日以一根涨停的大阳线向上突破了 4 条均线。随后股价很快进行了小幅回踩，确认了下方足够的支撑力后开始向上攀升。

此时的 5 日均线和 10 日均线紧随股价而上扬，30 日均线也随之转头向上，60 日均线因其滞后性反应迟缓，但在数天后也出现转弯。2 月中旬之后，4 条均线全部完成朝上转向，与股价同步保持上行，那么就可以判断上山爬坡形态成立。

在形态最初出现时，可能部分投资者还保持着谨慎，希望再继续观望一段时间后，确认上山爬坡形态没有被跌破时再入场。

继续观察后续的走势可以发现，股价在稳定地上升了约两个月后出现了一次回调，此次回调幅度较大，股价从 14.00 元附近跌到了 12.00 元左右，还踩到了 30 日均线。

但 30 日均线的支撑力显然非常充足，并未被回调的股价彻底跌破，只是上扬角度稍缓，很快就继续承托着股价和两条短周期均线上行。

此次股价的回踩不破对于谨慎的投资者来说，就是一个可靠的确认信号，既确认了上涨行情的延续，也确认了上山爬坡形态的成立。投资者不应再犹豫，尽快在回调低位逢低吸纳入场。

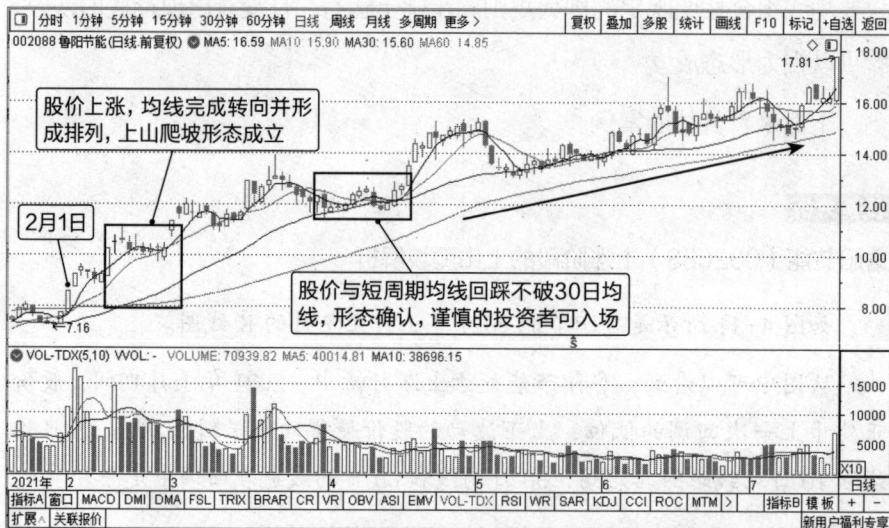

图 4-11　鲁阳节能 2021 年 1 月至 7 月的 K 线图

4.2.3　加速上涨

加速上涨指的是在上涨过程中，短周期均线快速拉升，并与中长周期均线的距离迅速拉大，产生较大的偏离。股价由慢速上涨改为加速上涨的同时，带动均线也出现了由缓攻变为急攻的走势。这种形态出现位置的不同也对应着不同的操作策略。

当加速上涨形态出现在上涨初期时，表明行情主升期的到来，是一个比较好的买点。而当加速上涨出现在上涨末期时，就是见顶信号。股价的上升速度越快，短周期均线与中长周期均线的乖离越大，行情转向的可能性就越大，投资者应当减仓或清仓，规避风险。

下面来看具体的案例。

实例分析

三全食品（002216）上涨末期的加速上涨解析

图 4-12 所示是三全食品 2020 年 6 月至 11 月的 K 线图。

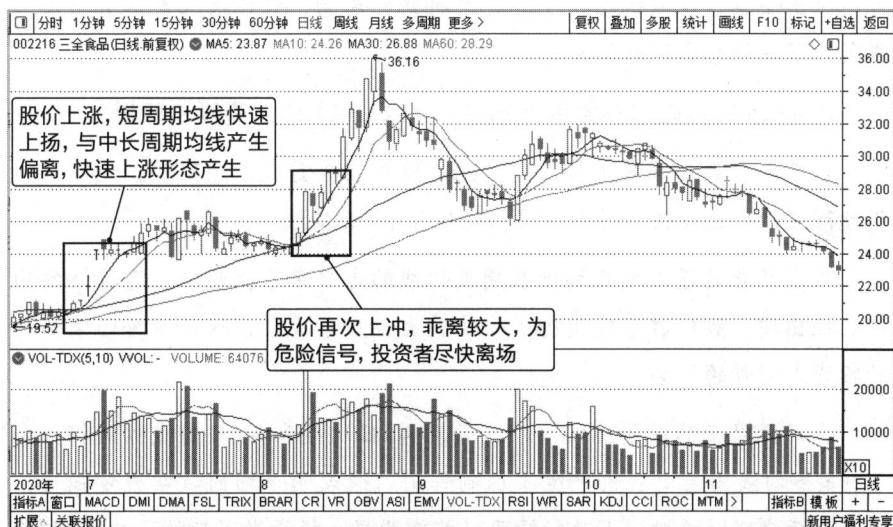

图 4-12　三全食品 2020 年 6 月至 11 月的 K 线图

　　图中展示的是三全食品上涨行情的顶部，可以看到，该股在 7 月之前的上涨受到了获利盘抛压的影响，横盘了一段时间，30 日均线和 60 日均线上扬角度稍缓，并与 5 日均线和 10 日均线纠缠在一起。

　　很快，股价在成交量的放量推涨下脱离了盘整，借助一根十字线和一个涨停板实现了快速上升。两条短周期均线随之大力上扬，迅速与 30 日均线和 60 日均线拉开了距离，并在随后股价的持续上涨中产生了更大的偏离。

　　可以看出这是一个加速上涨形态，而且出现位置相对较高。但介于其乖离值并不大，后续的下跌也在 30 日均线上受到了支撑，所以行情顶部还未出现。但投资者此时也需要提高警惕，对该股保持高度关注，或是进行适当的减仓操作。

　　8 月中上旬，股价在快速上涨后回落到 30 日均线附近，很快又被放大的量能快速推向上方，两条短周期均线再次与 30 日均线和 60 日均线产生偏离。此次股价的涨势显然比 7 月的凶猛，连续出现的大阳线带动短周期均线以更大的上扬角度攀升，乖离值一再拉大。

　　此次的快速上涨形态就非常危险了，持续关注该股走势的投资者应该果断做出决策，在股价出现下跌迹象时立即离场，将已有收益落袋为安，避免在下跌行情出现后被深套。

　　图 4-13 所示是三全食品 2020 年 8 月至 2021 年 7 月的 K 线图。

　　从三全食品后续的走势可以看到，股价在 8 月底见顶下跌，连续的收阴使得股价跌速飞快，并于 9 月初跌破了 30 日均线。

　　从成交量的逐渐缩减和中长周期均线的走平来看，此次上涨行情的顶部已经出现。股价在后续进行了一次较大幅度的反弹，这是留给还未离场的投资者抛盘的机会。

　　在反弹结束后股价继续下跌，带动 30 日均线和 60 日均线彻底拐头向下，4 条均线同时对股价产生了压制作用。这表明市场内做空力量强盛，大量投资者跟随杀跌，下跌行情已经非常明显，投资者不应该再抱有期望，及时离场才能止损。

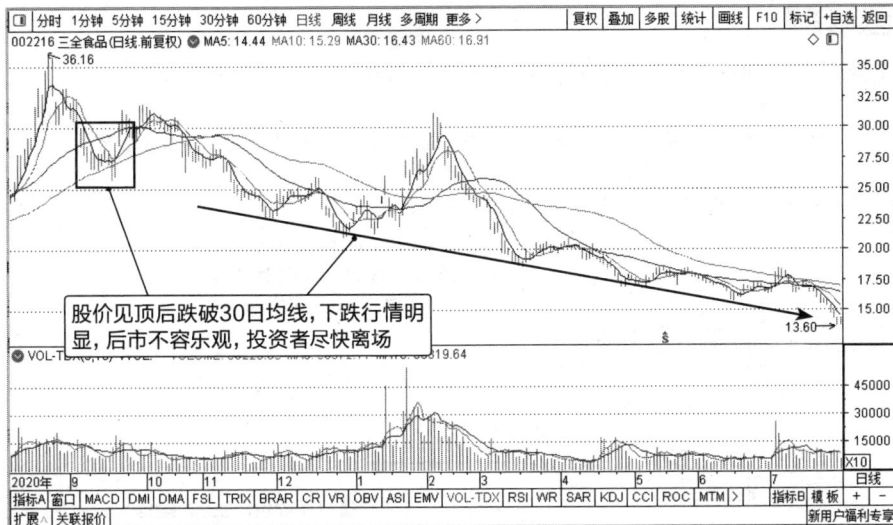

图 4-13　三全食品 2020 年 8 月至 2021 年 7 月的 K 线图

4.2.4　烘云托月

烘云托月指的是短周期均线向上缓慢移动，而中长周期均线也向上移动，但是与短周期均线始终保持着一定的距离。

在形态构筑时，长周期均线如一片云飘荡在下方，承托着股价与短周期均线象征的明月在上方震荡，所以名为烘云托月。

烘云托月常出现在盘整的后期或者上涨的途中，股价和均线的上涨角度不会太大，一般呈横向运行或缓慢震荡向上。这表明场内的主力可能在悄悄建仓，一旦主力建仓完毕，股价就会快速往上拉升。

一般来说，烘云托月维持的时间越长，主力对目标股的控盘程度越高，日后上涨的空间就越大。因此投资者在观察到烘云托月出现时，可积极入场，分批逢低建仓。

下面来看具体的案例。

实例分析

兆新股份（002256）上涨阶段的烘云托月解析

图 4-14 所示是兆新股份 2020 年 12 月至 2021 年 5 月的 K 线图。

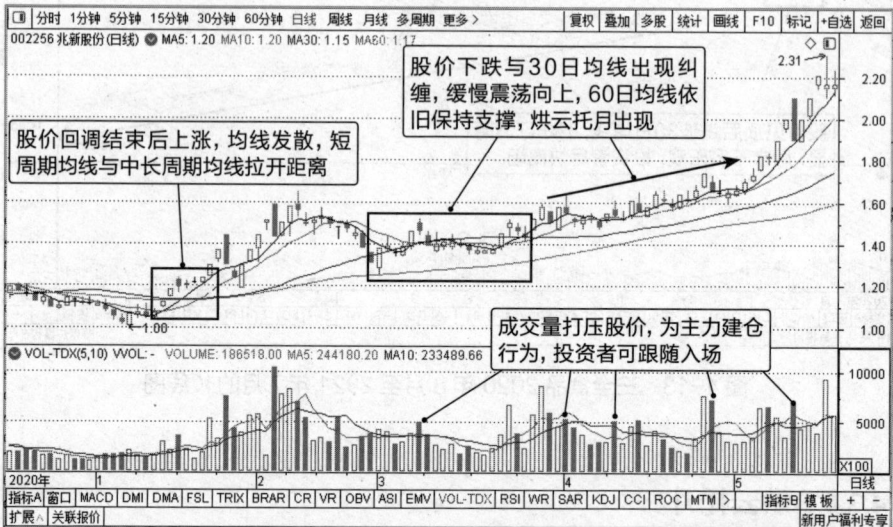

图 4-14　兆新股份 2020 年 12 月至 2021 年 6 月的 K 线图

图中展示的是兆新股份的上涨阶段，可以看到，该股在 2020 年 12 月期间经历了缓慢的回调下跌，均线几乎纠缠在一起，难以分辨。

2021 年 1 月初，股价的回调在 1.00 元的位置见底，随后很快在成交量的推动下回升。均线也随之脱离纠缠状态，向上发散开来，5 日均线和 10 日均线逐渐远离 30 日均线和 60 日均线。

但很快在 2 月初时，股价上涨至 1.60 元的价位线附近受到阻碍，开始回落到 30 日均线附近，并在后续与之出现了再次的纠缠，在震荡中缓慢向上爬升。但此时的 60 日均线依旧如托盘一般，保持在其下方运行，烘云托月形态出现。

从下方的成交量可以看出，在股价震荡向上的过程中，成交量也在不断地缩放。相较于 1 月初回调结束后的拉升阶段，在烘云托月阶段，其活跃度并没有降低多少。仔细观察还可以发现，每当股价有向上运行远离均线的意图时，就会出现一根较大的成交量柱对其进行打压。

　　这就非常明显地凸显出主力的意图了，在股价的拉升阶段边打压边建仓，目的是防止股价上涨太快，抬高主力建仓的成本。所以在烘云托月形态出现时，投资者就可以跟随主力的脚步进行建仓，持股待涨。

　　图 4-15 所示是兆新股份 2021 年 2 月至 9 月的 K 线图。

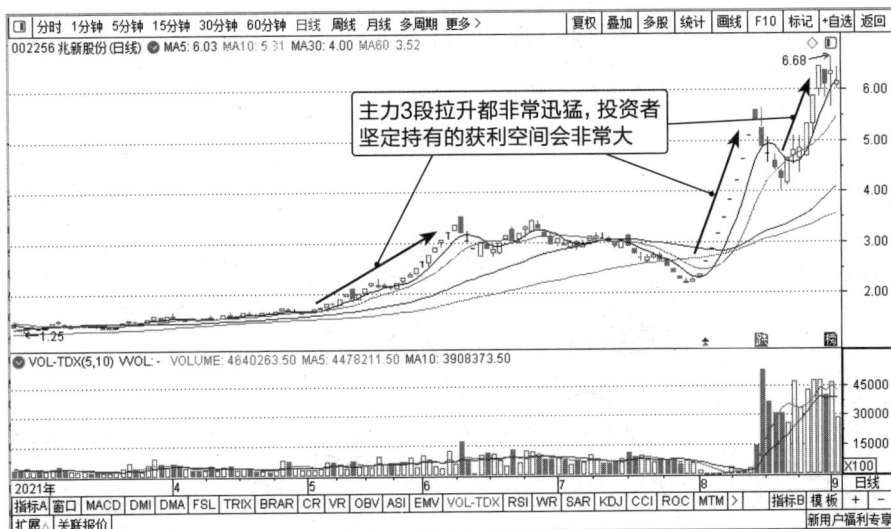

图 4-15　兆新股份 2021 年 2 月至 9 月的 K 线图

　　从图中可以看到，兆新股份在烘云托月阶段结束后，其拉升速度非常快。5 月初，主力在建仓完毕后进行了第一波拉升，在一个月左右的时间内将股价拉升至 3.50 元附近，随后通过回调来清洗场内获利盘，进一步提高自身的控盘度。

　　8 月初洗盘结束，主力再次进行了一波更迅猛的拉升，通过连续的 8 个一字涨停板迅速将股价拉至高位，脱离建仓的成本区域。在开板后主力依旧未放弃，在 9 月上旬持续发力，将股价推至 6.68 元的位置后，此次的上涨行情才告一段落。

　　在烘云托月阶段入场的投资者无疑是获利巨大的，当烘云托月持续了两个多月时，就已经预示着该股的上涨潜力。只要投资者跟随主力的操盘步伐坚定持有，就算不能卖在最高处，其收益也会非常可观。

4.2.5 蛤蟆跳空

蛤蟆跳空形态准确来说，应该是由金蛤蟆形态和一根跳空高开的阳线共同组成。该形态的组成较为复杂，通常会用到 5 条均线进行分析，需要在本章所用的均线组合中加一条 120 日均线。

图 4-16 所示是蛤蟆跳空形态示意图。

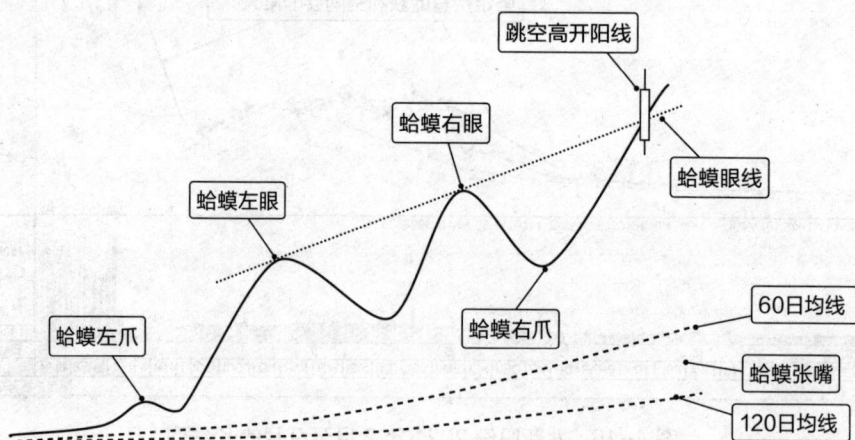

图 4-16　蛤蟆跳空形态示意图

从图中可以看到，蛤蟆跳空形态的构成部分较多，其中实线为股价，下方的两条虚线为 60 日均线和 120 日均线，上方的一条虚线为蛤蟆的眼线。

蛤蟆跳空一般出现在主力的建仓期或是建仓完成后，此时股价会向上抬升，在初期的 5 日均线和 10 日均线形成金叉，构成蛤蟆的左爪。接着会有一个大的上升浪，随后进入回调，股价的高点就形成了蛤蟆的左眼。

股价下跌后不久就会再度上升，其高点形成蛤蟆的右眼。此时主力可能会进行洗盘，股价再次回落，获得均线的支撑，形成蛤蟆的右爪。

当蛤蟆右爪出现后，股价进入主升期，一路向上突破蛤蟆眼线，下方的

60 日均线与 120 日均线逐渐拉开距离，表现为蛤蟆张嘴。

与此同时，K 线必须出现一根跳空高开的阳线，否则蛤蟆跳空的形态不成立。如果在突破蛤蟆眼线时没有出现跳空高开的阳线，而是接连的收阳上涨，就会形成普通的金蛤蟆形态。

这两种形态的预示意义一致，表明大涨行情的到来，是强烈的买入信号，但蛤蟆跳空的可靠度更高。

下面来看具体的案例。

实例分析

星期六（002291）上涨阶段的蛤蟆跳空解析

图 4-17 所示是星期六 2019 年 9 月至 12 月的 K 线图。

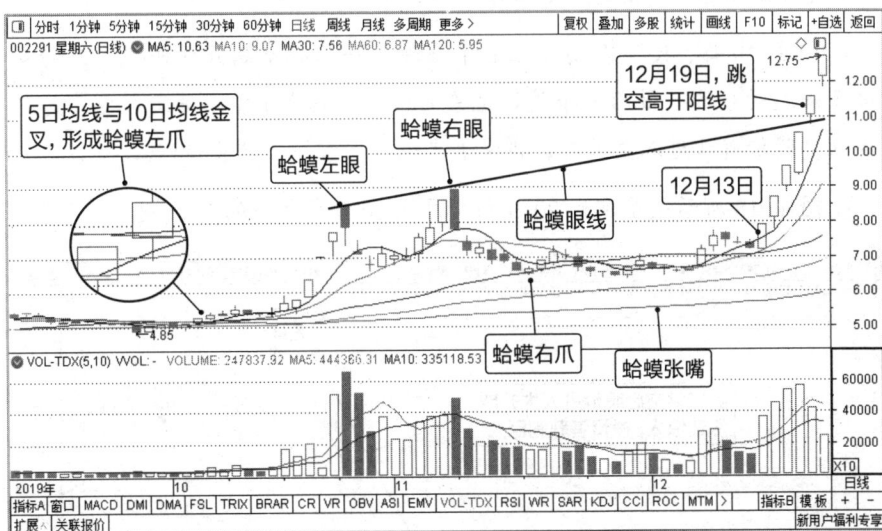

图 4-17　星期六 2019 年 9 月至 12 月的 K 线图

图中展示的是星期六的上涨阶段，可以看到，该股在 10 月之前处于盘整之中，股价在 5.00 元到 5.50 元的价格区间上下波动，均线组合互相纠缠，保持横向运行。

10 月初，股价上涨带动 5 日均线与 10 日均线上扬，出现了一个金叉，蛤蟆的左爪形成。股价回落后很快再次上升，此次上涨速度较快，但持续时间依旧不长，在 10 月中下旬就被打压向下，出现了蛤蟆的左眼。此时的均线组合已经发散开来，60 日均线和 120 日均线逐渐拉开距离。

11 月初，股价在 10 日均线上受到支撑回升，并在数天后再次被打压，蛤蟆右眼形成。随后股价下跌，在 30 日均线上受到支撑，出现蛤蟆右爪。而下方 60 日均线的上扬快于 120 日均线，两条均线出现明显偏离，表现为蛤蟆张嘴。

股价运行到这里，已经完成了大部分蛤蟆跳空形态，只差穿越蛤蟆眼线的那一根跳空高开的阳线。

股价在盘整了一段时间后，12 月 13 日受到巨量成交量的推动，当日收出一根大阳线，向上突破了 5 日均线。随后的数天股价涨速飞快，在 5 日均线上方运行，快速靠近蛤蟆眼线的位置。

12 月 19 日，K 线在高速上涨中出现了一根跳空高开的阳线，正好穿过了蛤蟆的眼线。最后一个关键元素的出现，宣告了整个蛤蟆跳空形态的成立，股价确认进入主升期，投资者可以放心入场，持股待涨。

图 4-18 所示是星期六 2019 年 7 月至 2020 年 3 月的 K 线图。

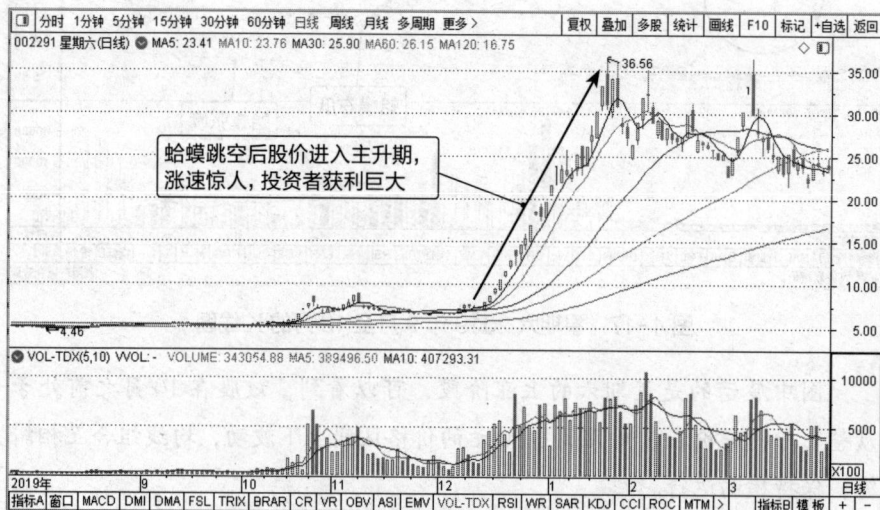

图 4-18　星期六 2019 年 7 月至 2020 年 3 月的 K 线图

从图中可以看到，该股在蛤蟆跳空形态成立后进入了主升期，股价涨速极快，仅仅用了一个月左右的时间，就将股价拉升到了 36.56 元的位置。相较于形态成立时约 11.00 元的持股成本，这一个月的涨幅超过 232%，可以说是非常惊人的数字。

4.3 均线与 K 线交叉上攻

均线与 K 线的交叉形态在上攻形态中也比较常见。在 K 线图中，均线与 K 线如影随形，无论是互相交叉还是同步升降，两者总会在特定的位置形成一些特殊形态，指导投资者进行决策。

4.3.1 蛟龙出海

蛟龙出海指的是在股价的整理后期，一根大阳线拔地而起，同时向上突破了短周期均线和中长周期均线，并且收盘价在这几条均线之上。大阳线犹如一条蛟龙从海中腾飞而起，所以这种形态被称为蛟龙出海。

蛟龙出海一般出现在下跌末期或中期调整末期，是行情见底或调整结束的标志。突破的阳线实体越长，信号越可靠。在突破的同时，一般需要成交量大量能的配合，如果成交量没有同步放大，后续上涨可能乏力，可信度较差。

此时激进的投资者可大胆跟进，稳健的投资者可观察一段时间，等日后股价站稳后再买进。

下面来看具体的案例。

实例分析

洋河股份（002304）盘整后期的蛟龙出海解析

图 4-19 所示是洋河股份 2020 年 7 月至 11 月的 K 线图。

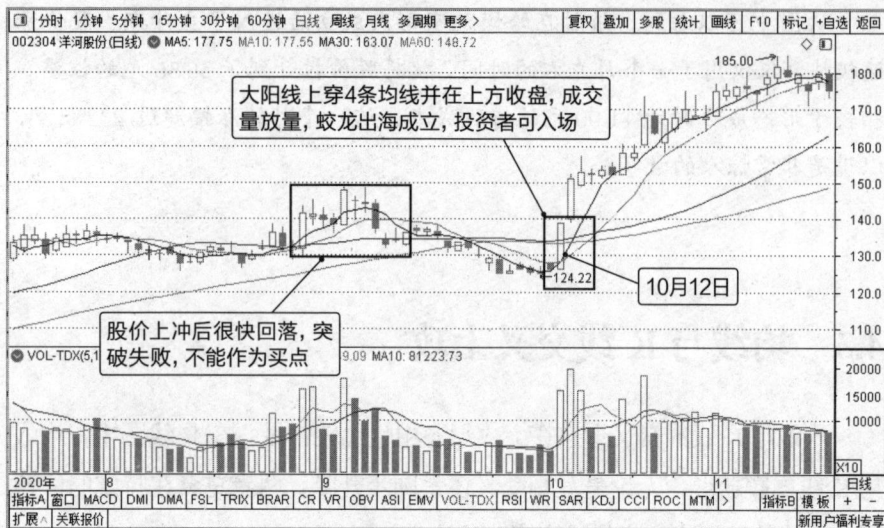

图 4-19　洋河股份 2020 年 7 月至 11 月的 K 线图

图中展示的是洋河股份上涨过程中的盘整末期，可以看到，该股 7 月至 8 月期间处于盘整前期，股价在 130.00 元到 140.00 元的价格区间内横盘。30 日均线和 60 日均线依旧保持着上升，只是上扬角度随着股价的横盘逐渐变缓。

8 月底，成交量有大量放出，推动股价出现了一根大阳线，向上突破了 140.00 元的价位线，5 日均线、10 日均线和 30 日均线也被同时上穿。但此时 60 日均线依旧在其下方，并未与这条大阳线有接触，蛟龙出海形态并不成立，投资者不能将其当作买点。

很快股价上涨至 150.00 元的位置受到阻碍，回落到 30 日均线附近，盘整区间突破失败。9 月底，股价一路下跌到 124.22 元的位置，带动 60 日均线走平。

10 月 12 日，成交量突然有巨量放出，当日股价开盘后一路高走，并在尾盘被大单打到了涨停板上，以长实体的大阳线报收。股价借助这根阳线接连上穿 4 条均线，在其上方收盘，蛟龙出海形态成立。

受急速上涨的股价影响，两条短周期均线迅速转向上方，30 日均线和

60 日均线也在随后拐头向上，4 条均线向上发散。股价明显即将进入快速拉升期，此时投资者就要大胆操作，尽快入场。

图 4-20 所示是洋河股份 2020 年 7 月至 2021 年 2 月的 K 线图。

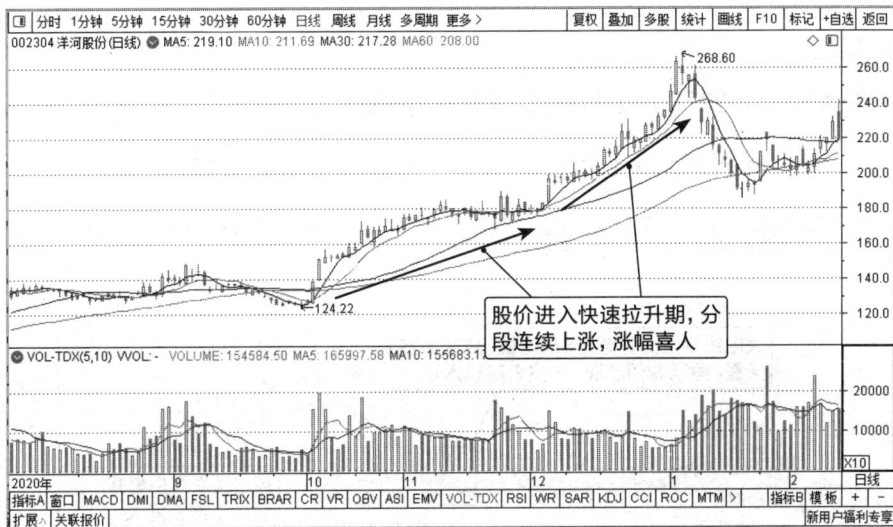

图 4-20　洋河股份 2020 年 7 月至 2021 年 2 月的 K 线图

从后续的发展可以看出，洋河股份在蛟龙出海之后就进入了快速拉升期。期间股价在 180.00 元左右的位置进行了一段时间的整理，结束后的上涨则更加迅猛，直到 268.60 元才见顶，距离蛟龙出海 140.00 元左右的位置，上涨了近 92%。

4.3.2　鱼跃龙门

鱼跃龙门指的是股价经过一段时间的盘整后，出现拐头缓慢上涨的迹象，短周期均线同步向上转弯，中长周期均线走平。随后股价在向上突破整理平台时跳空高开，以一根大阳线越过 5 日均线、10 日均线和 30 日均线，并最终在其上方收盘。

鱼跃龙门的常见位置与蛟龙出海基本一致，即盘整末期和行情底部，且在股价进行突破时需要有成交量的放大配合。鱼跃龙门也是一个典型的看涨信号，投资者可以在形态成立时进行买入操作。

下面来看具体的案例。

实例分析

伟星新材（002372）盘整后期的鱼跃龙门解析

图 4-21 所示是伟星新材 2020 年 7 月至 11 月的 K 线图。

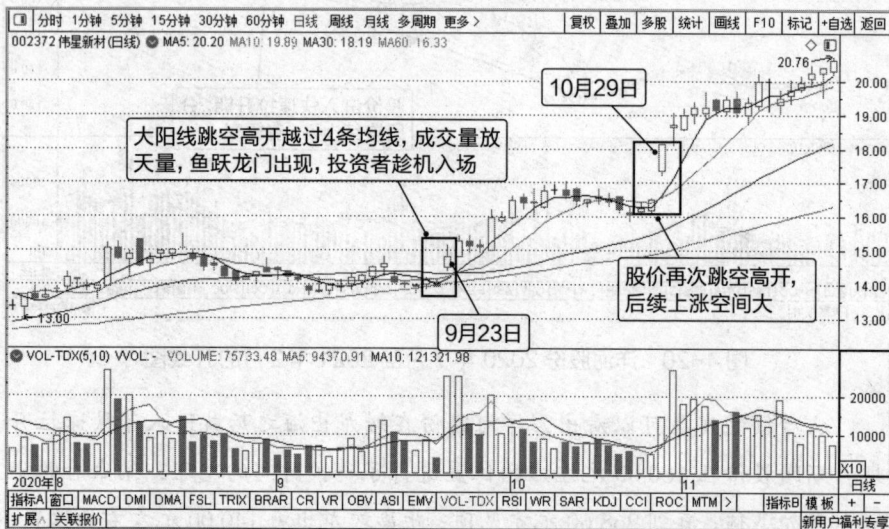

图 4-21　伟星新材 2020 年 7 月至 11 月的 K 线图

图中展示的是伟星新材的上涨阶段，从均线的状态可以看出，该股在 7 月底到 8 月中上旬这段时间是持续上涨的，直到股价到达 15.00 元价位线附近时受到压制，进入了盘整。

股价在 8 月中上旬到 9 月中下旬这段时间内，被限制在 13.60 元到 15.50 元的价格区间内横盘。期间 5 日均线和 10 日均线随之上下震荡，30 日均线逐渐走平，而 60 日均线并没有太大改变，依旧向上运行。

9 月中下旬，横向盘整的股价和上扬的 60 日均线相遇，黏合运行了数天。9 月 23 日，成交量突然出现天量，在强大的推动力作用下，股价当日跳空高开，直接向上越过了 4 条均线站到了上方，鱼跃龙门形成。

从成交量此次放出的量能来看，多方积蓄了大量的动能准备在后市的上涨中释放，股价很有可能会进入拉升期。此时激进的投资者可以大胆跟进，谨慎的投资者可以在股价回踩站稳后再入场。

10 月初，股价上涨至 17.00 元的位置暂缓，随后进入回调。10 月中下旬，股价受到了下方的强力支撑，在远离 30 日均线的位置就被推回，并于 10 月 29 日再次跳空高开，与均线产生乖离。

此次跳空高开虽然不能称为鱼跃龙门，但也向谨慎的投资者释放了强烈的入场信号。从成交量量能的放大程度来看，股价后续的上涨空间不小，投资者尽早入场为妙。

图 4-22 所示是伟星新材 2020 年 9 月至 2021 年 4 月的 K 线图。

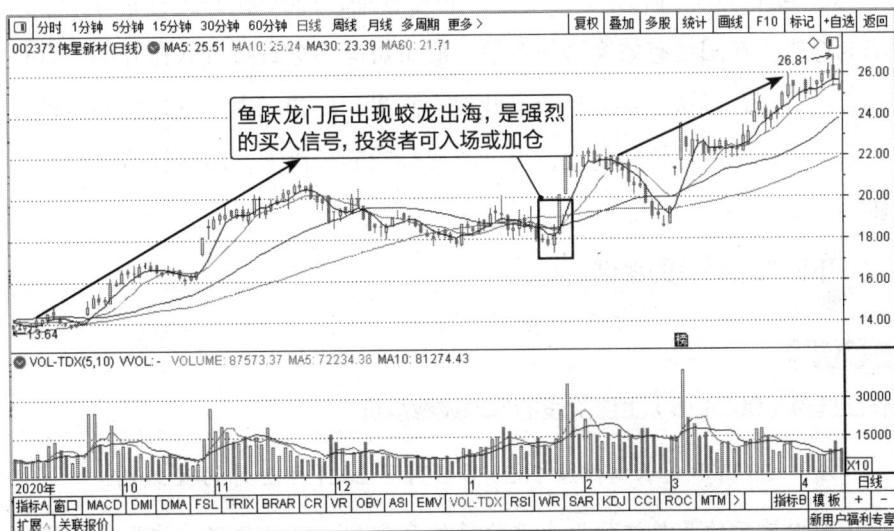

图 4-22　伟星新材 2020 年 9 月至 2021 年 4 月的 K 线图

从图中可以看到，在鱼跃龙门出现后，伟星新材快速上涨了约两个月，再次进入横盘。2021 年 1 月底，股价以一根穿越 4 条均线的大阳线结束盘整，而这明显是一个蛟龙出海的形态。

连续出现的鱼跃龙门和蛟龙出海都为投资者提供了明确的入场信号，

场内投资者可以趁此机会再次加仓，而场外投资者就不应再犹豫，否则就可能乘不上这一轮上涨行情的东风。

4.3.3 旱地拔葱

旱地拔葱指的是股价前期出现过一段时间的放量上涨后，开始出现缩量缓慢回落。股价在下跌到中长周期均线附近时被支撑力推回，随后成交量量能放大，推涨股价形成大阳线，突破整理平台。

旱地拔葱的形态也与其名称非常贴合，在股价缓慢震荡向下时，K线形成了一片寸草不生的旱地，而负责突破的大阳线就仿佛一根坚强生长的葱拔地而起，将低迷的股价带离盘整区，回到上涨轨道中。

旱地拔葱的下降期一般是主力的建仓期，而大阳线就是主力建仓完毕的标志。在阳线有效突破平台后，股价可能不会直接进入拉升期，有时候会进行回踩确认。主力也会借此机会洗盘，促使场内不坚定的筹码进行充分换手，吐出部分获利盘，提升对目标股的控盘度，以减轻后续拉升的压力。

下面来看具体的案例。

实例分析

长江健康（002435）上涨阶段的旱地拔葱解析

图4-23所示是长江健康2020年8月至2021年2月的K线图。

图中展示的是长江健康上涨阶段的盘整期，可以看到，该股在8月中旬之前处于上涨趋势，4条均线都在上扬。但股价上涨至4.60元左右的位置被阻挡，开始下跌。

不到一个月的时间，股价接连跌破了4条均线，一直下滑到3.75元附近才止跌横盘。两条短周期均线随之震荡下行，而30日均线和60日均线则被带动拐头向下，成交量不断缩减，市场表现非常低迷。

11 月初，股价在横盘一段时间后回升，带动 30 日均线在走平后转向上扬，60 日均线的下行角度变缓。但此次上涨至 4.20 元的价位线附近受到阻碍，滞涨数天后很快再次下跌。

12 月中上旬，股价在缩量中下跌到 3.85 元上方的位置，在第二天，也就是 12 月 14 日，成交量突然放出巨量，股价在尾盘被大单打到了涨停板上。当日收出一根长实体阳线，向上穿过 4 条均线，并成功突破了 4.20 元的盘整压力位，旱地拔葱形态成立。

从后续的发展来看，股价很快就进行了数次回踩，60 日均线提供了足够的支撑力，承托着股价向上攀升。投资者在此时就要当机立断，在股价回踩到 60 日均线附近时分批建仓入场。

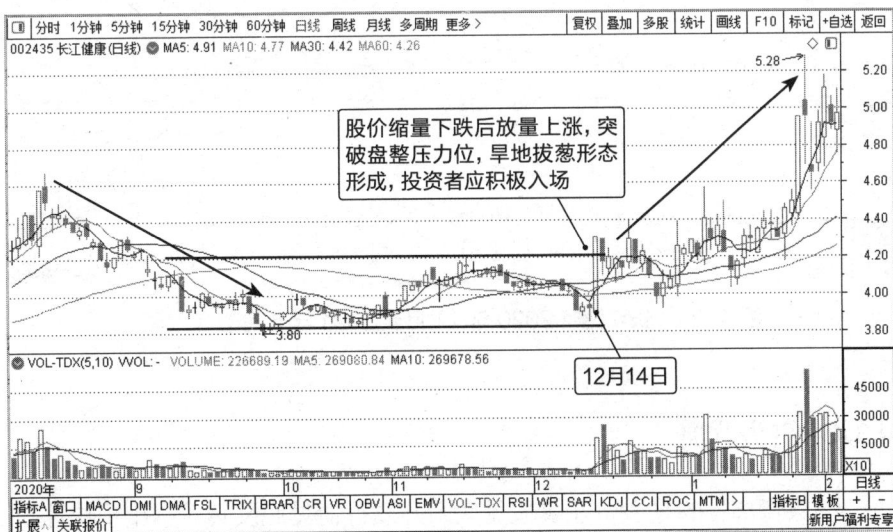

图 4-23　长江健康 2020 年 8 月至 2021 年 2 月的 K 线图

图 4-24 所示是长江健康 2020 年 11 月至 2021 年 5 月的 K 线图。

从图中可以看到，长江健康在旱地拔葱出现后进行了短暂的拉升，随后很快再次进入了盘整。

这是主力的洗盘行为，在骤然拉升后，场内必然积累了一批获利盘，随时可能回吐，对主力的拉升造成不可控的压力。于是主力便会在此位置进行洗盘，让场内的浮筹充分换手，获利盘尽早出局。

3月底洗盘结束，第二轮大幅拉升开启。从上涨速度和成交量量能来看，此次多方力度非常强盛，主力在减轻压力后，拉升的效率也明显变高。在前期入场坚定持有的投资者，此时的收获不会太小。

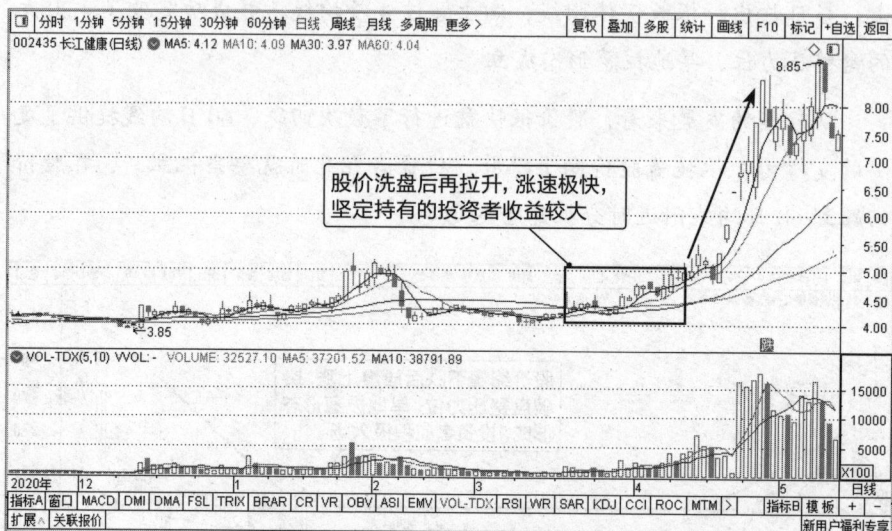

图 4-24 长江健康 2020 年 11 月至 2021 年 5 月的 K 线图

4.3.4 空头背离

空头背离指的是股价在阶段见底回升或行情见底反转时，出现快速拉升走势，由于其启动迅猛，较为快速地突破了中长周期均线，并与之产生了较大的偏离，而此时的中长周期均线的运行方向一般还没来得及转向，因此两者就形成了均线空头背离。

投资者常用的均线组合中还有较为敏感的短周期均线存在，而短周期均线在空头背离中的作用就是决策买点。

当短周期均线转头向上产生交叉时，就是激进的投资者的买入时机；而谨慎的投资者则可以等待股价上穿中长周期均线后，空头背离形态成立时再入场。

下面来看具体的案例。

实例分析

易华录（300212）行情底部的空头背离解析

图 4-25 所示是易华录 2018 年 11 月至 2019 年 4 月的 K 线图。

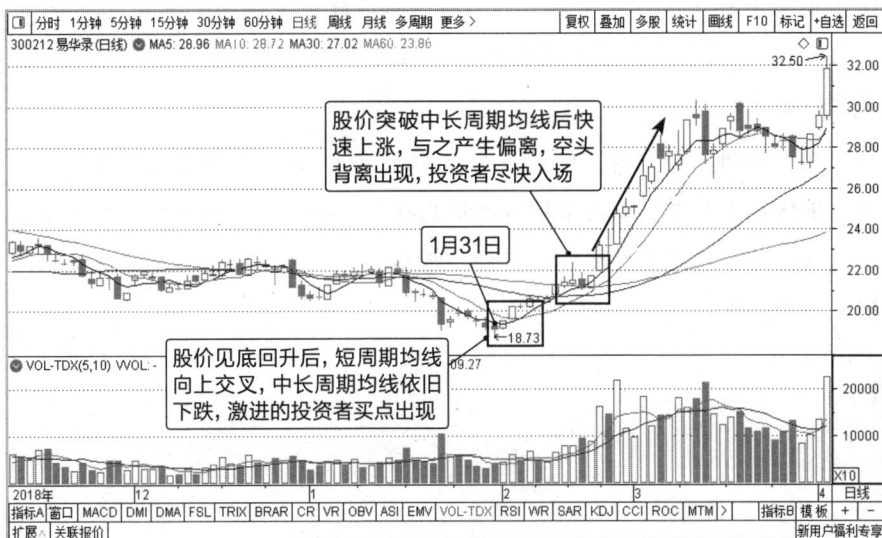

图 4-25　易华录 2018 年 11 月至 2019 年 4 月的 K 线图

图中展示的是易华录的下跌行情底部，可以看到，该股在 2018 年 11 月到 2019 年 1 月中旬期间处于行情低位的盘整，股价在震荡中缓慢下行。4 条均线的下行在盘整中受到缓冲，5 日均线和 10 日均线随股价震荡，30 日均线和 60 日均线则逐渐走平。

1 月中旬，股价受成交量的放量打压，连续收阴下跌，骤然加快的跌速拉动两条短周期均线迅速向下，而 30 日均线和 60 日均线也有再次下行的趋势。

这明显就是主力在股价低位的打压吸货手段，投资者在观察到这样的形态出现时，就要对该股高度关注了，因为此时的股价随时可能出现反转。

1月31日，股价在18.73元的位置见底，随后成交量放量推动股价快速回升。5日均线和10日均线在见底反转后的第三天，出现了向上的交叉，而两条中长周期均线还未转向，空头背离初见端倪。

从前期的打压和目前股价的快速上涨来看，行情有可能出现了反转，激进的投资者可以大胆入场，而谨慎的投资者仍旧保持观望。

2月中下旬，在越来越大的量能的推涨作用下，股价很快向上突破了两条中长周期均线，并在其上方站稳。随后股价很快向上攀升，与30日均线和60日均线产生了一段偏离，而此时的两条均线还处于走平中，空头背离形成。

从后续的走势来看，股价与30日均线和60日均线产生的偏离越来越大，价格越来越高，而两条均线也很快在其带动下转头向上。目前上涨行情已经明朗，建议投资者抓住机会尽快入场，以便在后续的上涨行情中赚取更高的收益。

第5章

经典下跌形态：研判卖出信号

均线的下跌形态在实战中的地位极其重要，投资者在选择了合适的买入点后，还需要在一个恰当的位置兑利离场。而卖出点的决策有时会比买入点更为艰难，投资者如果判断失误或是犹豫不决，面临的可能就是大额损失，所以均线的下跌形态也是投资者需要重点掌握的。

- 死亡谷
- 毒蜘蛛
- 逐浪下降
- 空头排列
- 倒挂老鸭头

5.1 均线相互交叉下行

与均线的上攻形态类似，本章主要采用 5 日均线、10 日均线、30 日均线和 60 日均线对下跌形态进行解析。均线相互交叉下行的形态，能够在投资者决策卖出点时提供一定的指导。

5.1.1 死亡谷

死亡谷由 3 根均线交叉组成，具体指的是股价经过一段时间的上涨或高位的整理后，均线组合中的短周期均线由上往下穿过中等周期均线，而中等周期均线在随后也由上向下穿过长周期均线，从而形成了一个尖头朝下的不规则三角形。

死亡谷一般出现在下跌初期和阶段的高位，是典型的做空信号，尤其是在股价大幅上扬之后的高位出现此形态，即将到来的不是深度回调就是行情反转，投资者应积极抛盘，及时止损离场。

下面来看具体的案例。

实例分析

鄂尔多斯（600295）行情高位的死亡谷解析

图 5-1 所示是鄂尔多斯 2017 年 7 月至 12 月的 K 线图。

图中展示的是鄂尔多斯上涨行情的高位，从均线的状态可以看到，该股在 8 月中下旬之前都在上涨。

7 月中下旬，股价在快速上涨后进行了一次回调，5 日均线和 10 日均线也随之震荡向下，但并未跌破 30 日均线。股价在受到支撑后，上涨趋势还在延续。

8 月 22 日，股价在快速拉升结束后创出了 20.90 元的新高，随后见顶回落，在 18.00 元的价位线附近受到支撑，进入了高位的盘整阶段。5 日均线和 10 日均线跟随股价的盘整而横向震荡，30 日均线则逐渐走平。

投资者观察到股价在高位出现这样的形态时，就需要特别警惕。此时的成交量已经开始缩量，股价失去了支撑，后续很难再有新高。谨慎的投资者在此位置就可以先行离场，将收益落袋为安。

9 月 14 日，股价低开低走，当日收出了一根实体较长的阴线，迅速跌破了 5 日均线和 10 日均线。次日，股价继续收出大阴线跌破 30 日均线，同时 5 日均线也在当日向下穿过了 10 日均线。在数天后两条均线相继跌破了 30 日均线，死亡谷形态成立。

死亡谷的形成和后续 30 日均线、60 日均线的转向下跌，已经充分说明了下跌行情的到来。此时投资者不能再有犹豫和侥幸心理，及早抛盘离场才能保住现有收益。

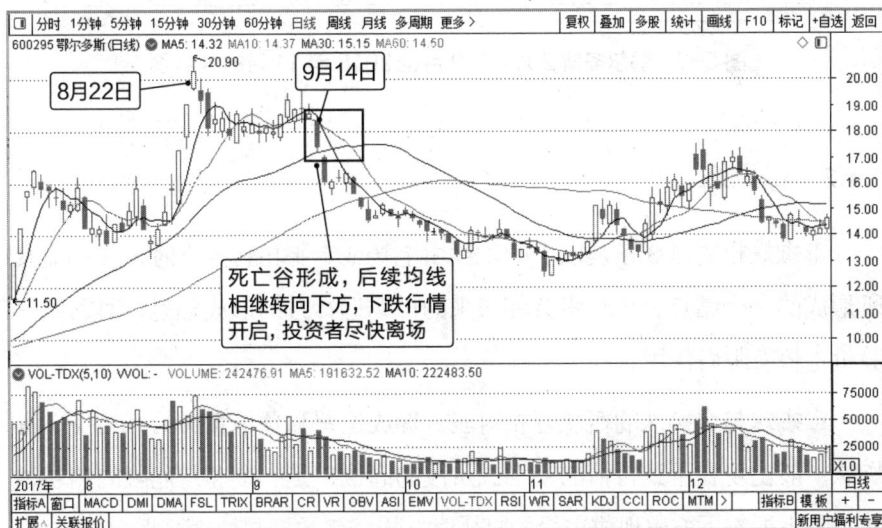

图 5-1 鄂尔多斯 2017 年 7 月至 12 月的 K 线图

图 5-2 所示是鄂尔多斯 2017 年 9 月至 2018 年 11 月的 K 线图。

从图中可以看到，鄂尔多斯在死亡谷出现后，就进入了长时间的下跌行情中。2017 年 11 月到 12 月期间，股价出现了一次幅度较大的反弹，再次给予被套盘离场的机会。

同时，这也是该股在高位反转后，最接近顶部的反弹，还在场内的投资者需要抓住机会逃离，否则后续的下跌会带来更大的损失。

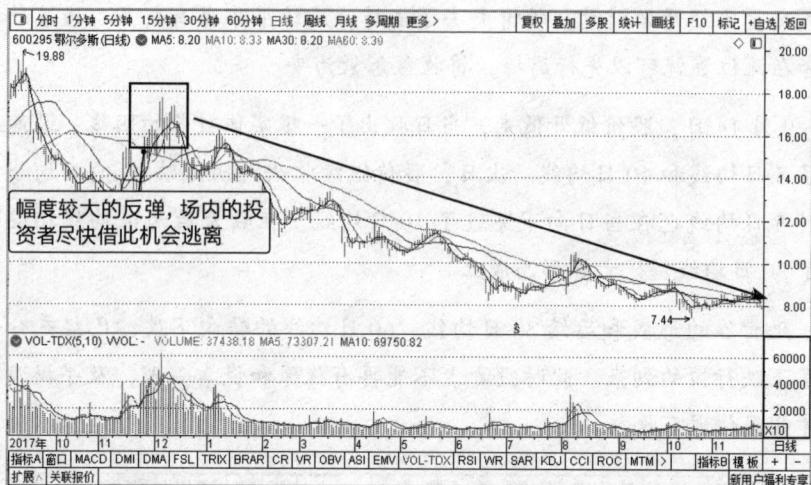

图 5-2　鄂尔多斯 2017 年 9 月至 2018 年 11 月的 K 线图

5.1.2　毒蜘蛛

毒蜘蛛指的是 3 条及以上的均线由上扬或走平扭转向下时，互相交叉所形成的一个结点，该结点会朝未来的市场运行方向形成辐射，对后续的股价走势有阻碍作用。

毒蜘蛛与金蜘蛛的概念互相对应，形成位置和预示意义恰好相反。毒蜘蛛一般出现在下跌行情的初期或阶段的高位，是一个非常危险的信号，尤其是当形态下方出现成交量的打压时，投资者更要尽快逢高抛盘。

下面来看具体的案例。

实例分析

海南高速（000886）下跌初期的毒蜘蛛解析

图 5-3 所示是海南高速 2018 年 3 月至 8 月的 K 线图。

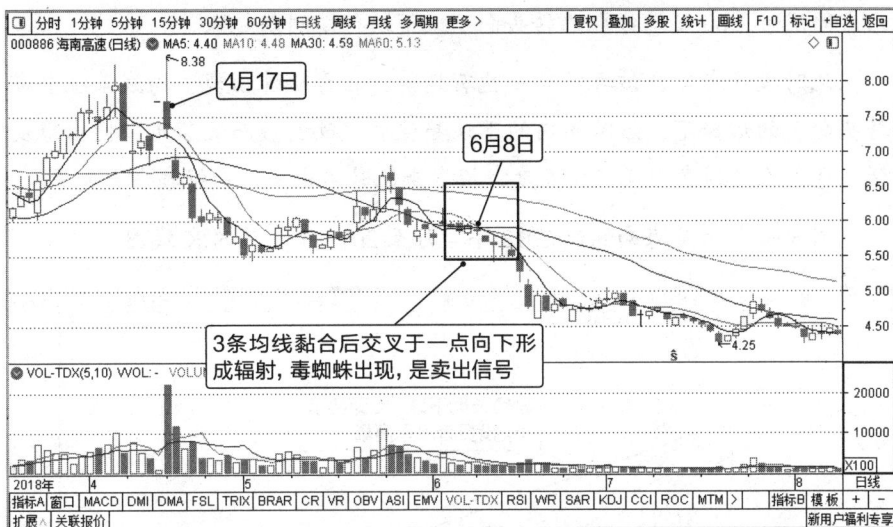

图5-3 海南高速2018年3月至8月的K线图

图中展示的是海南高速的下跌初期，可以看到，该股在前期上涨阶段的涨势比较凶猛、快速，阳线频繁出现，在短时间内就将股价推升到了较高的位置。

4月17日，股价开盘后迅速冲高，随后在盘中持续走低，当日创出8.38元的新高后见顶，以一根带长上影线的阴线报收，下跌行情开启。随后数天股价持续下跌，5日均线和10日均线随之迅速拐头向下，30日均线和60日均线也在加快的跌速影响下转向下方。

股价的下跌一直持续到5月初，在接连跌破了4条均线后于5.50元价位线附近受到支撑，随后股价止跌反弹，带动5日均线和10日均线震荡向上。

在5月底，股价短暂地突破了60日均线的压制后再次回落，两条短周期均线与下行的30日均线黏合在一起，并对股价形成了压制作用，股价在反弹下跌后形成了一段横盘走势。

6月8日，股价再次收阴下跌，5日均线、10日均线和30日均线相继交叉于同一结点后发散向下，助跌股价，毒蜘蛛形态出现。在毒蜘蛛形态形成的同时，60 日均线也已转头向下，下跌行情明朗起来。

此时投资者不应该再对后市抱有期待，在毒蜘蛛出现、均线系统全部转头向下的形势下，短时间内的下跌趋势难以改变。而且后市即便出现反弹，也很难达到靠近顶部的高度，投资者此时不出手，后续损失更大。

图 5-4 所示是海南高速 2018 年 4 月至 2019 年 2 月的 K 线图。

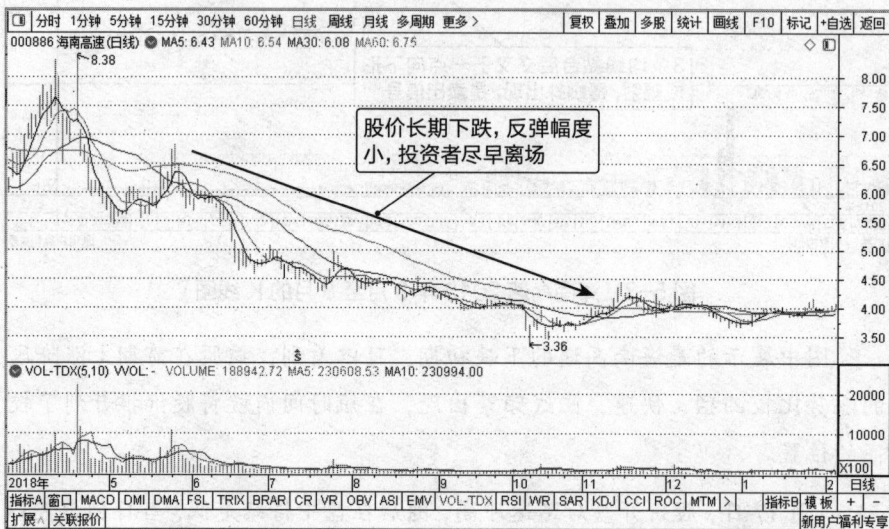

图 5-4　海南高速 2018 年 4 月至 2019 年 2 月的 K 线图

从图中可以看到，海南高速在毒蜘蛛出现后的走势不容乐观，成交量持续缩量，市场情绪越来越低迷。30 日均线和 60 日均线对股价形成了强力的压制，导致为数不多的反弹幅度都不大，套牢盘损失惨重。

5.1.3　逐浪下降

逐浪下降指的是短周期均线与中等周期均线在伴随股价下降时，多次出现交叉现象，并与股价一同被长周期均线压制。股价反弹的高点一次比一次低，呈现出一浪一浪往下跌的走势。

逐浪下降通常出现在下跌行情中，也是一个做空信号。当形态中的浪形越清晰、波浪越规律，目标股的下跌就会持续越长的时间。因此逐浪下降形态在每一个靠近长周期均线的反弹，都是套牢盘的逃离机会。

需要注意的是，当股价在某一时刻强势向上冲破了长周期均线的压制，而成交量又有放量配合的话，接下来该股有可能会出现一波反弹，其高点就是投资者绝佳的离场机会。

下面来看具体的案例。

实例分析

欣龙控股（000955）下跌阶段的逐浪下降解析

图 5-5 所示是欣龙控股 2020 年 6 月至 12 月的 K 线图。

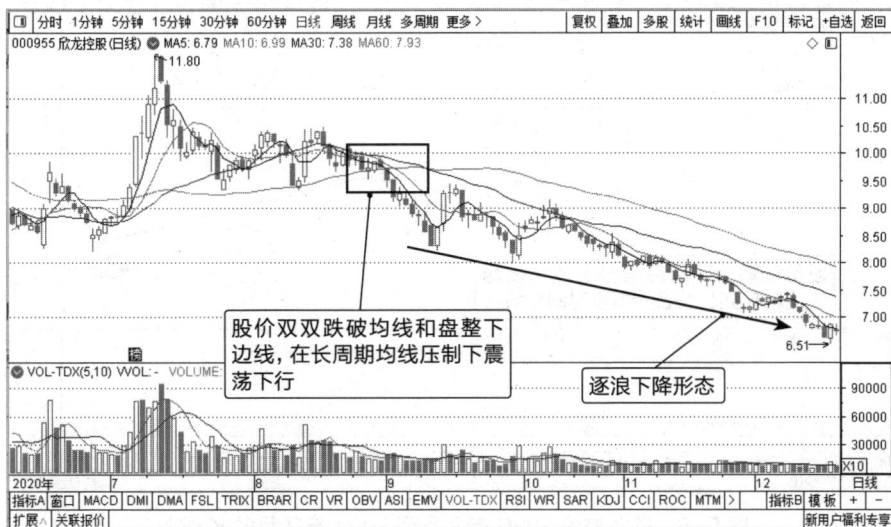

图 5-5　欣龙控股 2020 年 6 月至 12 月的 K 线图

图中展示的是欣龙控股的下跌阶段，可以看到，该股在 2020 年 7 月期间处于反弹中。7 月中上旬，股价在到达反弹的顶点，即 11.80 元的位置后，再次进入了下跌趋势中。

7 月底，股价在 60 日均线上受到支撑止跌，转而进入横盘，股价在 9.30 元到 10.50 元的价格区间内震荡，5 日均线和 10 日均线也随之上下波动。上扬的 30 日均线受其影响开始拐头向下，60 日均线也缓慢走平。

很快，在 30 日均线完成转向后，股价连续收阴，双双跌破了盘整区间的下边线和 60 日均线的支撑，开始向下运行。5 日均线和 10 日均线在震荡中不断出现交叉，与股价一同呈波浪形下跌，30 日均线和 60 日均线对其保持压制，逐浪下降形态形成。

在下跌过程中出现的逐浪下降，无疑是对后市看跌的再次强调，表明市场中的做空动能依旧强劲，短时间内多方难以翻盘。在均线发出了多次警告后，投资者不应再存有侥幸心理，及时解套离场才能尽可能降低损失。

图 5-6 所示是欣龙控股 2020 年 8 月至 2021 年 7 月的 K 线图。

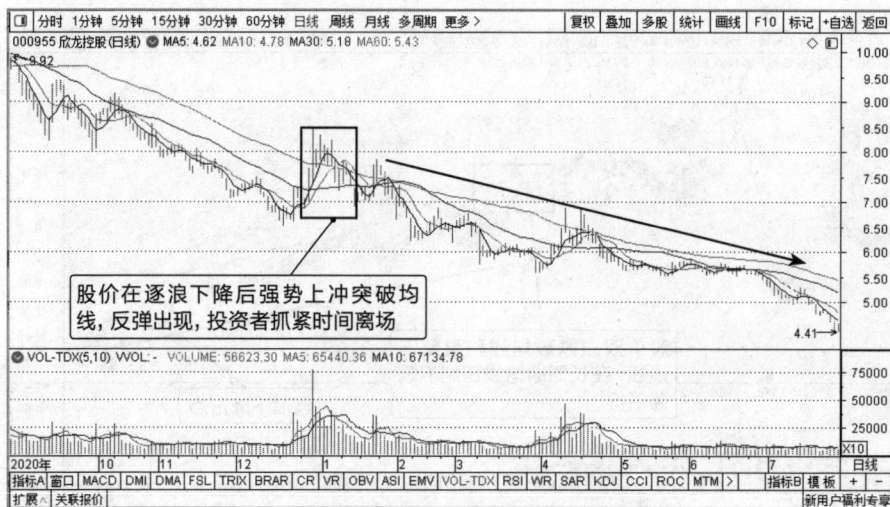

图 5-6　欣龙控股 2020 年 8 月至 2021 年 7 月的 K 线图

从图中可以看到，欣龙控股的逐浪下降形态一直持续到了 2020 年 12 月中下旬，成交量突然连续放出大量，推涨股价接连向上突破了 4 条均线的压制，出现了一次较大的反弹。

这次反弹时间较短，可以看到，该股在 60 日均线上方只是运行了数天便再次下跌，且紧跟着的二次反弹也未有效突破 60 日均线，留给投资者的离场时间还是比较紧张的。场内的投资者最好抓住此次机会，毕竟后续的下跌空间还很大。

5.2　均线排列下行

均线的排列下行形态相对于交叉下跌形态来说要常见一些，且大多出现在下跌阶段，在上涨行情中出现得较少，一般都预示着股价的持续下跌或是深度的回调盘整。

5.2.1　空头排列

空头排列指的是均线在下跌行情中，中长周期均线、短周期均线由上而下依次排列，呈发散状向下方移动的形态。

空头排列说明了在市场中，短期持有者的平均成本低于中长期持有者，而现有价格比两者都低。这意味着场内的投资者基本都在亏损，而且中长期投资者的成本更高，损失更大。市场普遍看空该股，导致后续的下跌在短时间内难以遏止。

下面来看具体的案例。

实例分析

国新健康（000503）下跌阶段的空头排列解析

图 5-7 所示是国新健康 2018 年 4 月至 7 月的 K 线图。

图中展示的是国新健康下跌阶段的一部分，可以看到，该股在 4 月到 5 月期间正在进行横盘整理，股价在 37.50 元到 43.50 元的价格区间内震荡，短周期均线随之波动，中长周期均线走平。

5月25日，股价高开低走，并在盘中不断受到大单成交量打压，当日以大阴线报收，一举向下跌破了4条均线。第二天股价便继续收阴，运行到了均线系统下方。

此时的5日均线和10日均线很快向下对股价形成压制，而30日均线和60日均线依旧保持走平，均线系统呈短周期均线在下，中长周期均线在上的空头排列。

目前从形态上来看空头排列已经成立，但30日均线和60日均线依旧保持靠拢，还未彻底向下发散开来。这就导致仍有投资者存有侥幸心理，留在场内观望，但在下跌阶段中使用这样的策略是非常危险的。

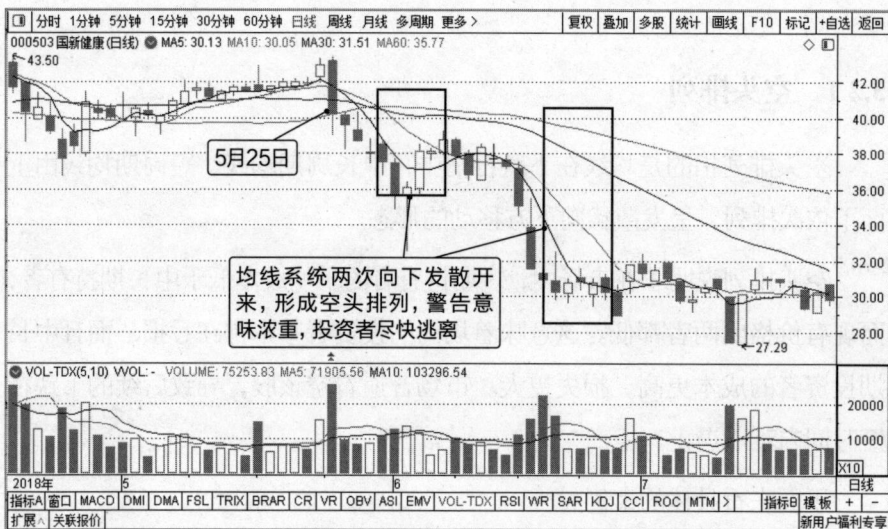

图5-7 国新健康2018年4月至7月的K线图

再来看接下来的走势，6月初，股价在35.00元的位置暂时止跌后反弹，在30日均线处受到压制再次下行。

这一次的股价下跌，成功带动了30日均线和60日均线转头向下，同时5日均线和10日均线也向下发散开来，空头排列在该位置表现得更为直观，传递的卖出信号也更强烈。

这是均线给投资者发出的连续的警告信号，均线的发散下行表明场内投资者大部分都在亏损，该股的入场门槛在持续降低，股价不断被打压，后续走势不容乐观。

图 5-8 所示是国新健康 2018 年 5 月至 2019 年 2 月的 K 线图。

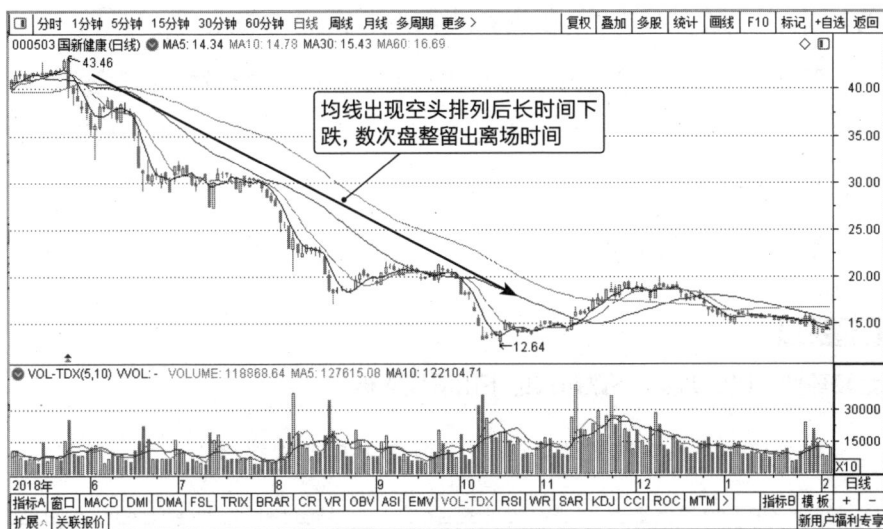

图 5-8   国新健康 2018 年 5 月至 2019 年 2 月的 K 线图

从图中可以看出，国新健康在后续的发展中依旧处于下跌，且持续时间较长，跌幅也不小。在此期间股价也出现了数次盘整，每次盘整的时间都比较长，这都是留给投资者的卖出机会。

5.2.2   下山滑坡

下山滑坡一般由 3 条及以上的均线组合而成，中长周期均线压制短周期线，两者保持一定的距离沿着坡度向下运行，整体形态仿佛绵延向下的山坡，所以被称为下山滑坡。

下山滑坡也是一个典型的看空信号，是一个杀伤力比较大的形态。当下山滑坡形态出现时，阴阳线不断交错，导致股价整体看起来每天产生的跌幅并不大。这样非常容易麻痹投资者，认为这样的下跌不会对股价造成过大的影响。

事实上，下山滑坡形态的出现往往意味着下跌行情还将持续一段不短的时间，因为在其形成后，投资者很难预测出形态的终点。

而且在下山滑坡形态中，股价出现的反弹很少会越过 60 日均线。这就导致了投资者在该形态中很难找到较高位置的卖出点，只能尽快逢高出货，及时止损。

下面来看具体的案例。

实例分析

金陵药业（000919）下跌阶段的下山滑坡解析

图 5-9 所示是金陵药业 2017 年 2 月至 7 月的 K 线图。

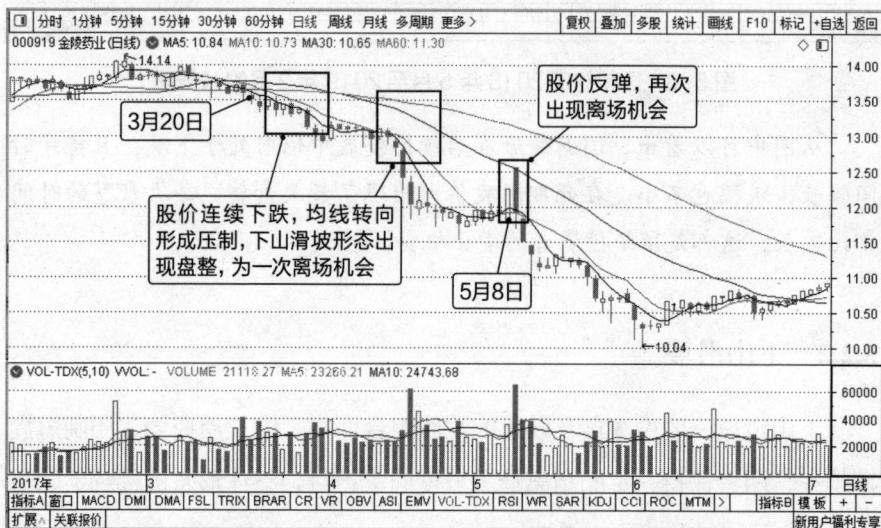

图 5-9　金陵药业 2017 年 2 月至 7 月的 K 线图

图中展示的是金陵药业的下跌行情，可以看到，该股在 3 月中旬之前处于一段盘整中，股价基本在 13.50 元到 14.20 元的价格区间内上下波动，4 条均线也纠缠在一起，随之横向运行。

3 月 20 日，股价收阴跌破了 13.50 元价位线的支撑，随后数天的连续下跌使得股价成功脱离了盘整区间，回到下跌轨道中。此时 5 日均线和 10 日均线立即随之下行，30 日均线和 60 日均线也很快转向下行。

3 月底，股价在连续下跌后，到达 13.00 元的价位线附近止跌横盘。但此次整理时间并不长，短短数天后，股价就在中长周期均线的压制下再次下行。

在下跌过程中，股价大部分时间都从下方依附于 5 日均线，与 10 日均线同步下跌。同时 30 日均线和 60 日均线与股价保持了一段距离，自上方产生压制作用，下山滑坡形态成立。

投资者在观察到下山滑坡形态初见端倪时，就应该引起高度重视了，尽量在下山滑坡还未真正展现出杀伤力时，借助盘整或是反弹逃离，3 月底到 4 月中旬期间的盘整就是一次机会。

4 月中下旬，股价在盘整结束后快速下跌，并在 12.00 元的位置止跌再次盘整。5 月 8 日，股价低开高走，成交量放量，当日收出一根大阳线，并在第二天再次上冲，突破 12.50 元的价位线后在 30 日均线处受到压制回落。

这也可以视作一次反弹，且幅度较大，对于投资者来说也是一次非常好的离场机会，但绝不能将其当作后市上涨的预兆，因为此次反弹速度较快，且在此过程中，30 日均线和 60 日均线的下行角度几乎没有改变。这充分说明了其压制力量依旧强大，市场的做多意愿远远挡不住做空动能的释放，后市的下跌还会持续。

所以投资者在操作时要切记，不要抱有股价继续上涨的期待，只需要把它当作出货的卖点，在高位迅速出手，不要留恋。

图 5-10 所示是金陵药业 2017 年 3 月至 2018 年 2 月的 K 线图。

从后市的发展中可以看到，金陵药业此次的下跌行情在时间上相对较长，在跌幅上给投资者造成的损失也比较大。

在 2017 年 5 月底股价止跌后，又出现了很长时间的横向整理，10 月底整理结束，股价再一次形成了下山滑坡形态。连续出现的类似形态传递了明显的看跌信号，后市很显然还有非常大的下跌空间，套牢盘在看清形势后需要尽早出货离场。

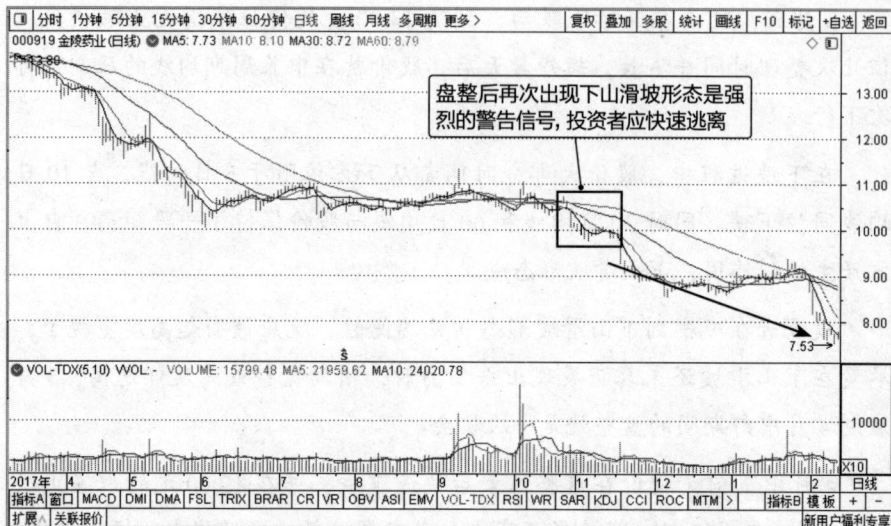

图 5-10　金陵药业 2017 年 3 月至 2018 年 2 月的 K 线图

5.2.3　加速下跌

加速下跌指的是均线组合由缓慢下跌或匀速下跌状态转为快速下跌，短周期均线和中长周期均线之间的距离越拉越大，股价的下跌角度也变得十分陡峭。

加速下跌常出现在下跌末期，是股价即将见底的信号，出现加速下跌之前，股价的下跌幅度越大，时间越长，其见底信号越可靠。

但有些时候，即便股价已经到达行情的末期，加速下跌的跌幅依旧不算小。对于短线投资者来说，还是以离场观望策略为佳，待行情反转后再入场不迟；而中长期投资者就可以继续持股观望，甚至在股价跌到底部时再加仓。

下面来看具体的案例。

实例分析

中关村（000931）下跌末期的加速下跌解析

图 5-11 所示是中关村 2018 年 3 月至 9 月的 K 线图。

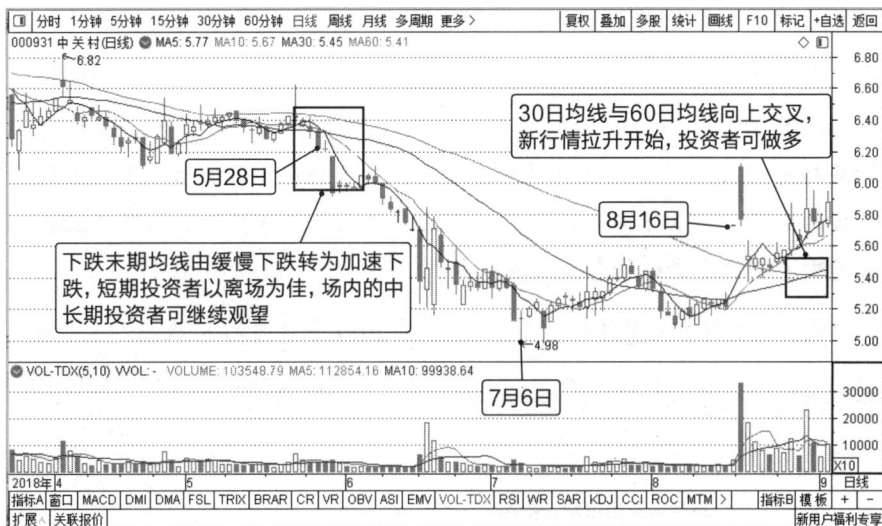

图 5-11　中关村 2018 年 3 月至 9 月的 K 线图

图中展示的是中关村的下跌末期，可以看到，该股 5 月底之前的下跌走势比较缓和，股价在震荡中缓慢下跌，均线也保持较为稳定的角度下行。

5 月 28 日，股价在盘末被大单成交量打压，当日以一根中阴线报收，股价跌破 30 日均线。随后两天股价连续收阴下跌，在 6.00 元的价位线附近暂时止跌后横盘，但很快便再次下跌，跌速较快。

此时的 5 日均线和 10 日均线已经发散向下，30 日均线和 60 日均线也加大了下行的角度，呈加速下跌趋势。短线投资者就可以考虑在盘整处离场了，先将前期的短线收益落袋为安，在场外持币观望。

而中长期投资者就有两种选择，一种是不急于离场，留在场内保持关注，待到行情见底后还可以加仓；另一种就是在合适的位置先行清仓或减仓，避开后续的一段下跌，等行情反转后在新行情中继续做多，投资者可以结合自身情况进行选择。

再来看后续的走势，7月6日，股价的连续下跌创出了4.98元的新低，行情在此见底，加速下跌形态结束。此处距离加速下跌初期约6.20元的位置，有24%左右的跌幅，损失也不小，建议短线投资者尽量避开。

后续股价很快收阳回升，带动30日均线的下行角度变缓。但股价此次并未直接进行拉升，而是在8月初进行了一次回调，新行情还不太明显。

8月16日，股价在回调结束后突然拉出一个一字涨停板，30日均线彻底拐头向上，60日均线也转为走平。两者很快在8月底出现了一个斜向上方的交叉，宣告了新行情拉升的开始，这既是短线投资者的做多机会，也是中长期投资者的加仓或入场机会。

图5-12所示是中关村2018年5月至2019年3月的K线图。

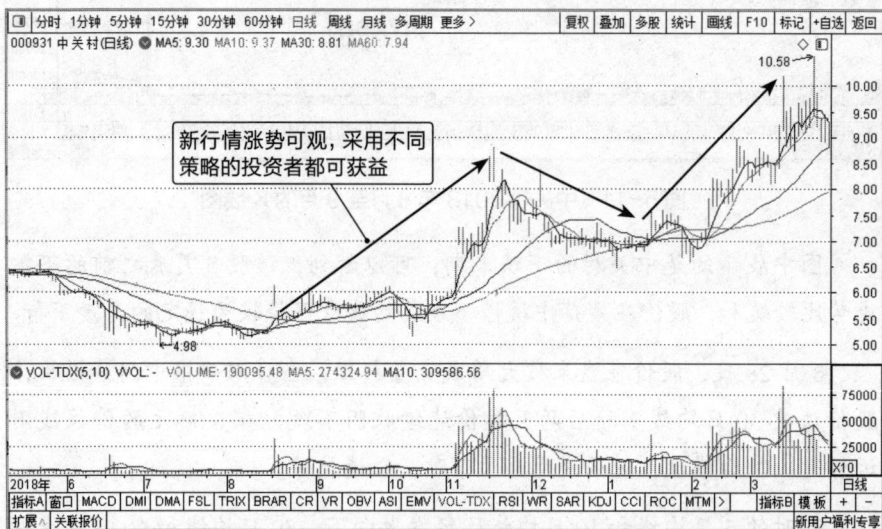

图5-12 中关村2018年5月至2019年3月的K线图

从后续的走势可以看出，新行情的拉升开启后，涨势还是比较可观的。无论是采用何种策略的投资者，只要在合适的位置进入，都能获得比较不错的收益。

5.2.4　乌云密布

乌云密布指的是股价在下跌过程中，短周期均线跟随股价向下移动，中长周期均线紧紧地在上面盖着。均线的排列就像一层层乌云笼罩在股价和短周期均线上方，所以被称为乌云密布。

乌云密布常出现在下跌行情的盘整期，股价在震荡中缓慢下行，受到来自上方中长周期均线的压制。这样的形态说明目标股将有可能长期处于弱势中，是典型的卖出信号，投资者最好积极做空。

下面来看具体的案例。

实例分析

华谊兄弟（300027）下跌阶段的乌云密布解析

图 5-13 所示是华谊兄弟 2020 年 11 月至 2021 年 4 月的 K 线图。

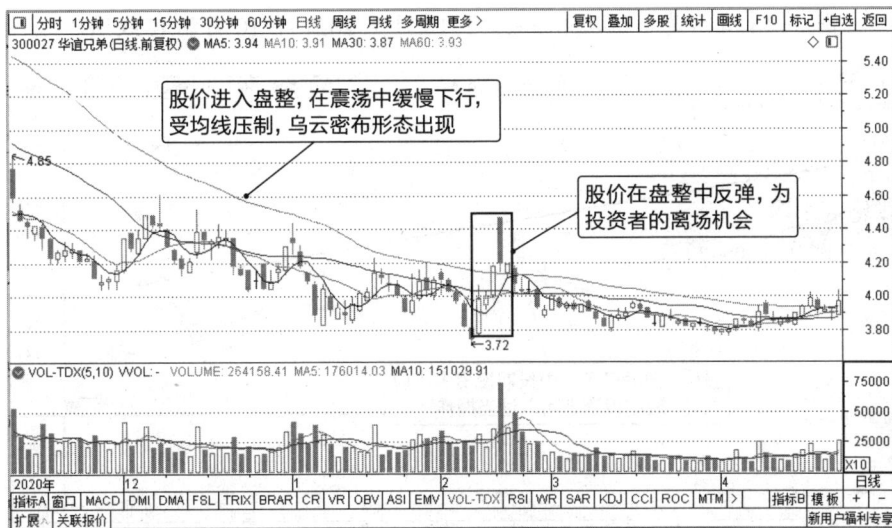

图 5-13　华谊兄弟 2020 年 11 月至 2021 年 4 月的 K 线图

图中展示的是华谊兄弟的下跌阶段，从均线的状态可以看出，该股前期的下跌走势比较急迫，股价与 30 日均线、60 日均线之间的距离较大，两条均线的下跌角度也比较陡峭。

11月底，股价在4.00元的价位线上方受到支撑反弹，在上涨越过30日均线后，上涨动能耗尽，致使股价再次下跌，进入了一段盘整期，股价开始在震荡中缓慢下行。

在盘整中，5日均线和10日均线跟随股价上下波动，30日均线和60日均线紧紧盖在其上方进行压制，整体斜向下运行，乌云密布形态出现。

对于投资者来说，在下跌盘整中出现的乌云密布非常具有迷惑性。与比较好甄别的急涨急跌不同，乌云密布这样的阴跌很难让人判断下跌在何时停止，停止时又会带来多大的损失。所以在遇到这样的形态时，即便没有较好的卖出点，投资者也需要选择一个相对高位及时离场。

如2021年2月中旬的一次反弹，股价从3.72元的位置上涨到接近4.50元的位置，并短暂突破了60日均线的压制。短短4天内股价的涨幅达到了21%，是一个比较理想的离场位置。

图5-14所示是华谊兄弟2020年12月至2021年10月的K线图。

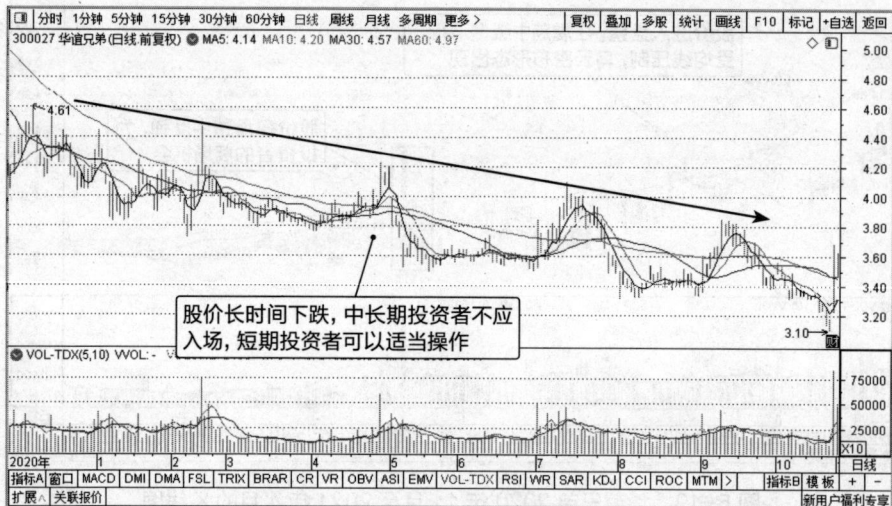

图5-14　华谊兄弟2020年12月至2021年10月的K线图

从图中可以看到，华谊兄弟后续的跌势绵延不绝，虽然跌速比较缓慢，但市场的平均持仓成本一直在下降。这意味着上方的抛压在不断产生，场内的做空力量始终压制着多方。

这样的走势对中长线投资者来说是非常不利的，应及早离场为佳；而短线投资者在其中依旧有机会，只要抓住反弹的适宜出入点，有所收获不成问题，但一定要快进快出，毕竟大趋势为下跌。

5.2.5　反向火车轨

反向火车轨使用的均线与前面的形态有所不同，需要用到 120 日均线和 250 日均线。具体指的是在股价的下跌行情中，120 日均线位于 250 日均线下方，两者以几乎平行的形态缓慢下跌。

这样的形态说明当前市场处于持续的下跌过程中，且未来这种下跌趋势还将继续。在股价下跌的过程中，120 日均线和 250 日均线形成的轨道区间，会在股价反弹时形成巨大的阻力，使其很难突破压制。

介于这两条均线强大的压力，反向火车轨的形态往往能持续较长的时间，在此期间市场都处于相对弱势，投资者需要谨慎操作。

由于反向火车轨涉及的均线周期较长，其滞后性和稳定性都比较强，该形态也更适合中长期投资者进行出入场操作。对于短期投资者来说，反向火车轨虽然不能作为买卖点的决策依据，但也可以起到判断市场是否处于弱势的作用。

下面来看具体的案例。

实例分析

南京高科（600064）下跌阶段的反向火车轨解析

图 5-15 所示是南京高科 2017 年 4 月至 2018 年 3 月的 K 线图。

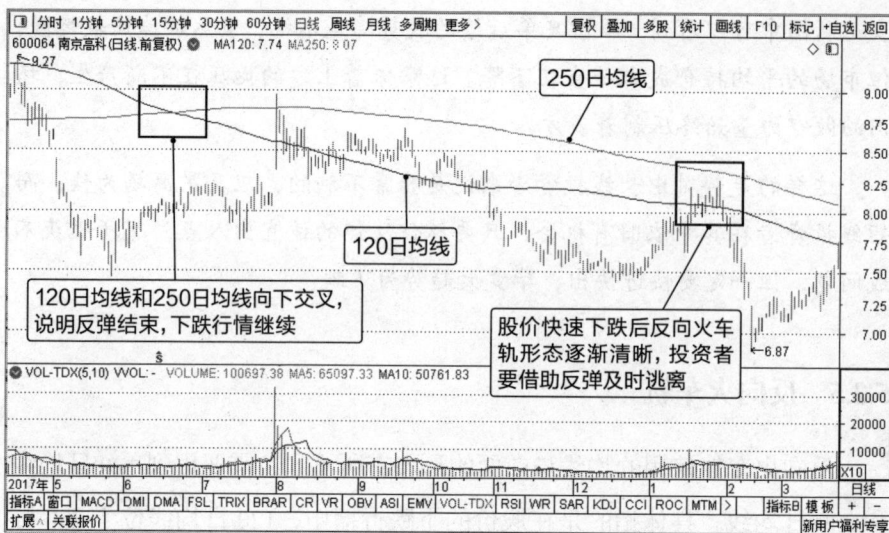

图 5-15　南京高科 2017 年 4 月至 2018 年 3 月的 K 线图

图中展示的是南京高科的下跌阶段，从均线的状态可以看到，该股前期出现了一次幅度较大的反弹，导致 120 日均线运行到了 250 日均线上方，250 日均线略微上扬。

2017 年 4 月，股价开始快速下跌，120 日均线拐头向下对股价进行压制，而 250 日均线还在滞后性的影响下上扬。5 月底，股价在 7.50 元的位置止跌后再次反弹，于 6 月中下旬到达 8.00 元的价位线附近。

此时的 120 日均线依旧保持下行，与滞后上扬的 250 日均线相遇，并直接跌破，250 日均线受到影响开始逐渐转弯向下。这预示着南京高科上一次的反弹已经彻底结束，股价会再次回到下跌之中。

7 月底，在 120 日均线运行到 250 日均线下方之后，股价的反弹也开始接近 9.00 元，但很快就在 250 日均线处受到阻碍滞涨，进入横盘之中。随后两条均线持续下行，对股价产生了强力的压制，导致股价在震荡中缓慢下跌。

此时两条均线已经开始同步下跌，形成了一道反向火车轨。但由于两者之间的距离依旧较大，而且并未呈现为几乎平行的状态，反向火车轨的形态不是太标准。但这并不影响投资者判断其走向，后续的下跌在短时间内将很难被逆转。

10 月底，股价结束横盘开始快速下跌，120 日均线和 250 日均线之间的距离逐渐缩小，反向火车轨的形态变得清晰起来。

均线运行到这一步，已经传递了更强烈的危险信号，场内的中长期投资者不要再犹豫，最好借助 2018 年 1 月的反弹迅速逃离。

图 5-16 所示是南京高科 2017 年 8 月至 2018 年 10 月的 K 线图。

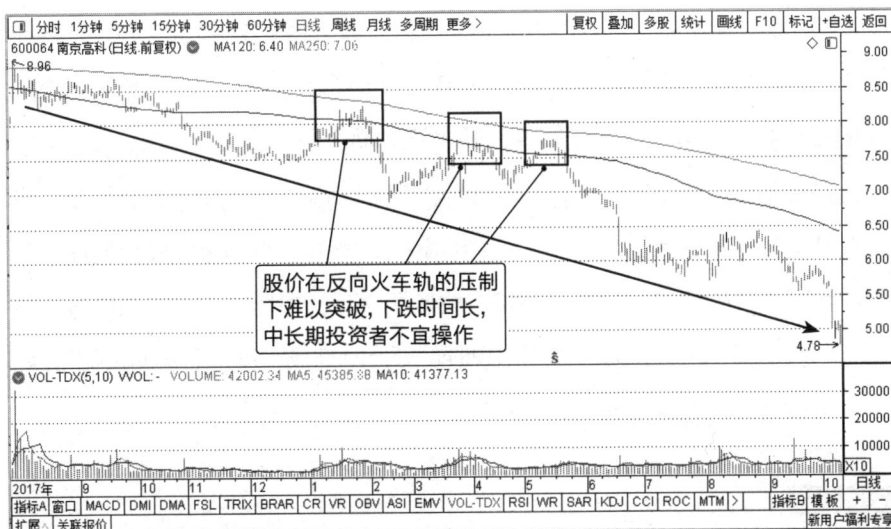

图 5-16　南京高科 2017 年 8 月至 2018 年 10 月的 K 线图

从后续的发展中可以看到，南京高科这一段反向火车轨持续了一年多的时间。期间股价出现的数次反弹，没有一次能够突破 120 日均线与 250 日均线构成的轨道区间，可见市场中做空的决心很强，在长时间内都完全压制住了多方。

中长期投资者在此期间最好不要再入场，避免被套；而短期投资者依旧可以借助股价大幅反弹的机会做多，但要想在市场整体趋势走弱的大前提下盈利，就需要保持谨慎，做到及时止盈。

5.3 均线与K线交叉下行

除了均线组合中不同周期的均线互相交错产生的下跌形态，均线与K线之间也会构筑出特殊的下行形态，在实战中也比较常用，对于投资者的决策能够起一定的指导作用。

5.3.1 断头铡刀

断头铡刀指的是当股价在高位盘整后渐渐下滑，5日均线、10日均线和30日均线由前期的上扬转为走平并逐渐黏合在一起。此时出现一根阴线接连跌破3条均线，并在后续持续下跌，断头铡刀形态形成。

通常情况下，在行情高位形成的断头铡刀形态是主力的出货手段，当断头铡刀出现时，股价往往会有一轮比较大的跌势。特别是在股价借助中阴线或大阴线跌破均线，成交量有相应放量配合时，市场转为弱势的信号会更强烈。投资者在断头铡刀形态刚出现时就要及时离场，避开后续的大幅下跌。

下面来看具体的案例。

实例分析

光大嘉宝（600622）行情高位的断头铡刀解析

图5-17所示是光大嘉宝2017年9月至2018年3月的K线图。

图中展示的是光大嘉宝的上涨行情高位，可以看到，该股在经过前期长时间的上涨后，于2017年10月18日见顶，创出了12.65元的新高，随后便出现了下跌。

此时5日均线和10日均线跟随股价震荡，而30日均线和60日均线因其滞后性依旧保持上涨，但上扬的角度已经有所减小。很快，下跌的股价在11月初与60日均线相遇，并受到其支撑回升，随后便进入了高位的盘整震荡之中。

此时的 30 日均线已经走平，与 5 日均线和 10 日均线出现黏合，3 条均线在 12 月初和 60 日均线交汇，并纠缠在一起。股价的震荡幅度也在逐渐缩小，走势已接近盘整末期。

12 月 25 日，股价平开低走，在盘中不断被大单成交量打压下跌，当日收出一根中阴线，并接连向下跌破了 4 条均线，形成断头铡刀形态。

不仅如此，5 日均线、10 日均线和 30 日均线在第二天互相交叉于一点，随后形成向下的辐射，构筑出了一只"毒蜘蛛"。随后股价迅速下跌，成交量却在不断放量，明显可以看出是主力的出货行为。

在股价的高位，无论出现这两种形态中的哪一种，都代表着后市不容乐观。而当这两种形态连续出现，并伴随成交量的放量打压时，就已经非常明确地向投资者发出了高危信号。

此时投资者就一定不能再有侥幸心理，要当机立断，立刻跟庄出局。

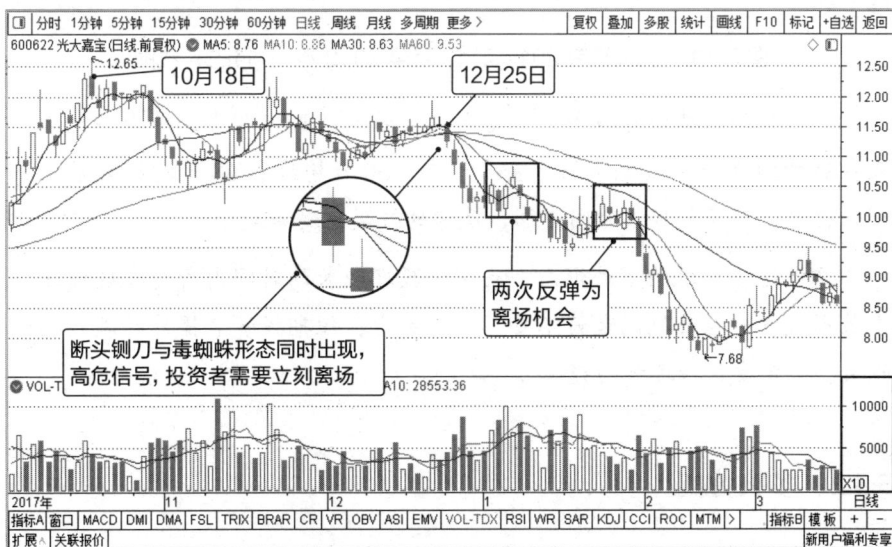

图 5-17 光大嘉宝 2017 年 9 月至 2018 年 3 月的 K 线图

1 月初和 1 月中下旬，在断头铡刀与毒蜘蛛形态出现后，股价出现了两次反弹。虽然股价已经下跌了不少，但还没来得及逃离的投资者，依旧可以借助这两次反弹的高位进行操作，及时止损。

图 5-18 所示是光大嘉宝 2017 年 12 月至 2018 年 10 月的 K 线图。

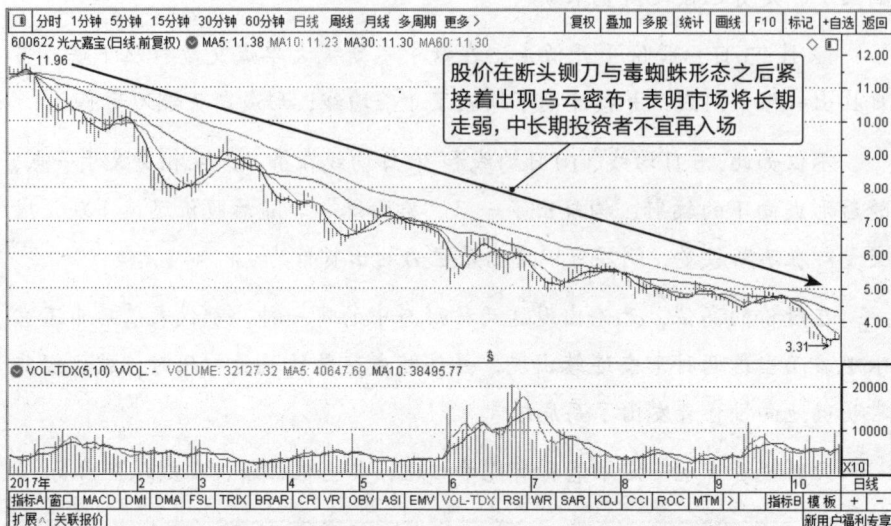

图 5-18　光大嘉宝 2017 年 12 月至 2018 年 10 月的 K 线图

从后市的发展中可以看到，光大嘉宝继断头铡刀与毒蜘蛛形态之后，又在后续的走势中出现了乌云密布形态。30 日均线和 60 日均线紧紧地压制住股价，市场趋势长时间走弱，反弹的幅度也越来越小。

这样连续出现的下跌形态，表明该股在较长的时间内都会表现低迷。中长期投资者在此期间最好不要再参与买卖，短期投资者操作的风险也比较大，一定要保持理智与谨慎。

5.3.2　多头背离

多头背离指的是股价在见顶之后出现下跌，而中长周期均线仍向上运行。两者的运行方向相反，表现为背离状态。

多头背离一般出现在行情或阶段的高位，中长周期均线的滞后性会导致其转向较慢，待到完全拐头向下时，股价可能已经下跌了较大的幅度。所以当股价跌破中长周期均线后运行到其下方，被跌破的均线还未转向时，就是投资者卖出的信号。

下面来看具体的案例。

实例分析

世荣兆业（002016）行情高位的多头背离解析

图 5-19 所示是世荣兆业 2018 年 4 月至 7 月的 K 线图。

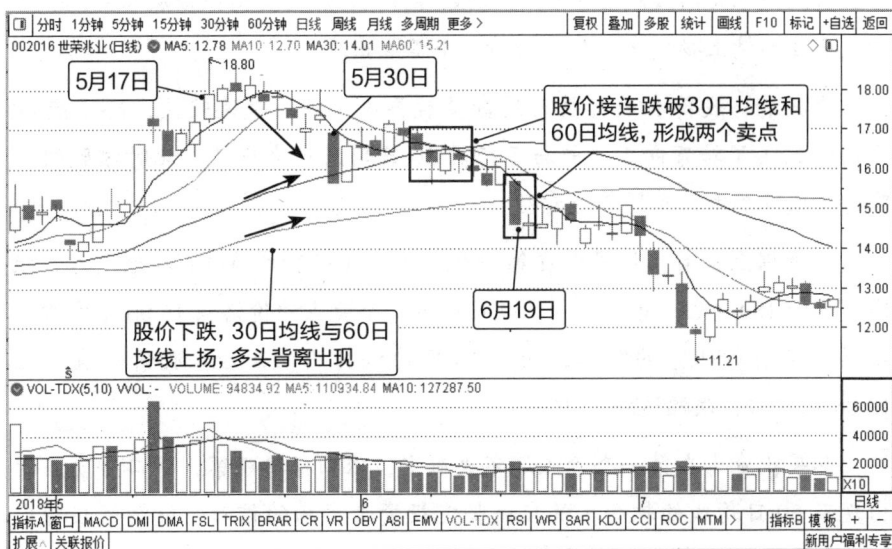

图 5-19　世荣兆业 2018 年 4 月至 7 月的 K 线图

图中展示的是世荣兆业上涨行情的顶部，可以看到，该股在 5 月中旬之前的上涨比较强势。股价连续收阳快速上升，并在 5 月 17 日创出 18.80 元的新高后见顶。

随后股价开始下跌，起初的跌速并不快，并没有对 30 日均线和 60 日均线造成太大影响，两条均线依旧上行，多头背离初步形成。

5 月 30 日，股价跳空低开，并在尾盘被接连出现的大单成交量打压到接近跌停，当日以一根长实体阴线报收，并向下击穿了 30 日均线。但此次击穿并未出现有效跌破，后续股价在 30 日均线的支撑下进行了一次小幅的反弹。

这一次反弹并没有持续多长时间，数天后股价就再次回落。此次的下跌速度有所加快，一路向下跌破了 30 日均线，并且显示为有效跌破。而 30 日均线依旧上扬，与股价产生反向运行的交叉，多头背离的第一个卖点出现。

6 月 19 日，股价低开低走，在盘末被大单成交量打到了跌停板上。当日股价以一根大阴线跌破了 60 日均线，同时带动 30 日均线彻底转向。60 日均线还在继续上扬，多头背离的第二个卖点出现。

紧接着，股价在进行数天的盘整后再次下跌，跌速较快，终于使 60 日均线完成了转弯向下，并与下行的 30 日均线产生交叉。此时该股的下跌行情已经确定，市场普遍看空。

从数据上来看，投资者在第一个卖点出手的价格在 16.00 元左右，距离顶部的 18.80 元，有近 15% 的跌幅；第二个卖点的价格在 15.00 元左右，距离顶部有近 20% 的跌幅；而在 60 日均线转头向下后，股价一直跌至 12.00 元左右，跌幅达到了 36%。

如果投资者在第一个卖点还不太确定，依旧保持观察，第二个卖点的出现及 30 日均线的转向，就应该坚定投资者离场的信心，继续留在场内等待 60 日均线的转向，只会徒增损失。

图 5-20 所示是世荣兆业 2018 年 5 月至 2019 年 8 月的 K 线图。

从后市的发展可以看出，世荣兆业在多头背离出现后，下跌行情持续时间比较久，且跌幅较大。直到 2019 年 8 月，股价已经创出了 7.04 元的新低，相较顶部已经有了近 63% 的跌幅。

对于套牢盘来说，如果一直坚持持有，这样的跌幅是很难承受的。与其等待遥遥无期的新行情，还不如在场内寻找一个合适的高位早日出局，离场点越接近顶部，损失也会越小。

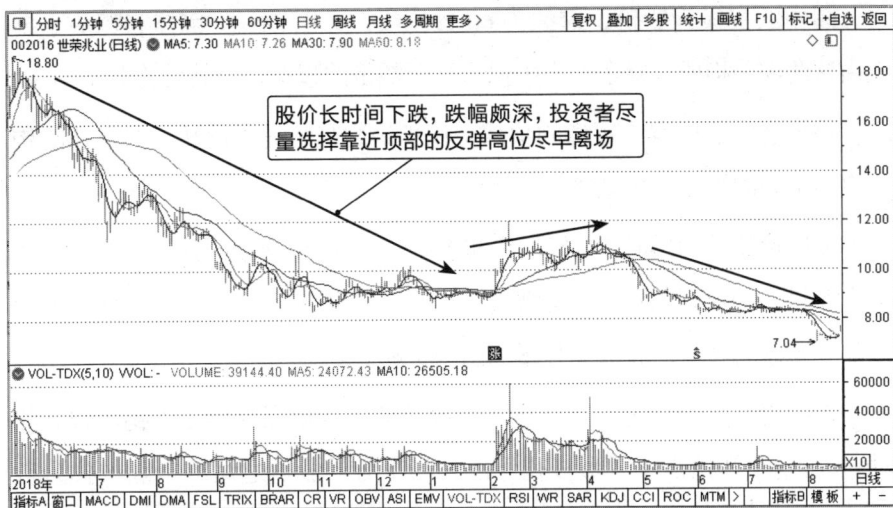

图 5-20　世荣兆业 2018 年 5 月至 2019 年 8 月的 K 线图

5.3.3　倒挂老鸭头

倒挂老鸭头的形态比较特殊，只需要用到 5 日均线、10 日均线和 60 日均线即可。倒挂老鸭头的构成部分较为繁杂，但却有非常好的预示作用。

图 5-21 所示是倒挂老鸭头形态示意图。

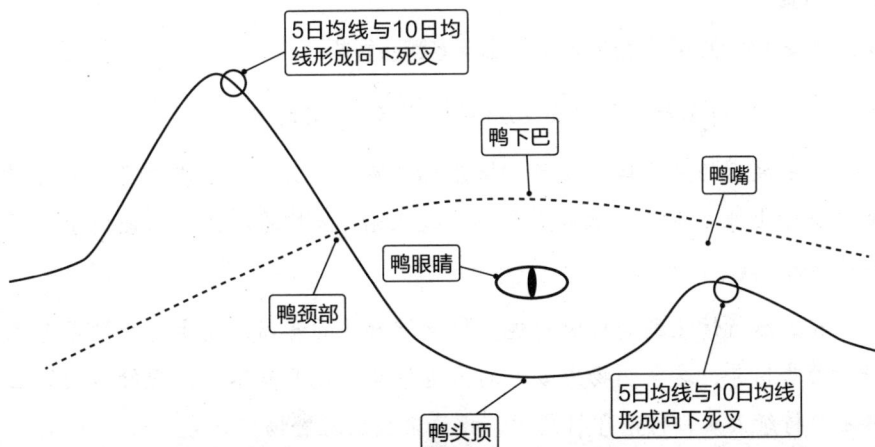

图 5-21　倒挂老鸭头形态示意图

图中的实线为股价，虚线为 60 日均线，可以看到，倒挂老鸭头主要就由这两部分构成，整个形态类似于一个翻倒的鸭头，与其名称非常贴合。

该形态一般出现在行情的顶部，用于研判趋势是否反转，而形态的构筑也与主力的操盘关系紧密。

当股价见顶回落时，5 日均线和 10 日均线出现向下的死叉，股价一路向下跌破了 60 日均线，形成鸭颈部，倒挂老鸭头开始构筑。这是主力开始部分抛盘的表现，股价受其影响出现下跌。

当股价在某个位置止跌后进入一段盘整，其低点就形成了鸭头顶。此时 60 日均线开始走平，形成鸭下巴，与下方的股价之间的空隙被称为鸭眼睛。此时市场跟风杀跌造成的抛压渐缓，股价进入整理期。

在盘整结束后股价进行反弹，到达反弹顶部后再次下跌，与 60 日均线拉开距离，5 日均线和 10 日均线再度向下死叉，形成张开的鸭嘴部。此次反弹的高点就是整个形态最后的卖点，投资者需要抓住机会，因为后续的下跌空间会很大。

下面来看具体的案例。

实例分析

中国宝安（000009）行情顶部的倒挂老鸭头解析

图 5-22 所示是中国宝安 2021 年 7 月至 12 月的 K 线图。

图中展示的是中国宝安的行情顶部，可以看到，该股在 7 月至 8 月期间还处于上涨之中。但从成交量的表现来看，8 月的成交量已经处于相对缩减状态。

在上涨行情达到高位时出现这样量缩价涨的背离，是市场给投资者的一个警告信号，这表明场内多方的力量推涨动能开始不足，股价后续的上涨不会持续太久，行情即将见顶，投资者要引起警惕。

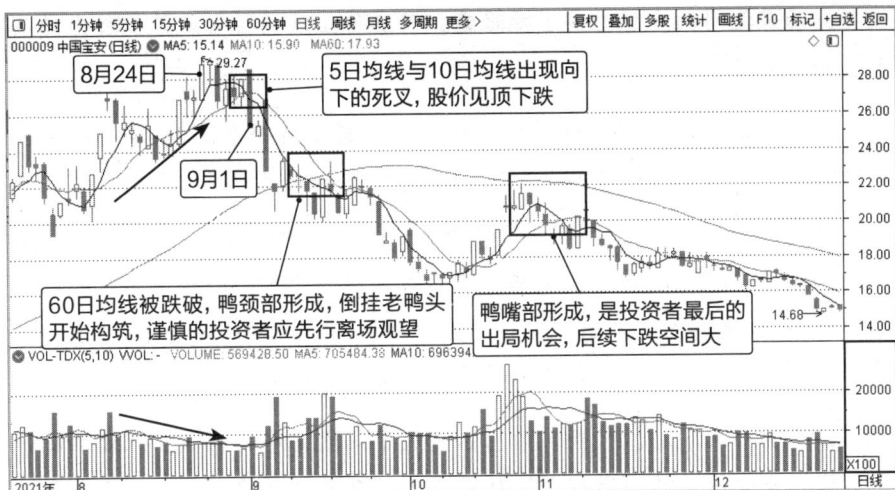

图 5-22 中国宝安 2021 年 7 月至 12 月的 K 线图

8 月 24 日，股价开盘后成交量表现异常活跃，不断有大单出现将股价向上推涨，最后以 6.70% 的涨幅收盘。股价当日收出一根大阳线，创出了 29.27 元的新高，行情在此见顶后回落，进入高位横盘。

股价在 26.00 元的价位线支撑下横盘数日后，突然在盘中被大单打压，导致 9 月 1 日当日跌幅达到了 9.71%，股价以一根大阴线跌破了盘整区间，同时，5 日均线和 10 日均线也出现了向下的死叉。在股价急速下跌的带动下很快跌破了 60 日均线，形成鸭颈部，倒挂老鸭头开始构筑。

从成交量的放量打压形态来看，这很有可能是主力在将股价拉升到预期位置后的出货行为。在此位置，场内的追涨气氛已经被炒至白热化，在大量不理智的跟风盘跟进下，主力抛出的筹码会被消化掉一部分，导致股价可能出现一段盘整。

股价在跌破 60 日均线后暂时止跌，果然在 20.00 元的价位线上方进行了数天的横盘整理，但最终还是在 9 月中下旬再次被打压向下。加快的跌速使得 60 日均线彻底走平，形成了鸭下巴。这是场内投资者反应过来开始跟庄杀跌的表现。

10 月初，股价在 16.00 元的价位线上止跌，与 60 日均线产生了较大的偏差，两者之间的空隙形成了鸭眼睛，而股价止跌的位置就是倒挂老鸭头形态的头顶了。

随后股价出现反弹，成交量逐渐放大，将股价推涨至60日均线附近后滞涨。从成交量的异动可以发现，10月中下旬成交量有数天的大量能出现，这其实是主力将手中剩余的筹码再次借高抛出的表现。

10月底，在主力抛货结束后，股价彻底进入了下跌阶段，与已经转向下行的60日均线形成了向下张口的鸭嘴部。同时5日均线和10日均线再次形成了一个死叉，至此倒挂老鸭头的形态构筑完毕。

当鸭嘴部形成时，代表主力基本完成了一段完整的操盘，此处的反弹是留给投资者最后的逃离机会。从吸筹到拉升再到兑现利润，主力在每一个阶段的操作都有迹可循，投资者在进行决策时只要仔细观察各项指标的异动，就能够发现大部分的主力操作痕迹。

所以倒挂老鸭头的形态其实不难观察到，谨慎的投资者可能在鸭颈部形成时就已经出局观望了。但市场中依旧存在部分激进的投资者不愿放弃，那么鸭头部和鸭眼睛的形成就是对这部分投资者的再次警告。

投资者在接收到反复出现的卖出信号后，就尽量在后续的反弹高位离场，及时止损，不要对后市再抱有期望，以免遭受较大的损失。

第6章

均线组合形态：多种情形分析

均线的组合用法几乎遍布于大部分的均线应用中，是均线技术分析中非常重要的一种，也是投资者在实战中较常接触到的。均线组合的使用非常多样化，其中有几项较为重要的用法需要投资者特别掌握，本章就将对这些用法进行详细介绍。

- 均线黏合向上发散
- 均线交叉向下发散
- 均线在上涨行情中的服从
- 均线在股价低位的扭转
- 均线的主动修复

6.1 均线黏合、交叉后的发散

在实战中，均线的黏合、交叉与发散都需要 3 条及以上的均线进行合理的组合使用，才能构成比较可靠的买卖信号，从而避免产生误导性的信息。本章会采用 4 条均线组合的方式对此进行解析，分别是 5 日均线、10 日均线、30 日均线和 60 日均线。

当然，均线的组合没有固定模式，投资者也可以根据需求自行选择。通常情况下，均线组合的周期选择基本对应着投资者的计划投资期限，比如短线投资者，常选择短周期均线进行组合使用，这样能够使其尽量与自身的投资策略匹配。

通过前面几章的学习，相信投资者对均线的交叉已经比较熟悉，这里不再赘述。也初步接触过均线的黏合与发散，但在使用均线组合之前，投资者还需要进一步了解均线黏合与发散的含义。

图 6-1 所示是龙蟠科技（603906）中的均线黏合与发散。

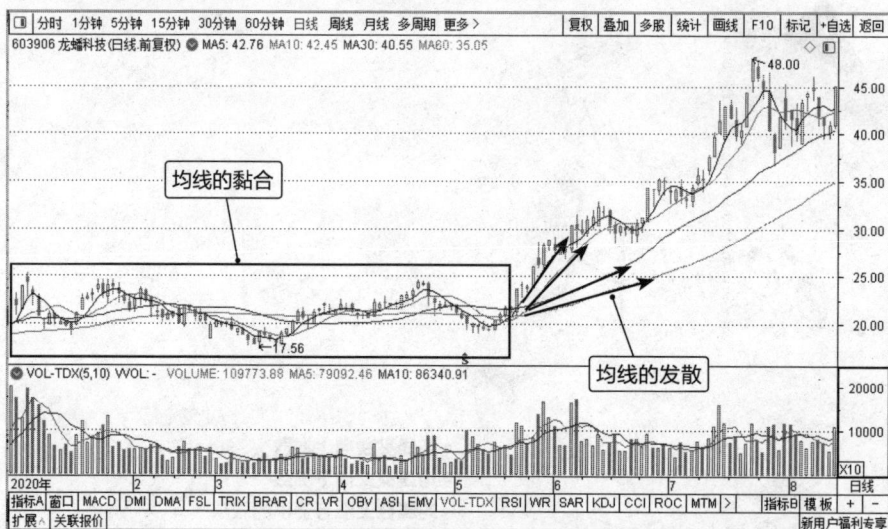

图 6-1 龙蟠科技中的均线黏合与发散

◆　均线的黏合

均线黏合指的是当股价走平，或者在一个较为狭窄的价格区间内横盘震荡，就会使短周期均线和中长周期均线纠缠到一起，均线与均线的间距很小，常常会出现重合。

从平均成本的角度来看，当均线黏合时，短期、中期和长期投资者对市场的预期出现了高度重合，场内不同周期的平均持股成本大致相同，筹码短时间内集中于某一价格区间。此时市场主要持观望态度，场内浮筹不断换手，等待后续变盘的方向。

每次均线的黏合，都表明多空双方正在进行角逐和斗争，震荡越大的盘整，两者搏杀得越激烈。在盘整末期往往就会出现某一方的阶段性胜利，用于决定后市的走向。

◆　均线的发散

均线的发散正是多空双方搏杀结束的表现。均线发散是指股价在盘整结束后，均线由纠缠转为分离，并呈同步向某一方向辐射开的现象。

均线的发散分为多头发散与空头发散。多头发散是指均线组合向上方发散，表明在均线黏合时期的搏杀中，多方获得了暂时的胜利，股价后续会有一波上涨。

而空头发散则相反，向下发散的均线组合表明在此次斗争中，市场的做空力量较强，来自空方的抛压在股价出现下跌信号后不断加强，对价格造成压制作用，股价面临下跌。

接下来就结合具体案例来对均线在黏合、交叉后的发散进行解析。

6.1.1　均线黏合向上发散

均线黏合向上发散一般出现在上涨行情中，是股价在上涨过程中的整理，通常也会有主力操作洗盘的"身影"。而上涨行情中的均线黏合向上发散分为两种情况，具体是均线首次黏合向上发散和均线再次黏合向上发散，下面分别进行介绍。

（1）均线首次黏合向上发散

均线首次黏合向上发散大多出现在下跌行情底部盘整的末期，以及上升趋势的初期，主要是主力进场吸货所致，标志着上涨行情的开启或是明朗化。当股价向上突破盘整上边线，均线组合由黏合转为发散后，往往都会有一波可观的涨幅。

下面来看具体的案例。

实例分析

瑞普生物（300119）上涨初期的均线首次黏合向上发散解析

图 6-2 所示是瑞普生物 2018 年 9 月至 2019 年 3 月的 K 线图。

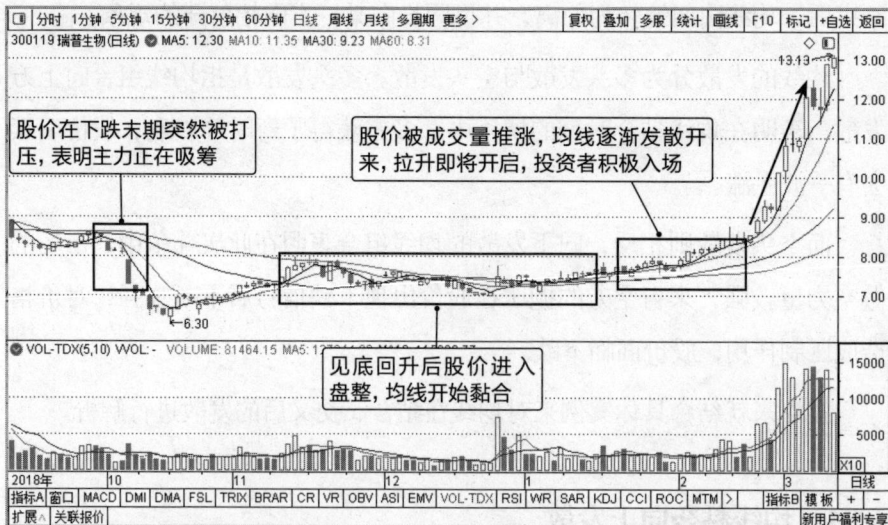

图 6-2　瑞普生物 2018 年 9 月至 2019 年 3 月的 K 线图

图中展示的是瑞普生物的上涨初期，从均线的状态可以看出，直到

2018 年 9 月，该股前期的下跌行情逐渐到达了末期，30 日均线和 60 日均线都已经走平。

10 月初，成交量出现放量打压，导致股价连续收阴下跌，且跌速骤然加快，拉动均线组合纷纷向下转向。10 月中旬，股价创出 6.30 元的新低后行情见底，随后很快便开始收阳回升。

这是非常明显的主力吸货行为，在行情运行到相对低位，市场低迷之时，主力通过成交量打压的手段使得股价再创新低，以达到其吸取廉价筹码的目的，后续的拉升就是主力准备开启新行情的表现。

11 月中旬，股价上涨至 60 日均线处受到阻碍，在滞涨了一段时间后回落到 30 日均线上受到支撑，进入了一段盘整之中。此时 5 日均线和 10 日均线已经跟随股价开始震荡，30 日均线和 60 日均线也在盘整中逐渐走平，4 条均线黏合在一起。

12 月底，在成交量的放量推涨下，股价开始缓慢上涨，5 日均线和 10 日均线在股价的带动下逐渐上扬，很快在 2019 年 1 月中旬与 30 日均线和 60 日均线脱离开来。但此时的两条中长周期均线依旧黏合在一起，均线组合并未彻底向上发散。

2 月初，股价连续收阳，成功突破了盘整上边线的压制，其涨速也在成交量的放量配合下加快。30 日均线和 60 日均线受到股价拉升的影响，很快由走平转为上扬，并且向上发散开来，均线首次黏合向上发散的形态终于清晰起来。

这样的形态使得上涨行情变得明朗，从后续的成交量量能持续放大可以看出，该股即将迎来一波速度较快、幅度较大的拉升。投资者可以在均线发散之后、拉升开始之前，积极入场做多。

图 6-3 所示是瑞普生物 2019 年 1 月至 2020 年 8 月的 K 线图。

从瑞普生物后续的走势可以看到，在均线首次黏合向上发散之后，股价的第一波拉升持续了 3 个月左右，股价一直上涨到 25.00 元的位置才开始下跌。此时距离拉升开始的 8.00 元，涨幅已经达到约 213%，在数月时间能有如此高的涨幅，说明该股的潜力非常不错。

虽然在拉升结束后股价的下跌也非常迅猛，但最后并未跌破拉升的起始点，股价后续也在震荡中不断上涨，这说明瑞普生物的这一波行情还没有结束。短期投资者在相对低位可以再次入场，而中长期投资者建议继续持股待涨。

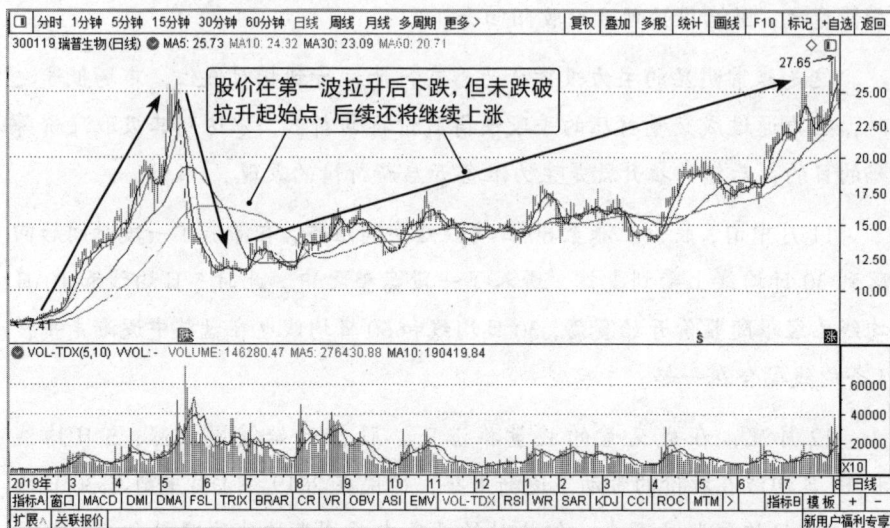

图6-3　瑞普生物2019年1月至2020年8月的K线图

（2）均线再次黏合向上发散

均线再次黏合向上发散指的是当均线首次黏合向上发散之后，股价拉升到一定位置再次进入横向盘整或是回调后的盘整。此时向上发散的均线又重新黏合在一起，并在盘整结束后均线组合再一次开始向上发散。

这两种形态的构筑方式并无不同，区别在于出现的时间和位置有所不同。均线再次黏合向上发散，是在均线形成首次黏合向上发散走势之后，股价再次上涨出现的第二次或第三次均线黏合向上发散的走势。通常来说，均线再次黏合向上发散的位置会高于均线首次黏合向上发散的位置。

均线再次黏合向上发散形态，发出的做多信号更加稳健、可靠，也是对均线首次黏合向上发散预示后市上涨的确认。该形态更坚定了上涨行情的持续性，是场外投资者的做多时机，也是场内投资者的加仓时机。

下面来看具体的案例。

实例分析

星云股份（300648）上涨途中的均线再次黏合向上发散解析

图 6-4 所示是星云股份 2020 年 6 月至 12 月的 K 线图。

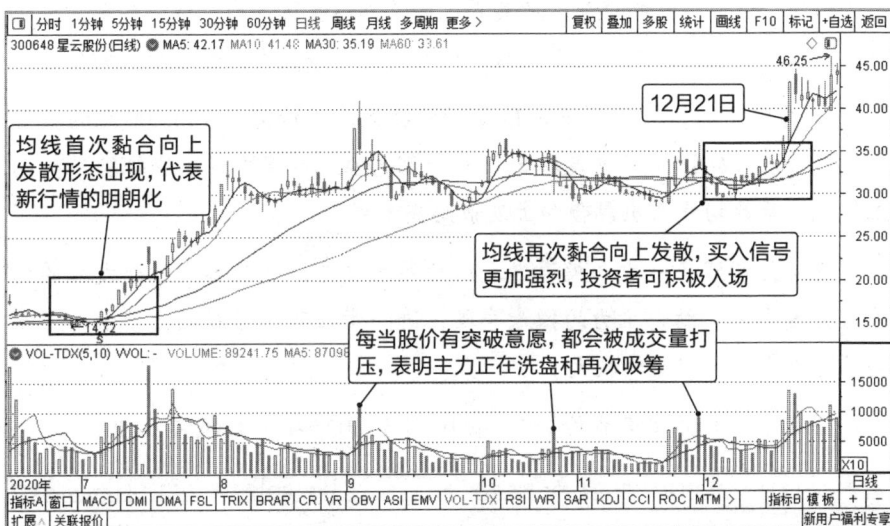

图 6-4　星云股份 2020 年 6 月至 12 月的 K 线图

图中展示的是星云股份的上涨阶段，可以看到，在 7 月之前股价已经开启了上涨行情，正处于见底回升后的盘整之中。均线组合此时全部黏合在一起，直到 7 月初成交量放出大量推涨股价后才向上发散开来，形成了均线首次黏合向上发散形态。

股价随之迎来了第一波拉升，在多方充沛动能的支持下，股价飞速攀升，短短一个月左右就从 15.00 元上涨到了 30.00 元的价位线附近，接近翻倍的涨幅为投资者带来了巨大的收益。

但错过了均线首次黏合向上发散形态买点的投资者也不必懊恼，很快股价就在 30.00 元附近再次进入了横盘整理，同时受到 35.00 元价位线的压制。5日均线和10日均线迅速跟随股价进行横向震荡，30日均线和60日均线也受到影响，上扬角度变缓。

9月初，30日均线率先走平，与5日均线和10日均线相遇并黏合。60日均线也紧随其后，在9月底与股价接触，并在后续逐渐走平，在12月上旬完成了4条均线的再次黏合。

投资者仔细观察可以发现，在盘整期间，股价每当有向上突破的意愿时，都会出现一波成交量的打压，使其再次回落到盘整区间内。这明显是主力边打压边吸筹的表现，同时也在洗盘，促进场内浮筹换手，预备后续的拉升。

12月中下旬，成交量放出巨量，成功推涨股价突破了35.00元的盘整压制线，在12月21日更是拉出了一个涨停板。4条均线很快纷纷转头向上发散，至此均线再次黏合向上发散形态形成。

这就是均线又一次向投资者发出的买入信号，并且再次黏合发散的信号可靠度更高。结合主力的操盘手段，进一步证明了该股的上涨潜力还未用尽，上方的上涨空间较大。

图6-5所示是星云股份2020年10月至2021年8月的K线图。

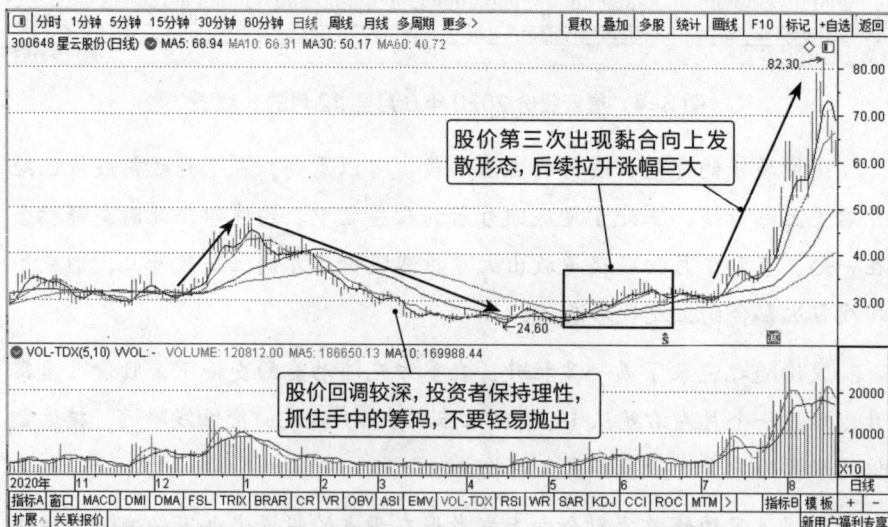

图6-5　星云股份2020年10月至2021年8月的K线图

从后续的走势可以看到，星云股份在第二次黏合向上发散之后的拉升，相较于前期的第一波来说比较疲软，并且很快就再次进入了回调盘整，均线第三次出现黏合。

但这并不代表后市即将步入下跌，主力在前期铺垫了那么长的时间，不太可能只为了这一段小幅的拉升。此时投资者要保持理智，持股观望，不要轻易跟风离场。

2021 年 5 月，股价开始上涨，均线黏合后再发散，随着又一个买点的出现，股价的拉升变得非常强劲。到 8 月为止，股价已经到达了 82.30 元，相较于 4 月回调的底部 24.60 元，有了约 235% 的涨幅。

从数据中就可以看出，均线再次黏合后向上发散形态预示的买入信号有多么强烈，坚定持有的投资者收益非常可观。

6.1.2　均线黏合向下发散

均线黏合向下发散通常出现在下跌行情中，是多方力量的短暂反弹，也是留给投资者的离场机会。与之前的黏合向上发散类似，该形态同样也分为两种类型，分别是均线首次黏合向下发散与均线再次黏合向下发散，下面具体进行介绍。

（1）均线首次黏合向下发散

均线首次黏合向下发散一般出现在下降趋势的初期，或是上升趋势的末期，通常是主力的出货和获利盘的抛盘位置。

在股价的高位形成均线黏合形态，主要有两个方面的原因。

第一，主力在拉升股价到预期位置后打算分批出货，在股价下跌一段时间后手中依旧有筹码未抛出，因此主力就进行推涨操作，将股价维持在相对高位，以便将筹码以高价出手。

第二，在股价经过长时间的上涨后，大量的场外投资者受到牛市的狂热看多气氛感染，不计成本地涌入追涨，将主力和获利盘在高位抛出的筹码揽入手中，导致抛压与买压出现平衡，股价居高不下。

无论是哪一种原因，一旦股价向下跌破盘整形态下边线，均线脱离黏合开始发散，多空双方的供求关系就会失衡，很容易引发场内的恐慌性抛盘，致使后市出现急跌走势。

所以投资者在观察到均线有从黏合转为向下发散的趋势时，就要立刻出局，不要有所留恋，一旦抱有侥幸心理留在场内待涨，面临的可能就是目标股长时间的下跌。

下面来看具体的案例。

实例分析

宝光股份（600379）下跌初期的均线首次黏合向下发散解析

图 6-6 所示是宝光股份 2016 年 11 月至 2017 年 5 月的 K 线图。

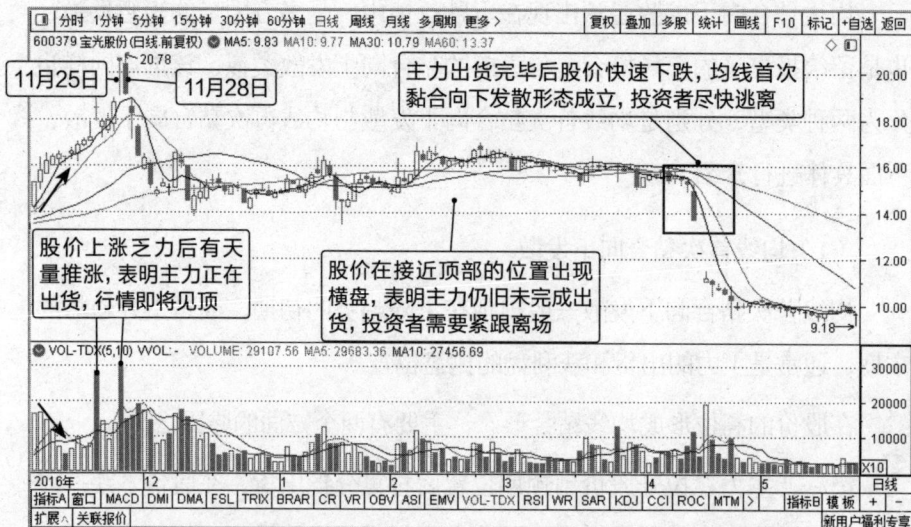

图 6-6 宝光股份 2016 年 11 月至 2017 年 5 月的 K 线图

图中展示的是宝光股份下跌行情的初期，可以看到，该股前期的上涨还是比较强势的，2016 年 11 月期间股价连续收阳，涨速较快。但观察成交量可以发现，此时的成交量呈缩减状态，与股价出现了量缩价涨的背离。

在行情的高位出现这样的形态是非常危险的，这意味着市场内多方的推涨力量即将耗尽。股价在失去动能的情况下，后续的上涨无法持续，这是行情即将见顶的迹象。

11 月中旬，成交量在缩减到一定程度后突然出现一根天量，开盘将股价打到涨停板上后，又迅速开板交易，在盘末以 7.09% 的涨幅收盘。11 月 25 日，股价在继续上涨数天后被一根天量再次推涨创出 20.60 元的高价。次日股价收出带长上影线的阴线，创出了 20.78 元的新高，随后见顶回落，进入下跌趋势中，均线很快出现拐头迹象。

这是比较典型的主力在行情高位拉升出货的行为，通过前期的长时间铺垫，股价已经到达了主力的预期价格区间。在后期股价上涨乏力时，再次发力的推涨会使得市场热情重燃，大量涌入追涨的投资者在不知不觉间就接收了主力抛出的筹码，使主力得以兑现大量的利润。

后续股价在快速下跌数天后，在 14.00 元的价位线附近受到支撑，进入了横盘之中，均线也随之出现了黏合。在这段时间内，成交量不断活跃，表明主力手中依旧有筹码尚未抛出，所以将股价维持在靠近顶部的位置进行分批出货。

投资者此时就需要从市场狂热的追涨气氛中冷静下来，在判断出主力的意图后切忌再抱有侥幸心理，尽量在主力维持的横盘中跟庄出货，避免在后续的下跌中亡羊补牢。

2017 年 4 月中上旬，主力在长时间的盘整中出货完毕，股价迅速收阴下跌。在连续两个跌停板的影响下，4 条均线很快发散向下，均线首次黏合向下发散形态成立。

这是一个明显的警告信号，预示着该股的横盘结束，后市即将转入无可挽回的下跌，依旧停留在场内的投资者需要尽快离场，及时止损。

（2）均线再次黏合向下发散

均线再次黏合向下发散一般在下跌过程中形成，是股价继靠近顶部的位置出现首次黏合向下发散后，形成的第二次或是第三次黏合发散。

它与首次黏合向下发散的技术形态和预示含义大致相同，只是再次黏合向下发散的警示意味更加强烈，其释放的卖出信号也更加可靠。

下面来看具体的案例。

实例分析

金山股份（600396）下跌途中的均线再次黏合向下发散解析

图 6-7 所示是金山股份 2016 年 11 月至 2017 年 5 月的 K 线图。

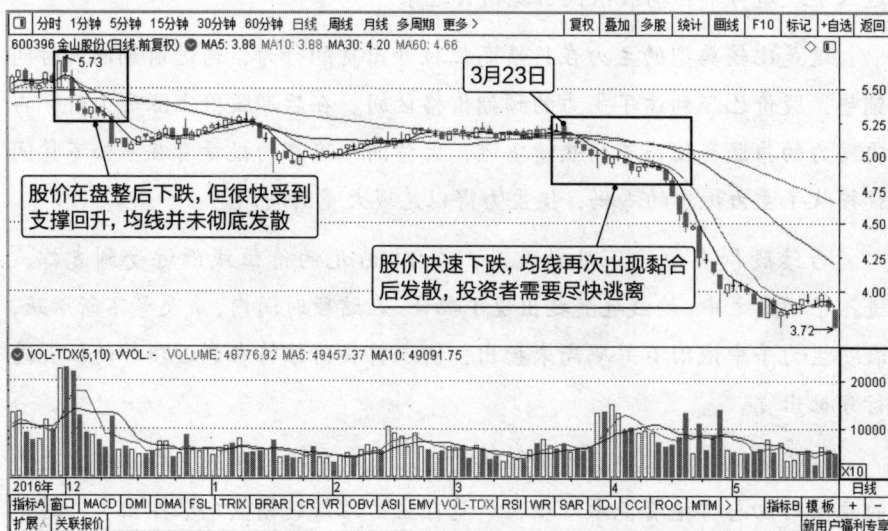

图 6-7　金山股份 2016 年 11 月至 2017 年 5 月的 K 线图

图中展示的是金山股份的下跌行情，从均线的状态可以看出，该股在 2016 年 11 月期间正在进行盘整，4 条均线都保持着黏合。

12 月初，股价有一个快速的下跌，导致 5 日均线和 10 日均线从黏合中脱离向下，而 30 日均线和 60 日均线在交叉后也转向下方运行。但股价很快在 5.00 元附近受到支撑，均线受其影响并未彻底发散开来，只是随着股价进入了更低位置的盘整区间。

在 5.00 元到 5.25 元的价格区间内，均线再次黏合在一起，并随着股价横向盘整了数月。

2017 年 3 月 23 日，股价高开低走，当日收出一根阴线，并向下跌破了 4 条均线，后续股价便运行到了均线组合下方，使得 5 日均线和 10 日均线发散向下，30 日均线和 60 日均线却依旧保持黏合。

4 月中旬，股价再次连续收阴下跌，跌速加快的同时，带动 30 日均线和 60 日均线彻底拐头向下，发散开来，均线组合出现了再次黏合向下发散的形态。

对于投资者来说，均线再次黏合向下发散的形态无疑是一个明显的卖出信号。市场在经历过数次失望后可能会表现得愈发低迷，在短时间内下跌行情很难被遏止，尽早离场才是正确的操盘策略。

图 6-8 所示是金山股份 2017 年 3 月至 2018 年 6 月的 K 线图。

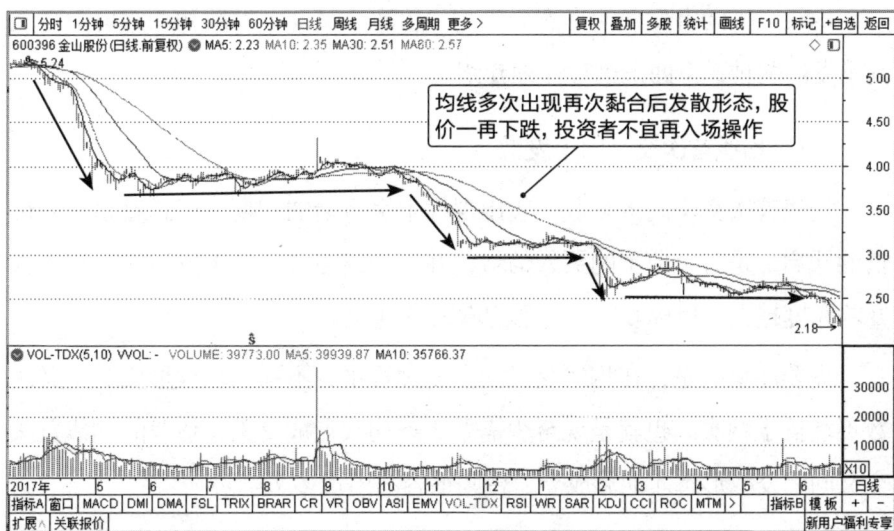

图 6-8 金山股份 2017 年 3 月至 2018 年 6 月的 K 线图

从后续的走势中可以看出，金山股份此次的下跌行情不容乐观。在 2017 年 4 月的均线再次黏合向下发散形态成立后，股价又进行了数次黏合后分散，每一次出现的位置都更低。股价在不断的盘整与下跌中持续向下运行，形成了漫长的下跌趋势。

无论是短期还是中长期投资者，在这样的行情中都不太容易进行操作，收益与风险明显不成正比，所以这里还是建议投资者们在场外保持观望。

6.1.3 均线交叉向上发散

均线交叉向上发散通常出现在上涨行情的初期或是深度回调的末期，其特点是均线组合在下跌行情中呈空头排列，在行情或是阶段反转后由向下发散逐渐收敛，再交叉向上发散。

该形态与均线黏合向上发散十分相似，但不同之处在于，交叉向上发散的形态对应的股价反转走势比较快速，不会出现长时间的盘整，而且均线组合在向上发散的过程中会出现多次金叉。

均线交叉向上发散的形态分为均线首次交叉向上发散和均线再次交叉向上发散两种，下面来进行详细介绍。

（1）均线首次交叉向上发散

均线首次交叉向上发散一般出现在上涨行情的初期，标志着新一轮行情的开启，是一个典型的买入信号，并且均线组合在向上发散的过程中张开的角度越大，目标股后市上涨的潜力就越大。

需要注意的是，在均线交叉向上的过程中，不同的均线形成的金叉次数不能低于两次。也就是说至少需要 3 条均线形成交叉，该股的均线首次交叉向上发散形态才能算成立，否则很容易出现多头陷阱。

下面来看具体的案例。

实例分析

本钢板材（000761）上涨初期的均线首次交叉向上发散解析

图 6-9 所示是本钢板材 2021 年 1 月至 4 月的 K 线图。

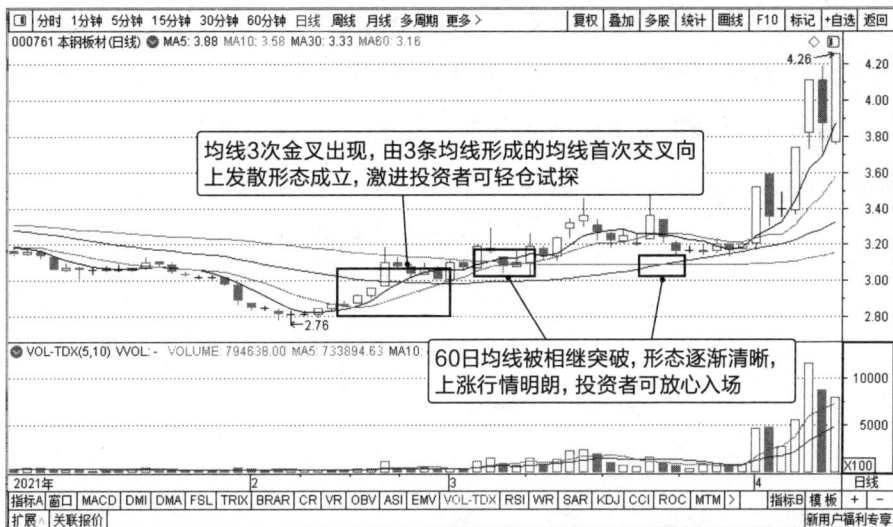

图6-9 本钢板材2021年1月至4月的K线图

图中展示的是本钢板材的上涨初期，可以看到，该股在长时间的下跌中，市场已经失去信心，无论是成交量还是股价，都表现得十分低迷。

1月底，该股的下跌有一个小幅的加速，带动5日均线和10日均线加大了下行角度。2月初，股价在2.76元的位置创出新低，至此行情见底，股价开始回升。

两条敏感的短周期均线很快随之转头向上，并在2月中旬出现了一次金叉，30日均线和60日均线也在股价回升的带动下逐渐走平。2月底时，5日均线和10日均线接连上穿30日均线，均线组合出现了3次金叉，此时就可以判定由3条均线构成的均线首次交叉向上发散的形态成立。此时发出的买入信号并不强烈，因为关键的第四条长周期均线还未参与进来，无法对新行情形成较为准确的判断。虽然在此处入场有一定风险，但这里依旧是一个难得的抄底机会，激进的投资者可以适当建仓入场，进行试探。

3月初，两条短周期均线首先与60日均线相遇并上穿，股价也同时突破其压制运行到上方。3月中下旬，30日均线也完成了对60日均线的突破，随后4条均线同步向上发散开来。

至此，4 条均线的首次交叉向上发散形态变得非常清晰，从后续成交量的巨量来看，上涨行情也即将进入拉升阶段，投资者可在此位置放心入场了。

图 6-10 所示是本钢板材 2021 年 2 月至 9 月的 K 线图。

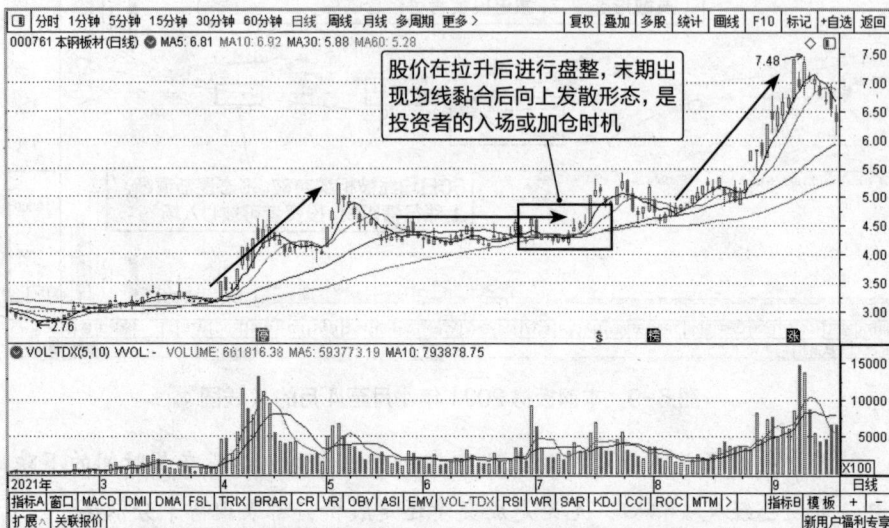

图 6-10　本钢板材 2021 年 2 月至 9 月的 K 线图

从后续的发展可以看出，本钢板材在快速拉升后进行了一次盘整，随后才是更为迅猛的攀升。在盘整末期，均线组合出现了一次黏合后向上发散的形态，再次向投资者传递了买入信号，是一个入场或加仓的时机。

在间歇性的拉升中，股价在 9 月初达到了 7.48 元的高度，相较于均线首次交叉向上发散形态成立时的 3.20 元左右，已经有了近 134% 的涨幅，投资者在此期间可以获得的利润还是比较丰厚的。

（2）均线再次交叉向上发散

均线再次交叉向上发散是指均线在首次交叉向上发散并运行一段时间后，股价进行回调，并在后期再次出现了收敛后交叉向上发散的形态。

均线再次交叉向上发散是对均线首次交叉发散的确认，无论是对激进型投资者还是稳健型投资者，都是一个比较安全可靠的买进点。

下面来看具体的案例。

实例分析

建设机械（600984）上涨途中的均线再次交叉向上发散解析

图 6-11 所示是建设机械 2018 年 12 月到 2019 年 7 月的 K 线图。

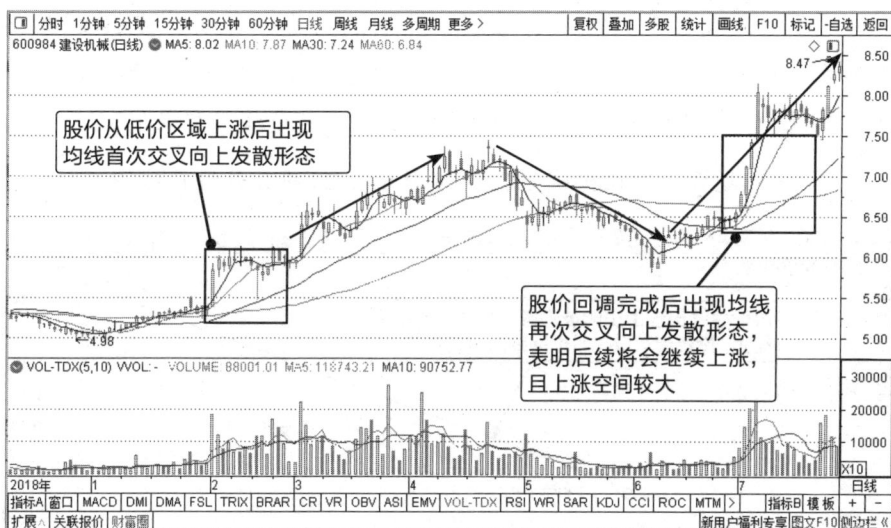

图 6-11　建设机械 2018 年 12 月到 2019 年 7 月的 K 线图

图中展示的是建设机械的上涨途中阶段，从均线的状态可以看出，该股在 2018 年 12 月还处于震荡下跌状态，均线在低位交叉在一起。

2019 年 1 月初，成交量量能开始温和放大，股价在其推动下离开了低价区域，向着更高的位置攀升。2 月初，均线组合逐渐被股价带动上扬，从交叉转为发散，纷纷拐头向上运行，开始了第一波快速的拉升，此时，均线的首次交叉向上发散形态成立。

此次拉升持续时间较长，有 3 个月左右。4 月中下旬，上扬的股价在 7.50 元价位线附近受到阻碍止涨，随后在 5.75 元到 7.50 元的价格区间内横盘一段时间后，开始向下滑落。

股价在下滑的同时，短周期均线迅速拐头向下，30 日均线在其带动下逐渐走平，60日均线也在减缓上扬角度，均线由发散转为交叉。随后股价继续下滑，最终在6.00元的位置止跌，并开始回升。

此时的均线组合已经彻底交叉在一起，但股价开始有了继续上涨的趋势，后续只要成功突破60日均线，并继续上涨带动均线发散开来，就是一个明显的入场标志。

7月初，成交量突然放出巨量，推动股价急速上升，直接突破了7.50元的前期高点。而均线组合也在其带动下拐头向上并发散开来，均线再次交叉向上发散的形态成立，买入信号出现，投资者可积极介入。

图6-12所示是建设机械2019年4月至2020年3月的K线图。

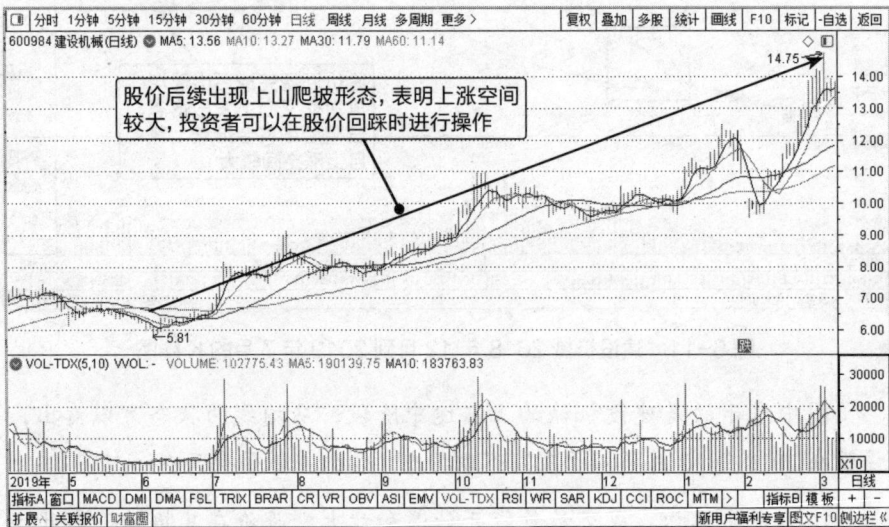

图6-12　建设机械2019年4月至2020年3月的K线图

从后续的发展可以看到，建设机械后续的上涨行情比较稳定，涨速也在逐步加快。期间股价进行了数次回调，基本都在60日均线上受到了强力支撑后再次上涨，形成一个上山爬坡的形态。

两种看多形态连续出现，表明该股上涨的潜力是非常可观的。投资者在每一次回调的底部都可以再次进行操作，无论是止盈还是加仓，只要在均线再次交叉向上发散形态出现的位置入场，基本上都能获取不错的收益。

6.1.4　均线交叉向下发散

均线交叉向下发散通常出现在下跌行情中，预示着场内多空双方的攻防位置发生调换，后市即将进入下跌行情中，是强烈的卖出信号。

均线交叉向下发散的形态出现时，需要形成 3 个以上的死叉，才能判定成立。同时，该形态对应的股价跌速会较快，并且在反转来临时不会出现长时间的高位盘整。而且均线交叉向下发散形态的发散角度越大，均线下跌角度越陡峭，其传递的危险信号就越强烈。

相对于比较温和的黏合向下发散形态，这种形态不会留给投资者太多的逃离机会和决策时间。所以投资者在观察到均线交叉向下发散时，就需要当机立断，迅速离场。

均线交叉向下发散有均线首次交叉向下发散和均线再次交叉向下发散两种情况。下面分别进行介绍。

（1）均线首次交叉向下发散

均线首次交叉向下发散一般出现在下跌行情的初期，短周期均线和中长周期均线由向上发散形态逐渐走平收拢，最终逐一下穿，形成多个死叉，并向下发散。

这是市场见顶的标志，也是对投资者的一次警告。这种形态出现后，一般代表着后市将会有较大幅度的下跌，投资者在接收到此信号后应该及时退出止损。

下面来看具体的案例。

实例分析

新希望（000876）下跌初期的均线首次交叉向下发散解析

图 6-13 所示是新希望 2020 年 6 月至 12 月的 K 线图。

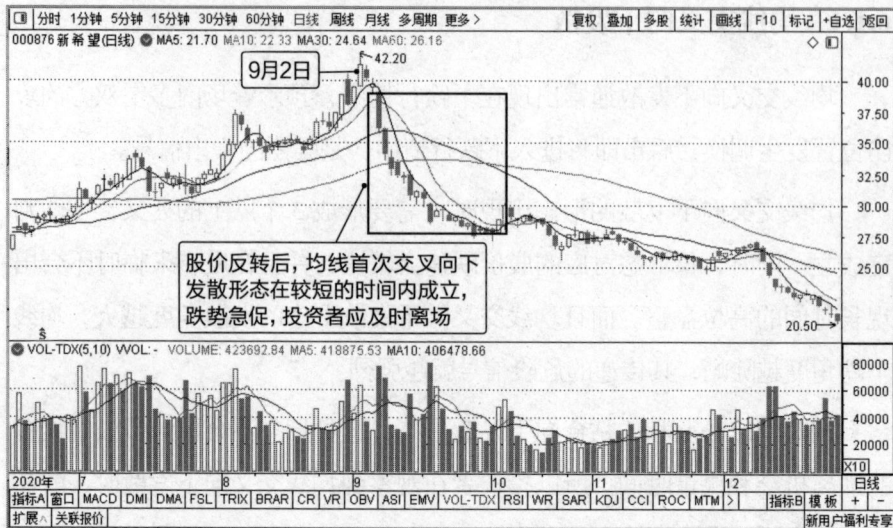

图6-13　新希望2020年6月至12月的K线图

图中展示的是新希望的下跌初期，可以看到，该股在2020年6月到8月期间，整体呈波浪式一浪接一浪地上涨。待到上涨行情末期时，4条均线都随着股价一同向上攀升。

9月2日，股价创出42.20元的新高，行情在此见顶。后续股价迅速进入下跌，而且跌速非常快，5日均线和10日均线立刻拐头向下，出现了第一个死叉。

数天后，两条短周期均线相继向下跌破了30日均线和60日均线，多个死叉形成。与此同时，30日均线已经完成向下的转向，60日均线也在缓慢拐头，4条均线呈向下的发散状态。9月底，30日均线完成了对60日均线的下穿死叉，均线首次交叉向下发散形态成立。

由于新希望此次下跌非常突然和急促，导致均线转向较快，卖出信号形成得比较仓促，并未留给投资者太多的反应和决策时间，这使得部分犹豫不决的投资者遭受了一定程度的损失。

要知道，越是激烈的高位反转，带来的杀伤力可能就越大。这时候就需要投资者进行果断决策并坚定执行，越早离场，受到的波及越小。

图 6-14 所示是新希望 2020 年 9 月至 2021 年 8 月的 K 线图。

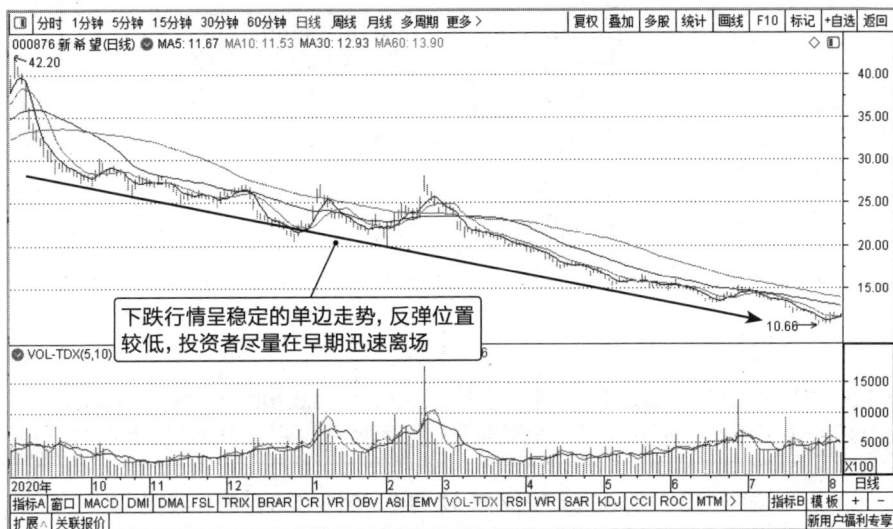

图 6-14 新希望 2020 年 9 月至 2021 年 8 月的 K 线图

从后续的走势可以看到，新希望在行情反转后的走势呈现稳定的单边下跌，期间出现的反弹次数相对较少，而且距离顶部也很远，好的离场机会并不多。所以投资者在观察到这样急促的下跌形态时，最好在第一时间就抛出离场。

（2）均线再次交叉向下发散

从形态上来看，均线再次交叉向下发散与行情顶部出现的均线首次交叉向下发散并无不同，但其出现的位置会降低，预示的含义也并非行情反转，而是反弹的结束，对于投资者的警示意味也更强烈。

下面来看具体的案例。

实例分析

神火股份（000933）下跌途中的均线再次交叉向下发散解析

图 6-15 所示是神火股份 2017 年 12 月至 2018 年 5 月的 K 线图。

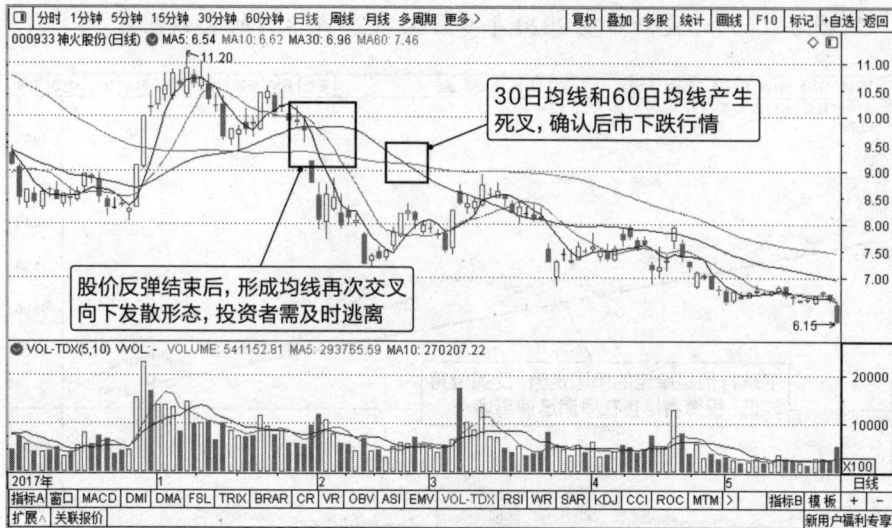

图 6-15　神火股份 2017 年 12 月至 2018 年 5 月的 K 线图

图中展示的是神火股份的下跌途中阶段，从均线的走向可以看出，该股在 2018 年 1 月之前处于较为急促的下跌中，且均线出现了首次交叉向下发散形态，60 日均线下行角度陡峭。

2017 年 12 月底，股价下跌至 8.00 元的价位线附近受到支撑止跌，同时成交量突然急剧放量，强势将股价拉出连续的两个涨停板，出现了一波反弹。在两根大阳线的带动下，5 日均线、10 日均线和 30 日均线迅速转头向上，60 日均线也大幅度地平缓了下行角度。

2018 年 1 月初，该股的反弹到达了 11.20 元的位置后见顶回落，随后又出现了一个次一级的小幅反弹，但在 1 月底上涨至 10.50 元的位置后，就被盘中的抛压压制向下，宣告此次反弹结束。

此时 5 日均线和 10 日均线随股价下行，形成了一个死叉后很快双双跌破 30 日均线和 60 日均线。2 月中旬，股价已经快速下跌到了 7.50 元的价位线附近，随后 30 日均线与 60 日均线交汇产生死叉，均线再次交叉向下发散的形态成立。

虽然在股价暂时止跌后再次出现反弹，干扰了两条短周期均线的发散，但在小幅反弹快速结束后，4 条均线依旧呈发散状态，依旧可以判定形态的成立。

其实投资者在观察到两条短周期均线跌破 30 日均线和 60 日均线时，就已经可以着手离场了。这两条中长周期均线产生的死叉只是对后市继续下跌的确认，投资者并不一定需要等待它的出现，因为这样可能会延误离场时间，造成进一步的损失。

图 6-16 所示是神火股份 2017 年 12 月至 2019 年 2 月的 K 线图。

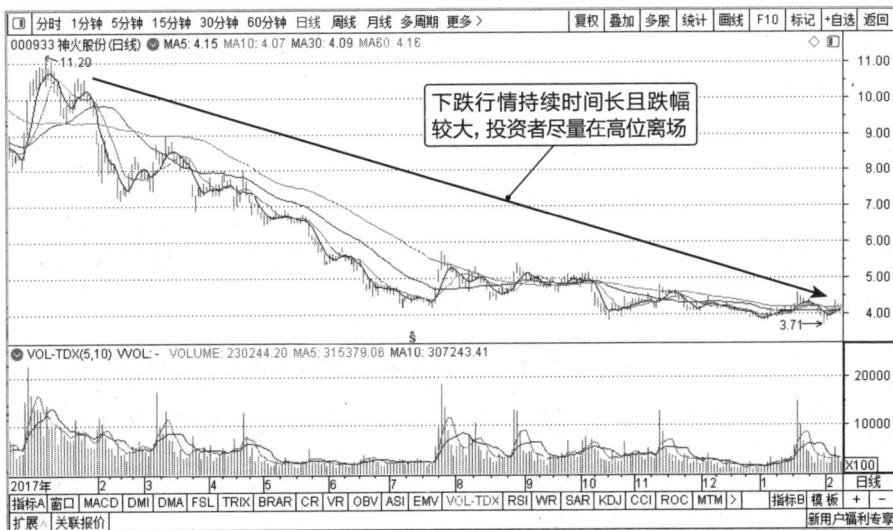

图 6-16　神火股份 2017 年 12 月至 2019 年 2 月的 K 线图

从后续的发展可以看出，截至 2019 年 2 月，神火股份的下跌行情最低价已经达到了 3.71 元，相较于反弹顶部的 11.20 元，跌幅近 67%。而且下跌过程中出现的反弹幅度并不大，很难找到合适的卖出点，所以投资者还是尽量在靠近顶部的位置离场为佳。

6.2　均线的服从与扭转

均线的服从与扭转是均线技术分析的重点研究对象之一，在实际操作中，均线的服从与扭转现象也很常见，而且是投资者必定会接触到的。那么，什么是均线的服从与扭转，其内在含义又如何呢？

◆ 均线的服从

均线的服从指的是短周期均线要服从长周期均线的走势，市场趋势变化的方向将会按长周期均线的运行方向进行。长周期均线向上，则行情转向上涨；长周期均线向下，则行情转为下跌。同时，日均线要服从周均线，周均线要服从月均线，以此类推。

从均线的内在含义，即平均成本的方面来看，短周期均线之所以剧烈震荡，并且无法大幅影响股价走势，在于短周期投资者的资金进出太过频繁，其平均持股成本在不断变动，难以形成一股集中的力量对股价造成明显改变。

而长周期投资者的资金要相对稳定得多，对目标股长期的看多或看空，会使得长周期投资者往往忽略期间产生的次一级波动，因而不会造成频繁的持股成本变动，所以长周期均线更稳定，并且相对于短周期均线来说，它对股价的助涨助跌作用更为强力和有效。

当短周期投资者的平均成本与长周期投资者的平均成本相遇时，两者对后市的预期趋于一致。但短周期投资者显然希望在短时间内得到更高的收益或是更低的损失，所以就会在高于（低于）长周期均线的位置做多（做空），因此受到长周期均线的支撑和压力，产生了服从现象。

◆ 均线的扭转

均线的扭转一般出现在行情反转来临时，此时的均线不再遵从服从的规律，而是由 K 线扭转短周期均线，短周期均线扭转长周期均线，使得均线组合的运行方向发生转折。

由于均线组合中的长周期均线具有较高的稳定性与滞后性，因此其惯性也较大，对均线组合的扭转并不容易。所以，一旦市场趋势出现与均线相反的运行方向，并对其有扭转的趋势时，就表明目标股即将迎来反转，投资者需要高度警觉，并做出相应的决策。

为了使均线的扭转与服从表现得更清晰，本节将使用 10 日均线、30 日均线、60 日均线和 120 日均线的组合，通过实际案例来对均线的这两种现象进行解析，为投资者的操作提供一定指导。

6.2.1　均线在上涨行情中的服从

均线在上涨行情中的服从，其实就是中长周期均线对短周期均线及股价的助涨作用。这样的服从形态在稳定的单边行情中尤为明显，可以比较清晰地判断后市的走向，是一个典型的看多信号。

但这一形态也有一个非常大的缺陷，即均线受滞后性影响，只能用来判断总体的大方向。如果单纯地看均线服从的现象，无法准确判断股价的最高点和最低点，也就是无法决策买卖点。

所以投资者在实战中，也要注意结合其他特殊形态或是技术指标，如成交量等，进行多方位的分析与考量，切忌盲目跟风，避免踩入陷阱。

下面来看具体的案例。

实例分析

中国重汽（000951）上涨行情中的均线服从解析

图 6-17 所示是中国重汽 2019 年 10 月至 2020 年 6 月的 K 线图。

图中展示的是中国重汽的上涨行情，可以看到，该股的这一段上涨过程并不稳定，股价在不断地上下震荡，并且幅度不小。

从均线的状态来看，2019 年 10 月期间股价经历了一段时间的盘整，导致均线出现黏合，120 日均线也略微有向下倾斜的角度。10 月底，成交量量能逐渐放大，推动股价向上攀升，10 日均线、30 日均线和 60 日均线都逐一向上发散开来，120日均线也在其影响下于11月底转头向上，回到了上涨轨道之中。

11月至12月期间，均线组合按照短期服从长期、K线服从均线的规律稳定向上运行。但在2020年1月初，股价忽然受到成交量大量能的打压开始下跌，带动10日均线和30日均线拐头向下出现交叉，随后60日均线也逐渐走平，3条均线黏合在一起。

但120日均线在此期间并未受到太大影响，依旧保持着稳定的上扬状态，尽管在盘整后期股价有一段时间的跌破，也很快又在成交量的推动下再次回到120日均线上方。4月，该股的盘整结束，均线组合重新恢复了服从状态，伴随股价向上攀升。

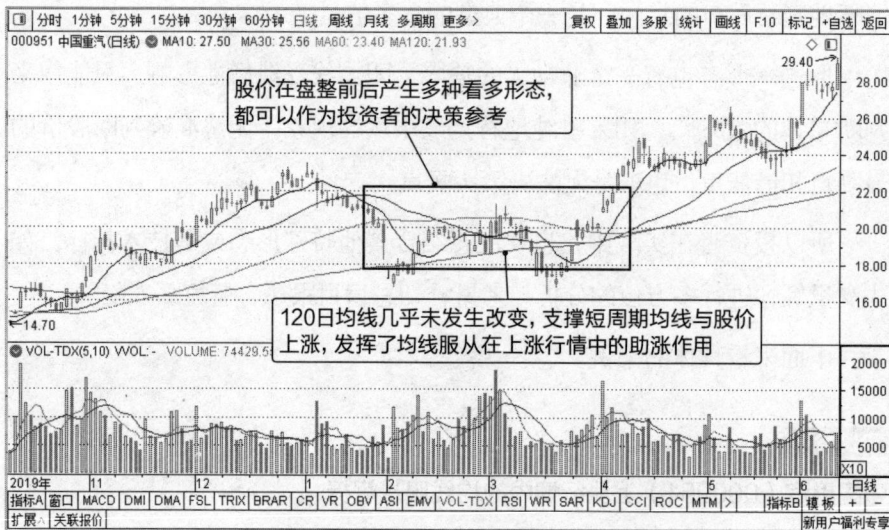

图6-17　中国重汽2019年10月至2020年6月的K线图

可以看出，市场趋势确实是按照长周期均线的方向运行，120日均线对该股未来的走势产生了一定的指导与预测作用。同时它也支撑着3条周期相对较短的均线，一同托举着股价上涨，充分发挥了均线服从在上涨行情中的助涨作用。

对于投资者来说，利用均线的服从判断股价的行情方向并不难，重要的是要在其中寻找买卖点。在中国重汽的案例中，结合之前的内容可以发现，其实均线已经在盘整前后出现了多种看多形态，包括均线的黏合后向上发散、多头排列、小幅跌破和乖离过大等。

这些形态出现的位置都可以视作入场机会，只要投资者多加观察，充分利用这些形态，还是有不少获利机会的。

6.2.2　均线在下跌行情中的服从

均线在下跌行情中的服从，也就是均线对股价的助跌作用。短周期均线处于长周期均线下方，一同压制着股价下跌，释放的是后市看空的信号。

下面来看具体的案例。

实例分析

中南建设（000961）下跌行情中的均线服从解析

图 6-18 所示是中南建设 2020 年 11 月至 2021 年 4 月的 K 线图。

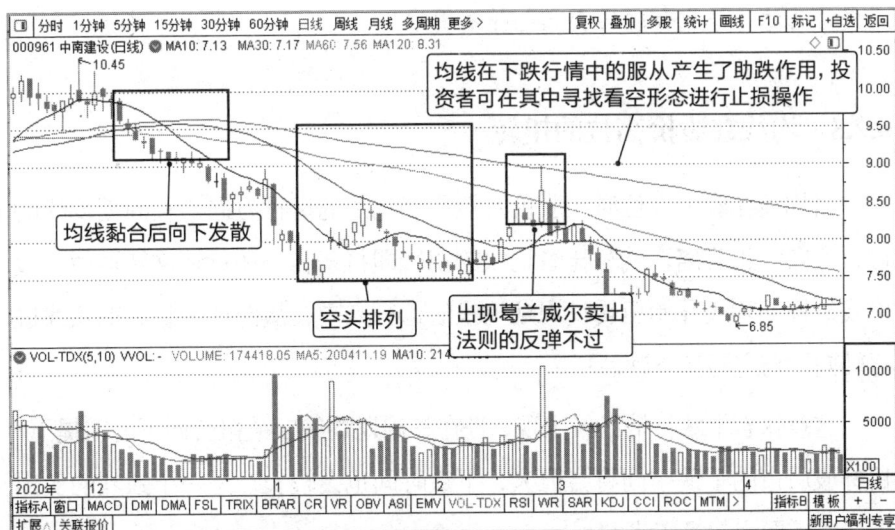

图 6-18　中南建设 2020 年 11 月至 2021 年 4 月的 K 线图

图中展示的是中南建设的下跌阶段，可以看到，该股在 2020 年 12 月之前经历了一段时间的盘整，4 条均线都已经黏合在一起。

12 月初，成交量逐渐缩减，股价连续收阴下跌。较快的跌速很快带动 4 条均线全部拐头向下，呈短周期均线在下，长周期均线在上的服从状态，同时压制着股价向下方运行。

根据均线的服从规律和预示意义，投资者可以很快地判断出后市的下跌行情。那么现在就需要在长期下跌的大趋势中，寻找合适的看空形态进行止损操作。

很明显，2020 年 11 至 12 月期间，均线出现了黏合后向下发散的形态，这是这一段下跌行情中的第一个卖出信号。2021 年 1 月至 2 月中旬股价在发散开后形成了均线的空头排列，此为第二个卖出信号。

2021 年 2 月底，股价反弹到 120 日均线的位置受到阻碍回落，出现葛兰威尔卖出法则的反弹不过，是第三个卖出信号。而仔细观察，投资者可以发现，这一整段的走势其实也是下山滑坡的形态，再次发出了卖出信号。

这些形态都是投资者比较容易发现的，且准确度也比较高，只要对该股保持关注，寻找合适的卖点也并不困难。

6.2.3　均线在股价高位的扭转

当均线在股价高位时，股价及短周期均线的运行方向与长周期均线的运行方向产生背离，就意味着均线的扭转即将来临。在行情反转过后，股价及短周期均线开始扭转长周期均线的运行方向，从而使较长周期均线进行转向，与之同步下跌。

这意味着下跌行情已经出现，且在长周期均线都被扭转向下的前提下，目标股后市的下跌空间将会很大，下跌时间也会较长，是一个强烈的卖出信号，需要引起投资者警惕。

下面来看具体的案例。

实例分析

兄弟科技（002562）股价高位的均线扭转解析

图 6-19 所示是兄弟科技 2017 年 8 月至 2018 年 4 月的 K 线图。

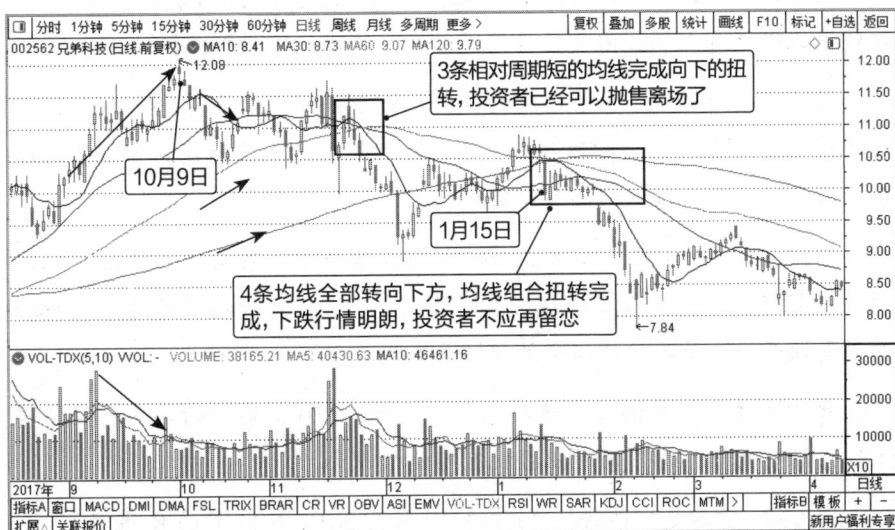

图 6-19　兄弟科技 2017 年 8 月至 2018 年 4 月的 K 线图

图中展示的是兄弟科技的股价高位，可以看到，在该股前期的上涨过程中，涨势比较迅猛。4 条均线呈向上发散的状态，并遵从均线在上涨行情中的服从规律运行。

2017 年 9 月期间，股价在上涨的同时，成交量却在不断缩减，两者在高位形成了量缩价涨的背离。这无疑是一个非常危险的信号，是该股上涨乏力、即将见顶的信号之一。

10 月 9 日，股价创出 12.08 元的新高后见顶回落，迅速下跌的走势带动 10 日均线立刻转向下方，30 日均线也很快走平。而 60 日均线和 120 日均线依旧处于上扬状态，与股价和两条相对周期更短的均线产生了背离。

随后，股价在 10.50 元到 11.50 元的价格区间内上下震荡，60 日均线上扬角度变缓，120 日均线还未产生太大变化。11 月底，股价在成交量缩减的影响下加速下跌，并连续跌破了 10 日均线、30 日均线和 60 日均线。12 月初，120 日均线也被跌破，股价一路下行到 9.00 元的价位线附近，才止跌反弹。

此时，3 条相对周期短的均线已经全部拐头向下，完成了扭转，但 120 日均线依旧保持着上扬，需要股价的进一步下跌才能使其彻底扭转。

对于投资者来说，3 条均线的扭转已经说明了即将到来的下跌行情，操作策略以卖出为宜。即便判断失误，后续依旧是上涨行情，但投资者依旧能够借此避开一段可能的深度回调。

2018 年 1 月 15 日，股价以一根大阴线跌破了 4 条均线，随后更加迅猛的跌势终于带动 120 日均线转向了下行，3 条相对周期短的均线也纷纷向下发散开来，至此均线组合的扭转全部完成。

此时还留在场内的投资者就无须再犹豫，120 日均线的转向已经使得下跌行情明朗化，再不及时止损就有可能被深套。

图 6-20 所示是兄弟科技 2017 年 10 月至 2018 年 11 月的 K 线图。

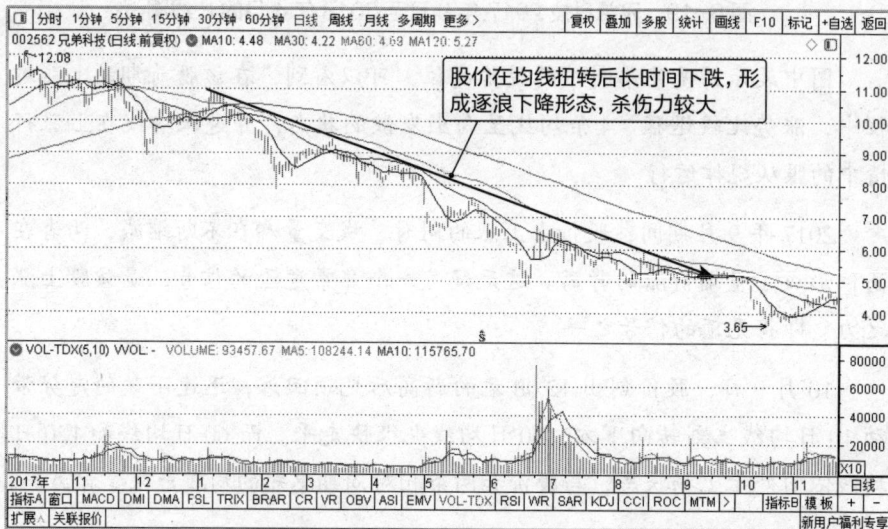

图 6-20　兄弟科技 2017 年 10 月至 2018 年 11 月的 K 线图

从后续的走势可以看到，兄弟科技在 4 条均线全部完成扭转后，其下跌行情持续了近一年的时间，从均线组合的状态来看，始终对股价保持着压制，使其出现了长时间逐浪下降的形态。

从 2017 年 10 月行情顶部的 12.08 元，到 2018 年 10 月的 3.65 元，该股的跌幅已经达到了 70%，并且在下跌期间，股价的反弹幅度始终不大，难以突破均线组合的压制，给投资者造成的损失较大，可见包含长周期均线的均线组合在股价高位扭转的杀伤力。

6.2.4 均线在股价低位的扭转

均线在股价低位时产生的扭转就是由下向上了。同样的，也是股价带动短周期均线首先转向上方，与长周期均线产生背离后，通过进一步的上涨，最终对长周期均线进行扭转。

这是一个明显的看多信号，既代表上一阶段的下跌行情结束，也标志着新行情的开启。在市场情绪被彻底调动起来，股价被快速拉升之前，投资者就要抓住机会建仓了。

下面来看具体的案例。

实例分析

中环股份（002129）股价低位的均线扭转解析

图 6-21 所示是中环股份 2018 年 9 月至 2019 年 3 月的 K 线图。

图中展示的是中环股份的股价低位，可以看到，该股在 2018 年 10 月中旬之前都处于下跌趋势之中，均线组合呈下行状态。

10 月初，股价被放大的成交量打压向下，出现了加速下跌，4 条均线都随之加大了下行角度。10 月 19 日，股价在 5.20 元的位置止跌回升，行情也在此见底，股价后续开始缓慢上涨。

10 日均线很快随着股价转头向上，30 日均线也在 11 月中下旬扭转了运行方向。此时的 60 日均线和 120 日均线还保持着几乎平行的下跌状态，与股价产生背离，均线组合的扭转初见端倪。

12 月期间，股价的上涨始终不温不火，还在 120 日均线处受到未消耗完全的压制力阻碍，横盘了一段时间。但该股最终还是在成交量的放量推涨下成功突破 120 日均线，站到了其上方。

在股价突破 120 日均线后的数天，60 日均线受到影响，开始了缓慢的扭转，并在股价后续的横盘期间彻底转头向上。此时 3 条均线的扭转已经是比较明显的买入信号了，投资者可以趁机入场。

2019 年 1 月 29 日，成交量突然放出巨量，股价在盘末被大单拉升到了涨停板上封住，直至收盘。当日股价收出一根大阳线，强势上涨站到了均线组合上方，并在后续快速拉升。

在股价加速上涨的带动下，120 日均线终于由下跌转为走平，并在后续彻底拐头向上，4 条均线同步向上发散开来，至此均线组合就完成了全部的扭转。而且从均线的上扬角度来看，该股后市的上涨空间不会太小，投资者要抓紧时间建仓。

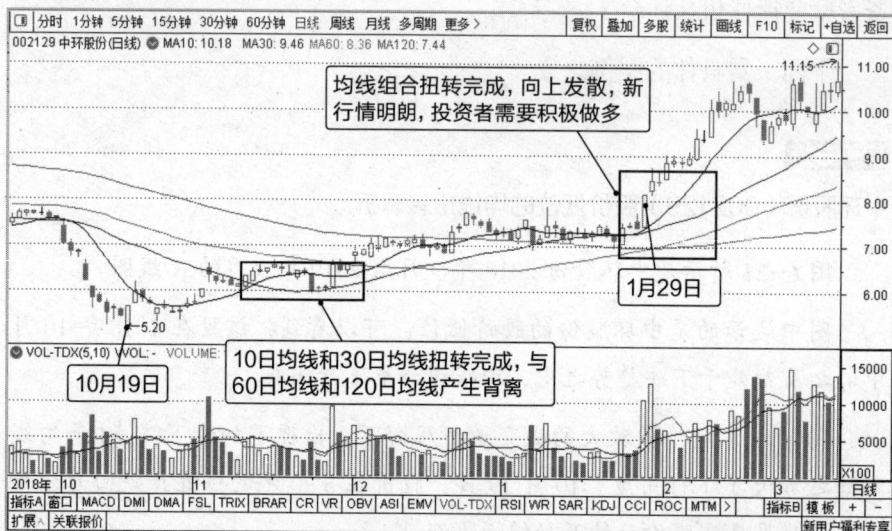

图 6-21　中环股份 2018 年 9 月至 2019 年 3 月的 K 线图

图 6-22 所示是中环股份 2019 年 1 月至 2020 年 2 月的 K 线图。

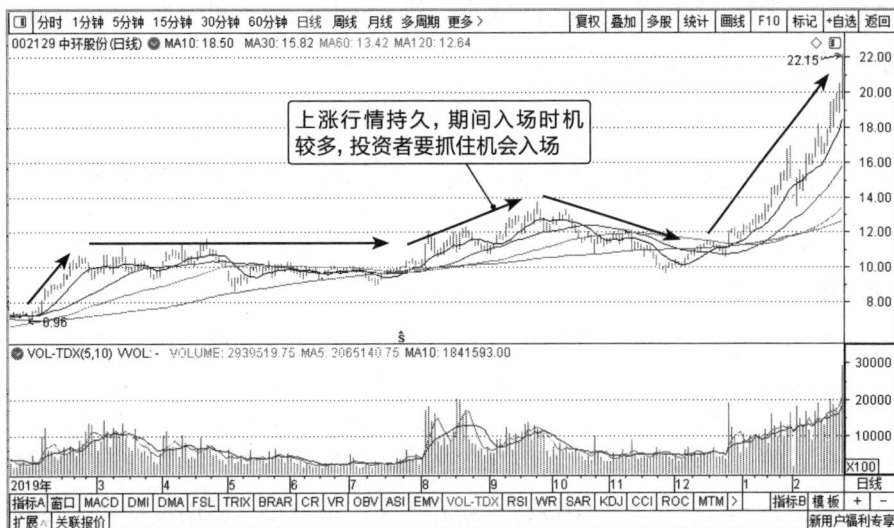

图 6-22　中环股份 2019 年 1 月至 2020 年 2 月的 K 线图

从后续的发展可以看到，中环股份在下跌行情发生扭转后，就进入了长时间的上涨之中，期间出现了数次回调和盘整，产生的看多形态也比较丰富。对于投资者来说，要想在中环股份长期上涨的大趋势中分一杯羹，就要抓住这些形态，选择合适的时机进行操作。

6.3　均线的修复功能

简单来说，均线的修复就是当股价出现急涨或急跌时，与均线之间产生了较大的偏离，此时均线会对股价产生一种吸引力，使其向均线的方向靠拢，直至聚合或接触。

因为均线在很大程度上代表着市场中各周期投资者的平均成本，而平均成本的变化又与市场的现有价格息息相关。当市场处于上涨时，随着股价的不断上升，进入市场的成本也随之上升，均线表现为上行；当市场进入下跌行情时，随着股价的不断下跌，进入市场的成本也随之不断下移，此时的均线就会表现为下行。

那么，在均线修复的概念中，要理解均线对股价产生的吸引力就很容易了，这种吸引力指的就是市场平均成本与市场现价之间的相互影响。

当股价上涨超过平均成本太多时，上升的入场门槛会相应拉高成本，同时场内始终存在的卖压会带动股价下跌，使得两者逐渐靠拢；当股价下跌远离平均成本太多时，下降的入场门槛会使得成本降低，接盘的投资者入场也会拉高现价，同样会带动两者出现聚合。

在了解了均线修复功能的内在含义之后，投资者就可以利用均线的这一特性，辅助自己在实战中进行判断和决策。本节也会使用投资者比较熟悉的 5 日均线、10 日均线、30 日均线和 60 日均线的组合进行解析。

均线的修复主要分为主动修复和被动修复两种，接下来就结合案例，对这两种修复状态进行详细的介绍。

6.3.1 均线的主动修复

均线的主动修复指的是当股价运行偏离均线太远时，会出现剧烈的波动，并且成交量也会在不同阶段出现放量的推涨或打压，使得股价主动且快速地向均线回归。

主动修复的现象一般出现在均线大幅发散的状态下，在上涨行情阶段的顶部和下跌行情阶段的底部，股价会产生主动的回归。

（1）阶段顶部的主动修复

阶段顶部的主动修复指的是当股价持续快速上涨，导致 K 线很快脱离了中长周期均线，使得均线出现大幅发散，随后在某一时刻股价见顶，很快回落到中长周期均线附近。

这是因为在行情上涨时，市场的成本也会随之上升。但当股价在短期内上涨过快时，现价偏离成本较多，各类周期的投资者都有获利，短期内导致市场的获利盘大量积累。当获利盘开始集中抛售，就会形成回吐的卖压，导致现价下跌，向平均成本靠近。

当股价的阶段顶部出现均线的主动修复时，传递的是一个卖出信号，投资者可以考虑清仓或减仓，在场外持币观望。

下面来看具体的案例。

实例分析

恒星科技（002132）阶段顶部的主动修复解析

图 6-23 所示是恒星科技 2020 年 8 月至 12 月的 K 线图。

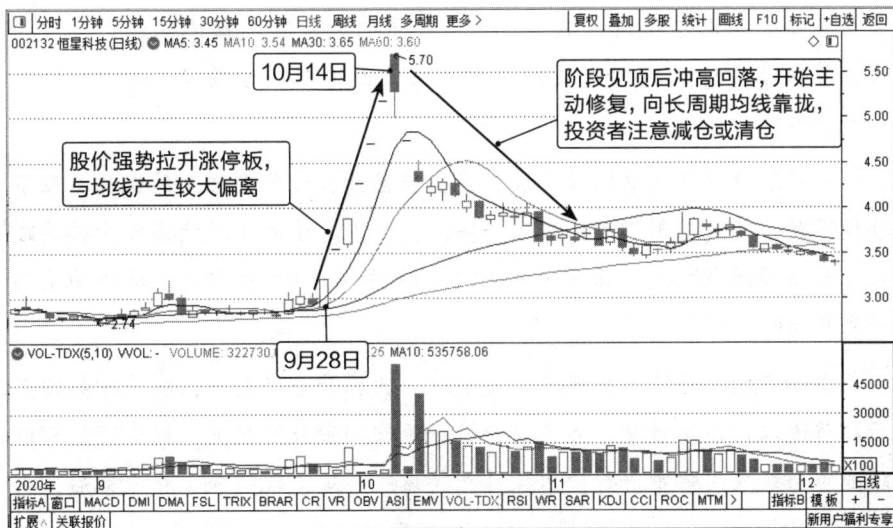

图 6-23　恒星科技 2020 年 8 月至 12 月的 K 线图

图中展示的是恒星科技的上涨初期，可以看到，该股在前期的下跌行情结束后，紧接着的上涨非常缓慢，近似于一段横向的盘整，股价在震荡中缓慢向上攀升。

从成交量的缩量来看，这段时间的盘整正是主力低位吸筹的表现，盘整时间越长，主力的准备就会越充分，在拉升开始时也会越强势。

9月28日，股价开盘后不久就被大单的成交量推涨到接近涨停板的位置，当日以9.90%的涨幅收出了一根大阳线，并向上突破了黏合中的4条均线。这显然是主力的操盘行为，表明该股即将迎来一波拉升。

果然，第二天股价直接以涨停开盘，出现了一字涨停形态。后续主力更是拉出了连续数天的涨停，整个快速拉升中，一字涨停就占据了4个交易日，可见主力拉升的决心和控盘度。

此时的均线在股价连续涨停的带动下，迅速由黏合转为向上发散。其中，5日均线和10日均线与股价贴合较为紧密，但两者依旧处于分离状态，股价站在均线上方运行。而30日均线和60日均线则已经在强势的拉升中，与股价产生了较大的偏离。

偏离的加大势必会引起回归，10月14日，股价在开盘后很快被大单成交量砸开了涨停板进行交易。场内积累的大量获利盘抓住机会集中抛出，导致在后续的时间内股价连续下滑，最终在高于前日1.93%的位置收盘。

当日股价以长阴线报收，成交量出现巨量，股价在强大的抛压打压下连续下跌，甚至在第二天出现了一字跌停板。急速的下跌使得股价接连跌破了两条短周期均线，并迅速向30日均线和60日均线靠近，均线的主动修复在此时发挥了作用。

当均线的主动修复出现时，表明这一波拉升已经见顶，股价冲高回落后即将进入回调和盘整。为了避开这一段回调带来的损失，投资者就可以跟随市场杀跌的脚步进行卖出操作，待该股再次出现明显上涨迹象后，再入场不迟。

（2）阶段底部的主动修复

阶段底部的主动修复指的是当股价连续暴跌后，市场情绪恐慌，出现踩踏性的崩盘和抛售，股价迅速向下脱离均线，而此时的均线组合会表现为角度较大的发散状态。

均线无法跟上现有价格的运行速度，不同周期的持股成本在分摊开来后反应迟钝，是两者产生偏离的根本原因。而当非理性的集中杀跌结束，市场的抛压将会很快得到缓解，大量浮筹在充分换手后，进入了逢低买入的投资者仓内。

随着抛压的减轻，低位出现的买盘很容易导致股价的反弹。当股价被推涨到一定高度，场内的看涨情绪逐渐热烈起来，成交量开始活跃，股价在多方力量的推涨下开始迅速积极地向上靠近甚至突破均线，从而形成了均线在阶段底部的主动修复。

当股价的阶段底部出现均线的主动修复时，传递的就是买入信号。但这种下跌行情的反弹更适合短线投资者进行做多操作，中长期投资者还是以观望和退出为佳。

下面来看具体的案例。

实例分析

三特索道（002159）阶段底部的主动修复解析

图 6-24 所示是三特索道 2019 年 3 月至 8 月的 K 线图。

图中展示的是三特索道的下跌行情，从均线的运行状态可以看出，该股在 3 月之前是处于上涨阶段，说明这是一段上涨下跌行情中的反弹，而且反弹幅度较大，股价都运行到了均线上方，均线组合呈向上发散状态。

3 月 25 日，股价到达了 24.80 元的位置后反弹见顶，在 22.00 元的价位线上方横盘滞涨了数天后，成交量逐渐缩减，股价失去动能开始回落。很快股价便在一个月内接连跌破了 4 条均线，带动均线组合逐一转向，并在交叉后向下发散。

股价在 4 月 25 日以一根长阴线跌破 60 日均线后，其跌速愈发加快，与 60 日均线产生了越来越大的偏离。

而 30 日均线却受到市场恐慌抛售的影响，导致了 30 日周期内的平均持股成本快速下降，使得均线主动靠近股价。

6 月初，股价的连续下跌在 14.00 元的价位线上方受到支撑止跌，随后在成交量的阶梯式放量推涨下快速反弹，向着 60 日均线的位置靠近，均线的主动修复功能开始发挥作用。

此时机敏的投资者在注意到股价开始反弹时，就会积极入场做多，将股价进一步推高。很快股价便突破了 30 日均线，但在后续的上涨中失去了成交量的支撑，靠近 60 日均线后就被压制下行了。

这一段反弹虽然持续时间和上涨幅度都不算优秀，但依旧可以作为短线投资者的操作目标，中长期投资者则不建议入场。

短期投资者可以在股价见底后开始主动修复时入场，在股价接触到 60 日均线后再及时抛出，就可以将这一段反弹涨幅收益收入囊中。

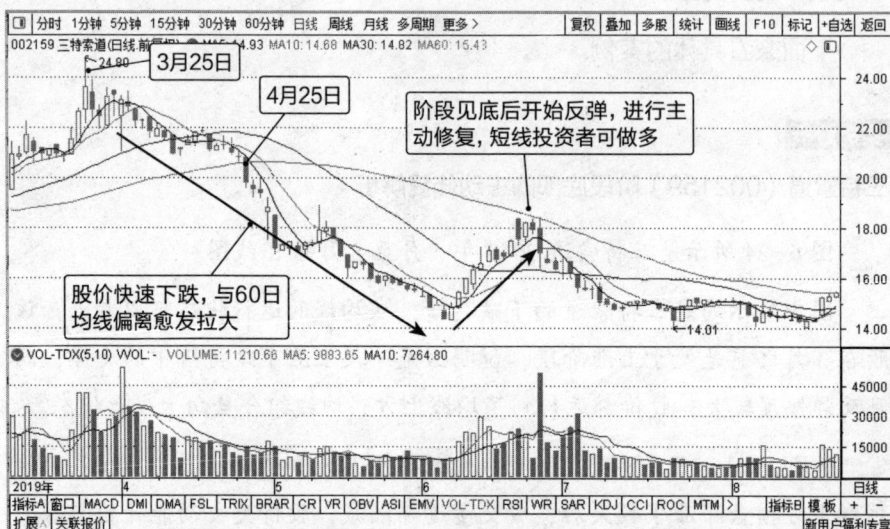

图 6-24　三特索道 2019 年 3 月至 8 月的 K 线图

6.3.2 均线的被动修复

均线的被动修复指的是当股价偏离均线以后，并没有主动向均线靠近，而是在某一价位线附近出现横向盘整，被动地等待均线靠近。

这样的修复形态一般发生在上涨或下跌的过程中，是市场的一种整理状态。当均线在被动修复的作用下靠近了股价之后，市场趋势仍将保持原有的上涨或下跌趋势。

◆ **上涨过程中的被动修复**：当市场处于上涨途中，股价偏离中长期均线时，由于市场做多气氛活跃，不断有资金进场接盘，筹码在多空双方间不断转换，导致股价无法深度回调。而活跃的交投势必会拉高市场的平均成本，吸引均线不断上升靠近。当两者相遇时，市场获利的意愿会推涨现价超越平均成本，使得股价再度上升。

◆ **下跌过程中的被动修复**：当市场处于下跌途中，股价偏离中长期均线时，由于市场在恐慌性抛盘后表现冷淡，场内的买盘不足以承接所有的卖盘，导致股价出现横盘，难以上涨。愈发萎缩的成交量会不断降低市场的平均成本，使得均线加大下行角度。当两者相遇时，市场再次产生一波抛压，使得股价再度下跌。

无论是在上涨行情还是下跌行情中产生的被动修复，都预示着趋势的延续，投资者可以根据自身的操盘策略做出决策。

下面来看具体的案例。

实例分析

中际旭创（300308）上涨行情中的被动修复解析

图 6-25 所示是中际旭创 2017 年 1 月至 7 月的 K 线图。

图中展示的是中际旭创的上涨行情，可以看到，该股在 2017 年 1 月期间处于盘整状态，均线黏合在一起。

1 月下旬，股价在成交量的推动下开始上涨，很快带动均线组合脱离黏合转为向上发散。逐渐加快的涨势，使得股价很快与 60 日均线拉开了距离。

3 月初，股价在 40.00 元附近受到阻碍回落，在略微下跌后进入了横盘，股价围绕 35.00 元的价位线上下波动，被动等待中长周期均线的靠近。

此时中长期投资者不必急于离场，该股的上涨行情还未结束，只需持股观望即可。而部分短期投资者不希望浪费时间等待股价的盘整结束，就可以先行离场观望，等行情再次上升时再次入场。

4 月初，30 日均线首先与股价相遇并黏合，表明 30 日周期内的平均成本已经与现价达成一致。5 月底，60 日均线姗姗来迟，终于追上了股价的步伐，均线的被动修复完成。

均线组合在黏合数天后很快再次向上发散开来，股价也随之回到了上涨轨道中。短期投资者在接收到这样的买入信号时，就可以再次建仓做多了，而中长期投资者也可以考虑适当加仓。

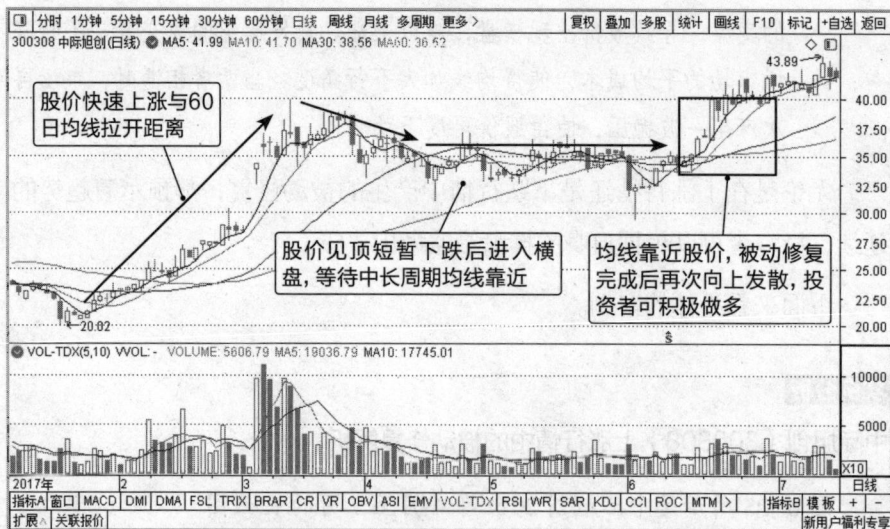

图 6-25　中际旭创 2017 年 1 月至 7 月的 K 线图

第7章

均线与指标结合：提高精准度

在经过前期对均线各种概念的介绍与大量案例解析后，相信投资者已经对均线这项技术比较熟悉了。但在实战中，投资者也不能单纯地依靠均线进行研判，可以结合其他常用指标一同使用，以提高决策的准确性。

- 均线与MACD顶背离战法
- 均线与MACD底背离战法
- 均线收敛与MACD结合战法
- 三金叉共振战法
- 三死叉见顶战法

7.1　均线与 MACD 指标组合

在学习均线与 MACD 指标的结合战法之前，投资者首先需要知道什么是 MACD 指标。

MACD（Moving Average Convergence and Divergence）指标的全称为平滑异同移动平均线，是一个利用收盘价的短期（常用为 12 日）指数移动平均线与长期（常用为 26 日）指数移动平均线之间的聚合与分离状况，对买进、卖出时机做出研判的技术指标。

MACD 指标是从双指数移动平均线发展而来的，主要由快速 DIF 线、慢速 DEA 线、零轴和 MACD 量柱构成。

图 7-1 所示是嘉城国际（603535）2021 年 6 月至 11 月的 K 线图对应的 MACD 指标。

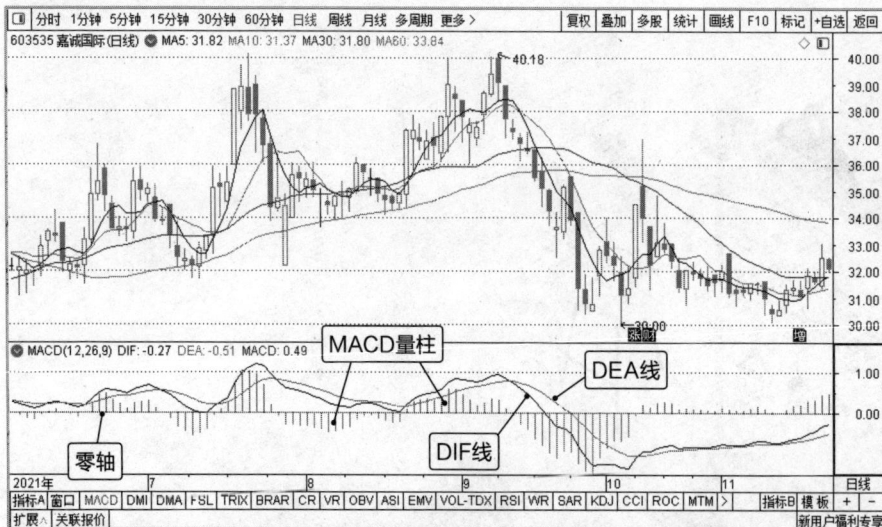

图 7-1　嘉城国际 2021 年 6 月至 11 月的 K 线图对应的 MACD 指标

MACD 指标的意义和双移动平均线基本相同，即由快、慢线的离散、聚合，预示当前的多空状态和股价可能的发展变化趋势。MACD 的变化代表着市场趋势的变化，不同 K 线级别的 MACD 代表当前级别周期中的买卖趋势。

MACD 指标是被历史走势检验过的、极为有效的技术指标，且运用范围非常广泛，对把握趋势性行情有很好的应用效果，其顶（底）背离形态是被大众认可的反转判断方法，也是趋势理论、波浪理论的重要研究工具。

所以均线与 MACD 指标的结合，能够在一定程度上帮助投资者更加精准地判断走势和决策买卖点，同时规避掉一些空头和多头陷阱。接下来就将通过案例对两者结合的战法进行解析。

7.1.1 均线与 MACD 顶背离战法

MACD 指标的顶背离指的是在 K 线图中，股价的高点一个比一个高，而与此同时 DIF 线的高点一个比一个低，股价与指标不同步，此时就是 MACD 的顶背离。

而均线的顶背离则表现为股价在下跌后，中长周期均线因其滞后性未及时转向，而与股价出现相反的运行方向。这种形态通常会出现在股价上涨行情的反转和大幅回调前夕，是一个明显的阶段见顶信号。

当均线和 MACD 指标相继出现顶背离，股价迅速下跌，均线组合向下发散时，其传递的离场信号就要比单独的指标强烈得多。此时的见顶很有可能就意味着上涨行情的结束，投资者最好尽早离场，将已有收益落袋为安。

下面来看具体的案例。

实例分析

雪榕生物（300511）均线与 MACD 顶背离战法解析

图 7-2 所示是雪榕生物 2020 年 6 月至 11 月的 K 线图。

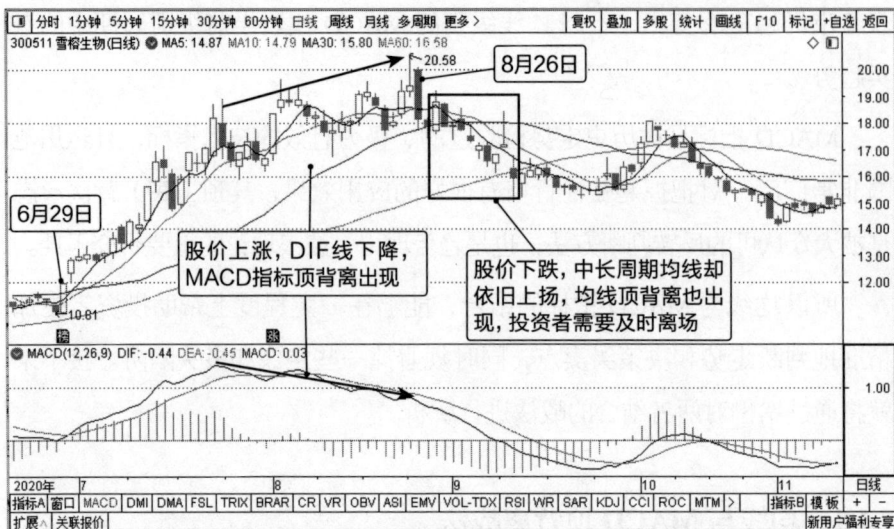

图 7-2 雪榕生物 2020 年 6 月至 11 月的 K 线图

图中展示的是雪榕生物的行情顶部，可以看到，该股在 6 月期间进行了一段盘整，导致 4 条均线黏合、走平，MACD 指标中的 DIF 线和 DEA 线向下运行到了零轴附近。

6 月 29 日，股价平开高走，在盘中被大单成交量打到了涨停板上，维持封板的状态直至收盘。当日 K 线收出一根大阳线，并向上突破了均线组合，开始快速上涨。均线组合由黏合转为向上发散，DIF 线与 DEA 线出现交叉后转为上扬。

7 月中下旬，该股涨速减缓，多方推涨乏力，股价开始在震荡中缓慢攀升。此时观察 MACD 指标可以发现，DIF 线在股价持续攀升的过程中，已经有了下跌的迹象。

8 月中下旬，股价创出 20.58 元的新高，行情在此见顶，而 DIF 线的下跌更为明显，MACD 指标的顶背离出现。而均线受到滞后性的影响，还未出现背离现象，但投资者在此时就应该有所警觉了。

8 月 26 日，在行情见顶的第二天，股价高开低走，并在盘中不断被大单打压，当日以一根大阴线报收。随后数天该股连续下跌，迅速跌破了

30 日均线。此时 5 日均线和 10 日均线已经被带动转向，但 30 日均线和 60 日均线依旧维持着上扬的状态，均线的顶背离也出现了。

MACD 指标与均线的顶背离先后出现，进一步证明了下跌行情的开启。同时投资者也可以看到，当股价在 9 月中上旬一路跌破 60 日均线，并拉动 30 日均线转向时，MACD 指标的量柱已经转到了零轴下方，这表明市场进入空头，投资者应当及时出货离场，避免被套。

7.1.2 均线与 MACD 底背离战法

MACD 指标的底背离与顶背离的技术形态相反，当 K 线图中股价的低点一波比一波低，而此时 DIF 线的低点一波比一波高，就是 MACD 指标的底背离。

均线的底背离指的是在行情的低位，股价见底上涨时，中长周期均线依旧保持下行状态，两者出现运行方向相反的背离。底背离通常出现在股价的低位处和盘整结束后的拉升前夕，预示着即将进入多头行情中。

如果均线和 MACD 指标相继出现底背离，在股价上涨的同时均线组合向上发散，就是更为明确和强烈的买入信号。投资者最好抓住这样的抄底机会，后续的利润空间才能够充分扩大。

下面来看具体的案例。

实例分析

九强生物（300406）均线与 MACD 底背离战法解析

图 7-3 所示是九强生物 2018 年 8 月至 2019 年 2 月的 K 线图。

图中展示的是九强生物的行情底部，从均线的运行角度可以发现，该股前期的跌势比较急促，与 60 日均线产生了较大的偏离，而两条较长周期均线的下行角度也比较陡峭。

8 月中旬，股价在 11.00 元的价位线附近暂时止跌，横盘了一段时间后再次下跌。而此时 MACD 指标中的 DIF 线却在向上运行，当股价创出新低时，DIF 线也到达一个高点，MACD 指标的底背离形态就此形成，这是行情即将转向的预兆。

10 月初，股价在 8.92 元的位置见底后横盘了一段时间，于 10 月底开始上涨，很快突破了 30 日均线。此时股价在快速上涨，30 日均线和 60 日均线却在下跌，均线的底背离也形成了。

如果说 MACD 指标的底背离预示着行情的即将转向，那么均线的底背离就是新行情开启的标志，两者结合在一起的买入信号非常强烈，并且相较于单独的指标来说，也更为可靠。投资者在观察到两种底背离先后出现时，就可以做好分批建仓入场的准备了。

股价虽然在后续进行了一段时间的回调整理，但多方的支撑力十分充足，该股很快于 1 月初重新回到了上涨轨道，均线组合由黏合转为向上发散，上涨行情变得明朗化。对于投资者来说这里也是一个买入点，在此处建仓或是加仓都是明智的选择。

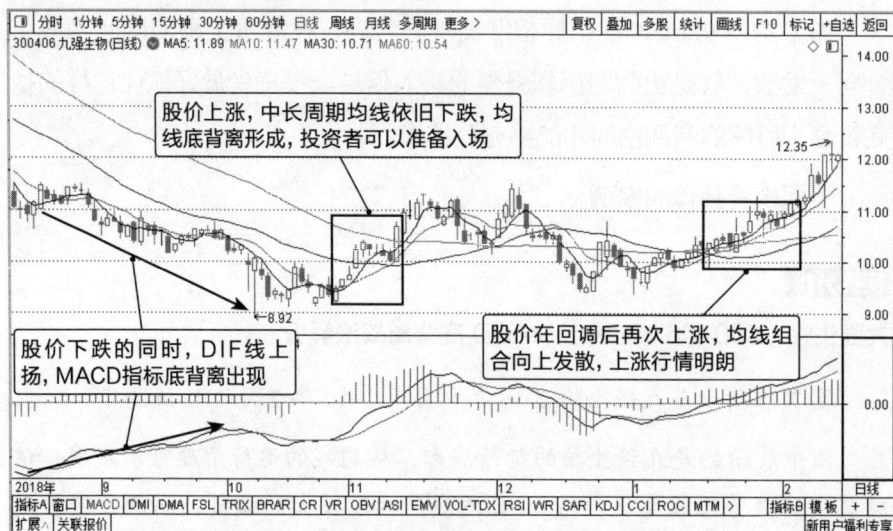

图 7-3 九强生物 2018 年 8 月至 2019 年 2 月的 K 线图

7.1.3　均线收敛与 MACD 结合战法

均线的收敛指的是当股价出现盘整时，均线组合由发散转为聚合的状态，类似于均线的黏合。但均线的收敛可能只是聚合到相近的位置，有时中长周期均线不会与短周期均线产生接触，也就称不上黏合。

当均线组合收敛却并未完全黏合，长周期均线脱离在外运行时，往往预示着盘整结束后当前趋势的延续。而均线收敛与 MACD 指标的结合，就可以帮助投资者在这段时间内寻找较为准确的买卖点。

（1）上涨行情中均线收敛与 MACD 金叉结合

在 MACD 指标中，当 DIF 线自下而上穿过 DEA 线时，这样的形态就被称为 MACD 的金叉。

MACD 金叉通常为买入信号，但由于有一条零轴的存在，金叉也分为零轴上方金叉和零轴下方金叉两种情况。在零轴上方出现的金叉一般要比零轴下方出现的金叉有优势，其传递的买入信号更准确。

在上涨行情中，当均线出现收敛，股价暂时止涨时，MACD 指标在零轴上方出现金叉，就意味着市场依旧处于强势状态，多头行情还将继续，投资者可以放心入场或加仓。

下面来看具体的案例。

实例分析

蓝思科技（300433）上涨行情中均线收敛与 MACD 金叉结合解析

图 7-4 所示是蓝思科技 2019 年 11 月至 2020 年 2 月的 K 线图。

图中展示的是蓝思科技的上涨行情，从均线前期的发散状态可以看到，该股在 2019 年 11 月初及以前，股价都在快速上涨，均线组合呈角度较大的发散状态。

11 月 8 日，股价开盘后在震荡中缓慢上涨，但运行到午盘时却开始一路下滑，最终以 2.24% 的跌幅收盘，当日以阴线报收，股价也在此位置暂时止涨进入横盘，带动 5 日均线、10 日均线和 30 日均线走平，均线组合出现了收敛。同时 MACD 指标的两条线有所下降，但依旧维持在零轴上方。

11 月底，股价在 60 日均线处受到支撑后回升，并连续穿过了其他 3 条均线，此时的 DIF 线与 DEA 线也在零轴上方出现了一个金叉。多种迹象表明，该股的上涨行情还在继续，目前的横盘只是一个调整，投资者可以大胆入场。

12 月底，股价在上涨一段时间后再次回调，均线与 MACD 指标又一次出现了收敛与金叉。而这一次 MACD 指标的金叉位置更高，均线收敛后的发散角度也更大，导致股价涨速迅猛。

相较于前一次来说，这一次的均线收敛与 MACD 金叉结合形态，释放的买入信号更加强烈，还在场外观望的投资者也可以放心入场做多了。

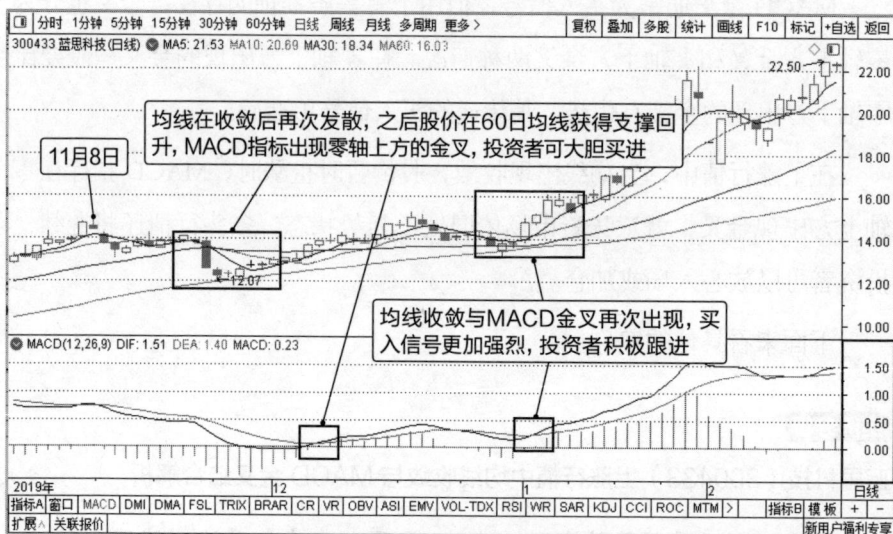

图 7-4　蓝思科技 2019 年 11 月至 2020 年 2 月的 K 线图

（2）下跌行情中均线收敛与 MACD 死叉结合

与金叉相反，MACD 指标的死叉即为 DIF 线向下穿过 DEA 线，通常

为卖出信号。MACD 指标的死叉出现在零轴的不同位置，预示的卖出信号
强弱也有所不同，一般在零轴下方的死叉会更明显地预示趋势的延续，即
行情还会继续下跌。

当下跌趋势中均线出现收敛时，股价暂时止跌盘整，此时 MACD 指
标如果在零轴下方出现了一个死叉，就意味着下跌行情还会继续，并且股
价在暂时止跌之后不会出现幅度很大的反弹，投资者无须再等待，应立刻
出局。

下面来看具体的案例。

实例分析

高伟达（300465）下跌行情中均线收敛与 MACD 死叉结合解析

图 7-5 所示是高伟达 2016 年 12 月至 2017 年 7 月的 K 线图。

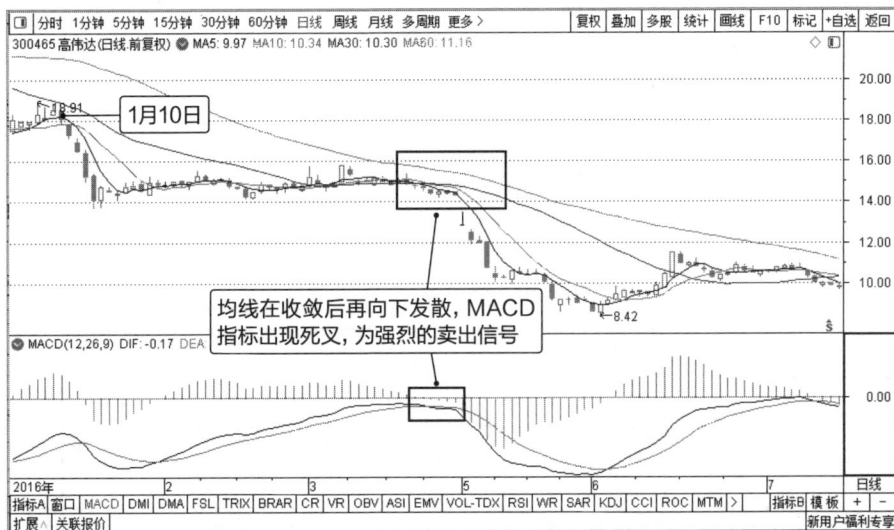

图 7-5　高伟达 2016 年 12 月至 2017 年 7 月的 K 线图

图中展示的是高伟达的下跌行情，从不同均线的表现可以看到，该股
在 2017 年 1 月初之前出现了下跌过程中的盘整，但时间较短，30 日均线
和 60 日均线依旧在向下运行。

1月10日，股价低开低走，当日以2.59%跌幅的阴线报收。股价随后很快脱离盘整快速下跌，带动5日均线和10日均线向下发散，并与两条中长周期均线拉开了距离。

数天后，股价在14.00元的价位线附近受到支撑止跌，再次进入了一段横盘。股价在14.00元到16.00元的价格区间内小幅波动，很快带动30日均线走平，并在60日均线靠近时形成了均线的收敛。

而MACD指标的两条线，无论是股价处于盘整还是下跌时，都一直在零轴下方运行，这表明该股始终处于空头市场中，趋势表现弱势。3月底，DIF线在零轴下方自上而下穿过了DEA线，形成了一个死叉。

与此同时股价也开始下跌，均线组合由收敛转为发散，市场沿着原有的下跌趋势继续运行，并且期间没有出现比较好的反弹卖点。那么投资者就只能尽早离场，尽量避开后续更大幅度的下跌。

图7-6所示是高伟达2017年1月至2018年2月的K线图。

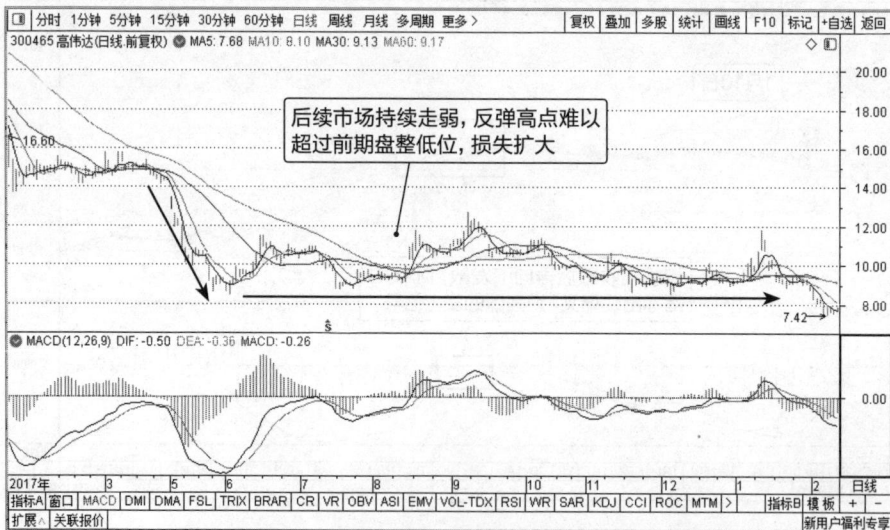

图7-6 高伟达2017年1月至2018年2月的K线图

从后续的走势可以看到，高伟达在均线的收敛与MACD指标死叉出现后，快速下跌到了更低位置的盘整区间，股价在震荡中缓慢下滑，并且

MACD 指标的两条线大部分时间都在零轴下方运行，这也表明市场依旧处于弱势之中。

虽然在此期间出现了多次反弹，其中也不乏幅度较大的，但反弹的顶部始终低于 2017 年 4 月期间的盘整位置，投资者如果不在上一次的卖点离场，那么后续的下跌带来的损失显然更大。

7.1.4 三金叉共振战法

三金叉共振指的是 3 种指标同时出现的金叉，这 3 种指标分别是均线、成交量均量线和 MACD 指标。

均线的金叉指的是 5 日均线和 10 日均线形成的金叉；成交量均量线的金叉是由 5 日均量线上穿 10 日均量线产生的；MACD 指标的金叉就是 DIF 线上穿 DEA 线产生的。

三金叉共振通常会出现在下跌行情或是深度回调的底部，股价在大幅下跌后市场情绪低迷，交投表现冷淡，开始进入底部震荡。在主力的建仓或拉升影响下，股价终于开始回升。

当成交量放大推动股价上行时，5 日均线和 10 日均线会迅速随之转向产生金叉，而均量线和 MACD 指标也会同步出现金叉。

随着股价的持续升高，在相对低位买入的投资者已经开始盈利，具体体现在股票的现有价格站在了平均成本上方，这会吸引更多投资者入场做多，于是股价再度上扬，更快速地脱离底部。

很明显，三金叉共振出现的位置就是一个绝佳的买点，短时间内目标股会有相当不错的涨势，无论是短期投资者还是中长期投资者，都可以积极参与。

下面来看具体的案例。

实例分析

明德生物（002932）回调底部的三金叉共振战法解析

图 7-7 所示是明德生物 2020 年 4 月至 8 月的 K 线图。

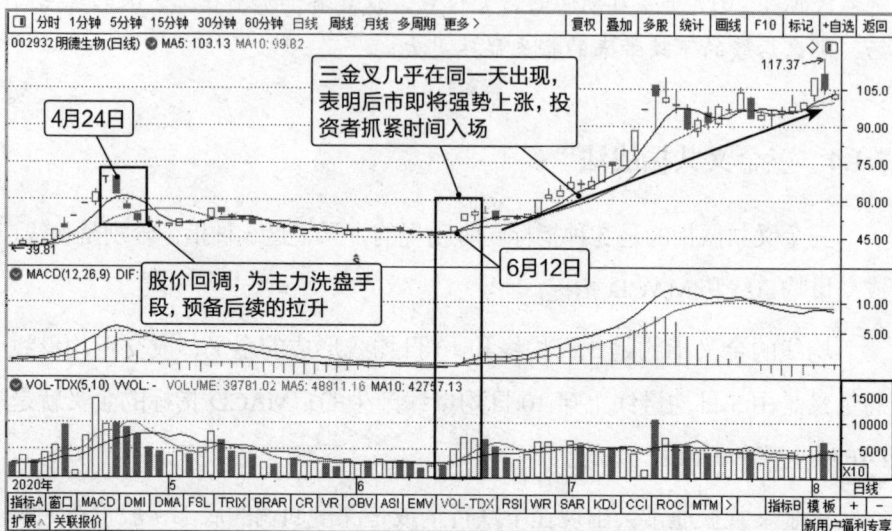

图 7-7 明德生物 2020 年 4 月至 8 月的 K 线图

图中展示的是明德生物上涨行情中的回调，可以看到，该股在 4 月中下旬之前的涨速非常强势，主力通过数个涨停板将股价从 40.00 元附近急速拉升至 70.00 元附近。

在市场情绪被充分调动起来后，主力很快便对其进行打压。4 月 24 日，股价平开低走，盘中不断有成交量打压，最终在盘末被大单拉到跌停板上封住，直至收盘。股价当日收出一根大阴线，进入了回调。

此次回调幅度较深，股价一直跌到接近 45.00 元的位置才止跌横盘。期间成交量不断萎缩，MACD 指标的两条线也在下降，这表明市场情绪逐渐冷却，卖盘的抛压也在减轻。

6 月 12 日，成交量突然放出大量，股价在其推动下以一根阳线突破了 5 日均线和 10 日均线，并带动两条均线形成了一个向上的金叉。与此同时，放大的成交量也使得 5 日均量线和 10 日均量线出现金叉，MACD 指标中的 DIF 线同步上穿 DEA 线，三金叉共振形成。

几乎在同一天形成的三金叉表明了 3 个指标的高度同步，这是股价即将强势拉升的表现。投资者在注意到三金叉同时出现时，就要当机立断，立刻建仓入场。

从后续的走势可以看到，在短短两个月左右的时间内，股价已经从三金叉出现当天的 46.95 元，上涨到了 117.37 元，涨幅达到了近 150%，是一个非常惊人的数字，投资者在短时间内也会有非常可观的收益。

7.1.5　三死叉见顶战法

三死叉见顶指的是均线、成交量均量线和 MACD 指标同时出现的死叉，表明阶段或行情的见顶。

3 个指标的死叉技术形态构成与金叉正好相反，均线的死叉由 5 日均线下穿 10 日均线形成；成交量均量线的死叉由 5 日均量线下穿 10 日均量线产生；MACD 指标的死叉则由 DIF 线下穿 DEA 线产生。

三死叉出现的位置常见于大幅反弹的顶部或是行情的顶部，表明多方力量衰竭，股价在乏力上涨后最终进入了下跌。快速的下跌过程中，市场氛围由追涨转为杀跌，在恐慌情绪的影响下，场内可能会引起踩踏，造成崩塌性的暴跌。

虽然这种急速的暴跌不常发生，但投资者依旧需要有这样的警觉性，当股价的高位出现三死叉形态时，就要果断离场。

下面来看具体的案例。

实例分析

天利科技（300399）行情顶部的三死叉见顶战法解析

图 7-8 所示是天利科技 2020 年 8 月至 12 月的 K 线图。

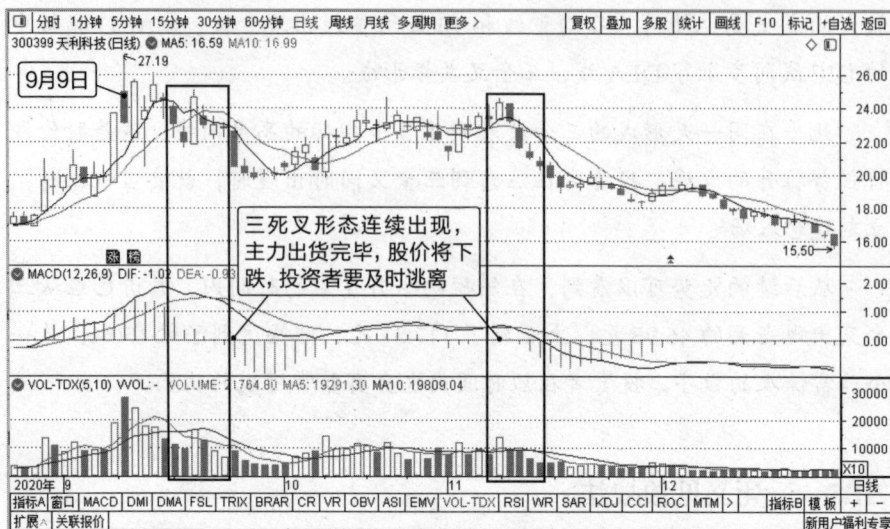

图 7-8　天利科技 2020 年 8 月至 12 月的 K 线图

图中展示的是天利科技上涨行情的顶部，可以看到，该股在前期上涨快速，并于 9 月 9 日创出了 27.19 元的新高。此时的均线依旧承托着股价上扬，MACD 指标处于强势的多头市场，而成交量也在当日达到了最高点。

很快，成交量在冲高后萎缩，5 日均量线和 10 日均量线形成死叉。股价受其影响开始下跌，带动 5 日均线和 10 日均线也出现了向下的死叉。MACD 指标同步下跌，DIF 线下穿 DEA 线，三死叉全部出现。

3 个指标在股价的高位出现 3 个死叉，意味着行情已经见顶，多空双方的攻防位置调换，后市即将步入下跌。投资者此时最好不要留恋，就算判断失误也要及时离场，以免被深套。

9 月底，该股在见顶后的第一波下跌至 20.00 元的价位线附近止跌，随后出现了一段反弹。但此次反弹依旧无法创出更高的价格，股价在 24.00 元处就被压制向下，并横盘了一个月左右。这是绝佳的离场机会，投资者决不能将其当作后续上涨的佐证。因为股价在高位出现这样的横盘时，成交量已经相较于顶部萎缩了不少，这很有可能是主力还在出货的表现。当主力手中的利润全部兑现完毕，股价的高位横盘就会结束，后续的下跌幅度可能会令投资者难以承受。

11 月中旬，成交量开始萎缩，两条均量线出现向下的死叉，股价受其影响开始下跌，5 日均线和 10 日均线也拐头向下形成死叉。与此同时，MACD 指标里的两条线也同步向下形成死叉，三死叉形态再次出现。

在股价高位又一次出现的三死叉形态，对投资者来说无疑是一个更强烈的警告信号。这表明主力维持在高位的出货已经结束，失去支撑力的股价即将进入单边下跌中，此时投资者决不能再对后市抱有期待而犹豫不决，及时逃离才是最佳选择。

图 7-9 所示是天利科技 2020 年 9 月至 2021 年 4 月的 K 线图。

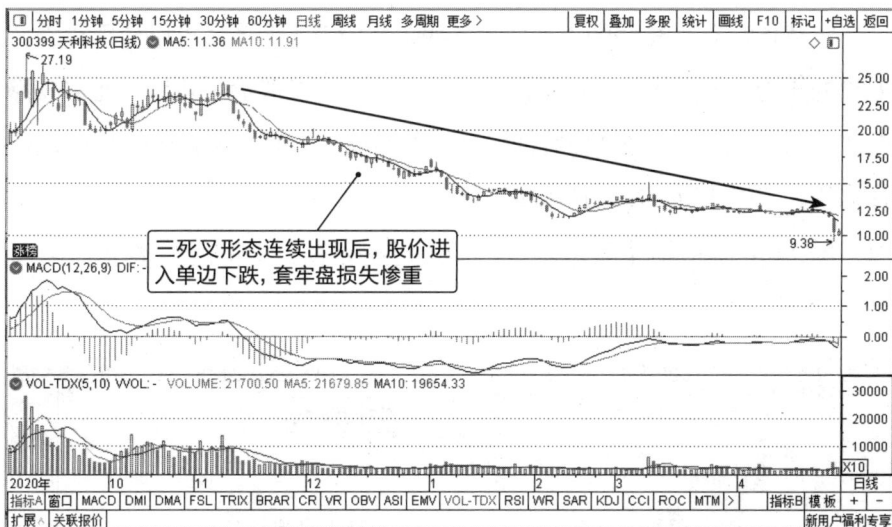

图 7-9　天利科技 2020 年 9 月至 2021 年 4 月的 K 线图

从后续的走势可以看出，当天利科技的 3 个指标接连出现三死叉形态后，股价进入了连续的下跌之中。MACD 指标也运行到了零轴下方，表明市场始终处于弱势的空头状态。

从数据上来看，截至 2021 年 4 月，股价已经下跌到了 9.38 元，相较于顶部的 27.19 元，跌幅达到了近 66%，其下跌期间没有出现幅度较大的反弹。对于深套其中的投资者来说，此次下跌损失不小。

7.2 均线与布林线组合

布林线（BOLL 线）又称为股价通道线，是股市技术分析的常用工具之一。它通过计算股价的标准差，再求股价的信赖区间，用于表示股价围绕着一定的区间运行的轨迹。

布林线正是在这一条件的基础上，引进了股价通道的概念。股价通道的宽窄随着股价波动幅度的大小而变化，且具有变异性，会随着股价的变化而自动调整，有着灵活性、直观性和趋势性的特点。

布林指标会在 K 线图上形成 3 条线，其中上下两条线可以分别看成是股价的压力线和支撑线。而在两条线之间还有一条股价平均线，通常被称为中轨线，其对应的参数设置就是 20 日均线。一般来说，股价会运行在压力线和支撑线所形成的通道中。

图 7-10 所示是花园生物（300401）2021 年 9 月至 12 月的 K 线图中的布林线。

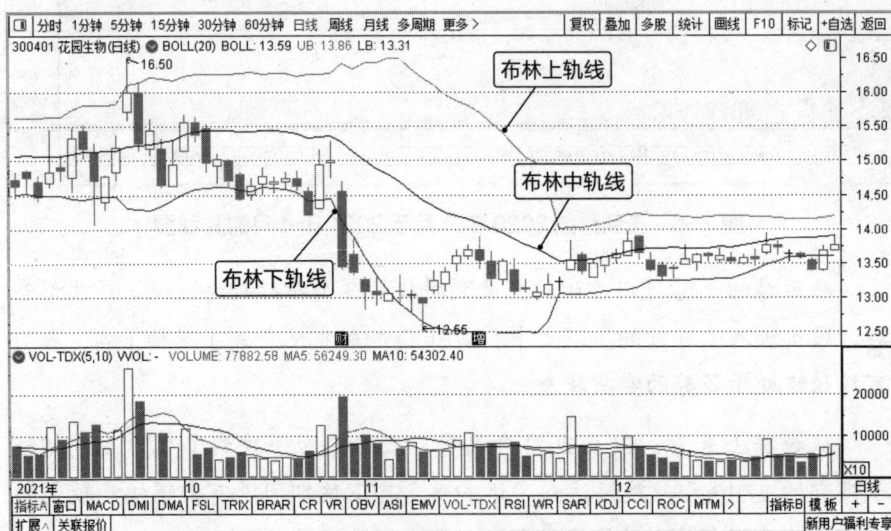

图 7-10 花园生物 K 线图中的布林线

布林线的运用，通常是作为研判股价走势的辅助指标，即通过股价所处布林通道内的位置来评估股票走势的强弱。当股价位于布林线中轨线之上时，为多头市场，可持股或买入；当股价处于布林线中轨线之下时，则为空头市场，介入要小心。

均线与布林线结合使用的目的，就是帮助投资者在大趋势中寻找适宜的买卖点进行操作。接下来，本节就将通过案例来对均线与布林线的几种结合战法进行解析。

7.2.1　5 日均线与布林线结合战法

5 日均线因为灵敏度比较强，能够对股价的波动产生快速的反应，当它与布林通道结合起来时，就能及时显示出短期的买卖点。

5 日均线与布林线的结合战法，主要体现在布林通道的开口与收口。

（1）5 日均线与布林通道的开口结合

布林通道的开口指的是布林线从收缩转为扩张的过程，也是股价脱离盘整出现突破的表现。一般而言，布林通道的开口预示着一波行情的快速展开，而究竟是向上展开还是向下展开，主要看中轨线的走向。

- ◆ 当布林线中轨线转向上方时，表明市场经过了一段时间的整理，场内的多方占据了优势，股价即将出现单边上涨，投资者可入场做多。
- ◆ 当布林线中轨线转向下方时，表明市场经过了一段时间的整理，场内的空方占据了优势，股价即将出现单边下跌，投资者要及时逃离。

5 日均线与布林通道的开口结合，主要就是看其与布林线中轨线的交叉形态。简单的金叉买入和死叉卖出，能够帮助投资者在单边行情出现时选择合适的买卖点。

下面来看具体的案例。

实例分析

宝色股份（300402）5 日均线与布林通道开口结合战法解析

图 7-11 所示是宝色股份 2021 年 7 月至 11 月的 K 线图。

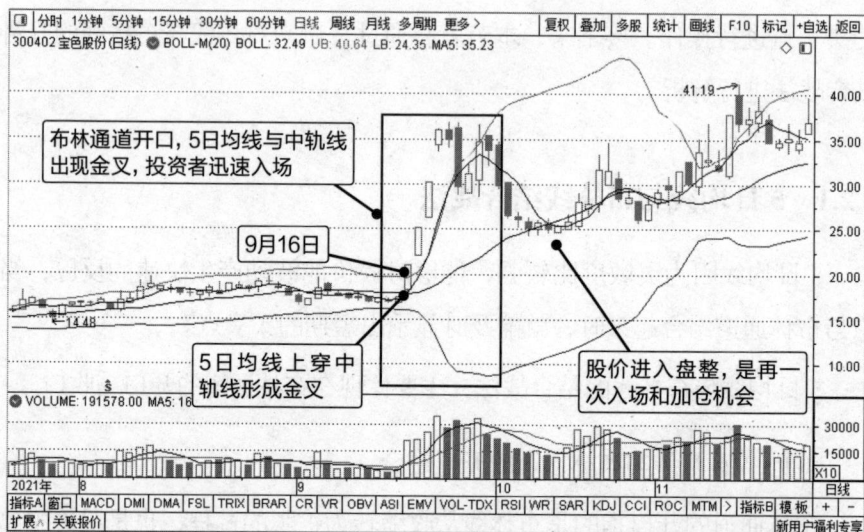

图 7-11　宝色股份 2021 年 7 月至 11 月的 K 线图

图中展示的是宝色股份的上涨行情，可以看到，该股在 8 月期间的上涨受到了一定的阻碍，股价被压制在 20.00 元的价位线下方进行横盘。此时 5 日均线跟随股价走平，而布林线此时几乎呈三线平行的状态，斜向上方运行。

9 月 16 日，成交量突然放出大量，股价在开盘后的半个小时内就被大单推涨到了涨停板的位置并封住，直至收盘。股价当日收出了一根涨停的大阳线，一举向上突破了盘整区间，并站到了 5 日均线上方。

收缩的布林线也在同一时间向上下两边扩散开来形成开口形态，中轨线受到股价上涨的牵引，很快拐头向上，与 5 日均线出现了金叉形态。

此时股价已经上冲到了 30.00 元的价位线附近，机敏的投资者已经完成了建仓入场的操作。金叉出现的数天后，股价冲高回落，进入了一段回调整理。这也是一个非常好的入场时机，错过了前期最佳买点的投资者，在此处就可以抓住机会了。

10 月中上旬，股价在 25.00 元的价位线附近止跌回升，再次回到了上涨轨道之中。可以看到，随后短短两个月的时间内，该股已经上涨到了最高 41.19 元的位置，相较于金叉形态出现的 30.00 元左右，涨幅超过了37%。短时间内出现这样的涨幅，为投资者带来了非常不错的收益。

（2）5 日均线与布林通道的收口结合

布林通道的收口从技术形态上来看，与开口正好相反，是布林线由扩张转为收缩的过程，同时也是股价从单边行情进入盘整的表现。

在不同的行情位置，布林通道的收口会传递不同的信号。

◆ 在上涨过程中出现布林通道的收口，表明股价在快速上涨后，场内积累了大量的获利盘，主力为了稳固控盘度，会操作股价进入盘整，使得抛压得到充分释放。在盘整结束后，目标股通常还会沿着原有上涨趋势运行，投资者可以静观其变。

◆ 在股价高位出现布林通道的收口，表明多方推涨乏力，导致股价滞涨，在高位进入横盘。此时主力可能在进行出货操作，盘整结束代表主力的离开，投资者需要及时跟庄出局。

◆ 在下跌过程中出现布林通道的收口，表明股价的恐慌性下跌暂时得到遏止，多方力量出现反弹，致使股价横盘。但由于场内的抛压始终存在，盘整结束后股价一般会继续下跌，投资者可在此位置解套离场。

◆ 在股价低位出现布林通道的收口，表明目标股在经过长时间的下跌后，市场情绪低迷，交投冷淡，股价在低位的盘整区间内小幅波动。在成交量萎缩到极致时，股价可能会出现反转，是一个抄底的机会。

而 5 日均线在此期间与布林中轨线形成聚合时，就是布林通道收口处的操作点，投资者需要仔细判断其所处位置，再进行出入场决策。

下面来看具体的案例。

实例分析

唐德影视（300426）5 日均线与布林通道收口结合战法解析

图 7-12 所示是唐德影视 2018 年 3 月至 6 月的 K 线图。

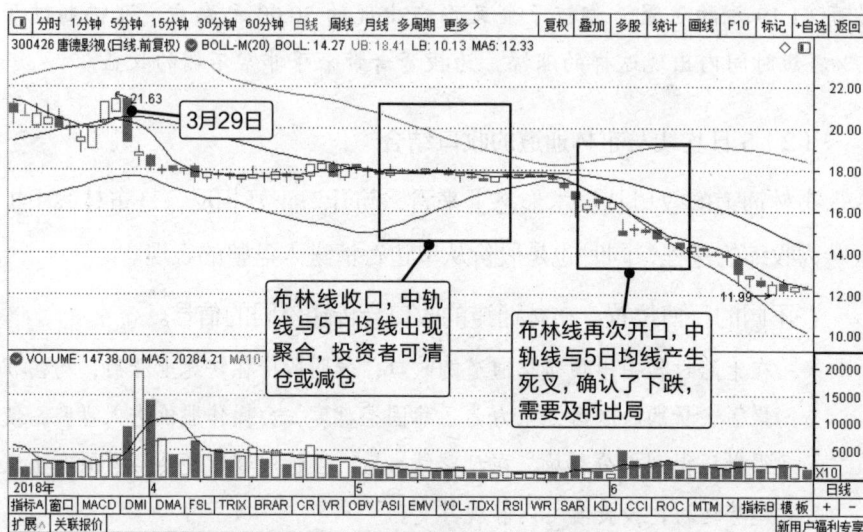

图 7-12　唐德影视 2018 年 3 月至 6 月的 K 线图

图中展示的是唐德影视的下跌阶段，可以看到，该股前期的下跌并不稳定，股价在不断的震荡中走低，导致布林线开合频繁。

3 月 29 日，股价低开低走，盘中不断被打压，最终在午盘后被大单打到了跌停板上，并且封住直至收盘。当日收出一根跌停的大阴线，股价跌速骤然加快。

4 月初，股价在 18.00 元的位置止跌，随后围绕这一价位线进行幅度非常小的横向盘整。布林线也受其影响在 5 月开始收缩，并于 5 月中旬收拢到股价附近，与 5 日均线聚合在一起。

下跌行情中出现的布林通道收口，是市场中多方反抗的表现。但空方的力量还未消耗完全，后市依旧可能出现下跌，投资者就应该在 5 日均线与中轨线聚合的位置出局。

但有些时候，在后市未出现明显突破方向时，投资者想要准确判断行情是否到达底部其实是比较困难的。这里建议谨慎的投资者先行清仓或是减仓，对目标股保持关注。

再来看唐德影视后续的表现，5 月底，成交量出现放量，对股价进行打压，该股连续收阴下跌，带动 5 日均线由走平转为下跌。布林线也很快从收缩状态转为开口，中轨线朝着下方运行。

这就是非常明显的下跌信号了，持股观望的投资者需要迅速出局，场外的投资者也不宜轻易介入，因为后续的一波下跌可能会比较急促。

7.2.2　上涨趋势中均线与布林线的契合

均线与布林线的契合指的是在单边行情中，均线组合的走向与布林线高度重合，表现出同一方向的走势。

在上涨行情中，两项指标的契合指的就是股价带动均线组合上扬的同时，布林线的中轨线也同步向上攀升，两条上下轨线随着股价的震荡而开合，整体上涨趋势不变。

这是股市进入牛市的表现，出现这样的形态，代表目标股在后续的一段时间内还将延续这样的上涨趋势，上涨空间在不断加大，投资者在此期间可以选择适宜的回调位进行建仓或加码。

下面来看具体的案例。

实例分析

蓝思科技（300433）上涨趋势中均线与布林线的契合解析

图 7-13 所示是蓝思科技 2019 年 6 月至 2020 年 2 月的 K 线图。

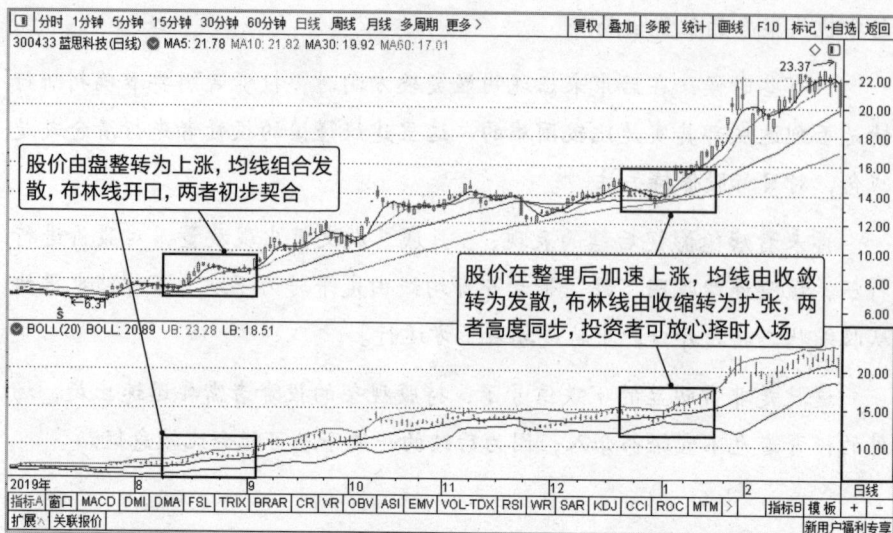

图 7-13　蓝思科技 2019 年 6 月至 2020 年 2 月的 K 线图

　　图中展示的是蓝思科技的上涨行情，可以看到，该股在 2019 年 7 月期间处于盘整之中，均线组合黏合在一起，布林线也呈走平的收缩状态。

　　8 月中上旬，股价开始上涨，带动均线组合出现向上的发散，布林线从收缩逐渐转为扩张。随着股价脱离盘整区间，进入稳定的上涨，两项指标也表现出高度重合的走向。

　　11 月初，股价涨速减缓，在 15.00 元的价位线附近受到压力开始回调，但很快便在 60 日均线处得到支撑，股价在震荡中缓慢上升。此时的均线组合已经收敛在一起，60 日均线在下方承托着股价上涨，而布林线则表现为扩张后的收缩，并且整体向着斜上方运行。

　　在 2020 年 1 月初，股价在多方骤增的推涨力量下快速上涨，均线组合受到牵引，很快便脱离收敛状态，转为向上发散。此时布林线的上下轨线也在迅速扩张开，中轨线加大上扬角度，与均线组合形成了同一方向的高度契合。

　　两项指标在数个月的周期内都维持着这样的契合状态，已经充分说明了该股上涨行情的稳定性和延续性，牛市已经开启，后续的上涨空间不会太小。在此期间，投资者可以放心选择回调低位入场或加仓，等待牛市带来的丰厚利润。

7.2.3 下跌趋势中均线与布林线的契合

下跌趋势中均线与布林线的契合也很好理解，即股价下跌的同时均线组合向下运行，布林线也呈现同步下行的状态。

这是股市走熊的预兆，一旦股价进入稳定的下跌趋势，布林上轨线和均线组合对其形成了牢固的压制，要想突破就需要较大的量能支撑。但经过长期的下跌之后，市场信心反复被打击，投资者普遍看空后市，靠散户很难凝聚起一股强大的推涨力使得股价变盘。

那么，股价的突破就只能依靠外界的利好消息刺激或是主力的出手，但这两种情况对于普通投资者来说都是很难预测的。所以在遇到这样的单边下跌行情时，投资者尽量在相对高位离场，不要等待后续的变盘。

下面来看具体的案例。

实例分析

蓝海华腾（300484）下跌趋势中均线与布林线的契合解析

图 7-14 所示是蓝海华腾 2017 年 9 月至 2018 年 3 月的 K 线图。

图中展示的是蓝海华腾的下跌行情，可以看到，该股在 2017 年 9 月期间出现了反弹，且幅度较大。均线组合向上发散，60 日均线也被牵引略微上扬，布林线扩张开来。

9 月中旬，股价反弹见顶回落，很快跌破了 20 日均线。较快的跌速也使得 20 日均线紧跟着转向下方，60 日均线开始走平。

11 月初，股价暂时止跌并进行了一段小幅的反弹，但在上涨到 20 日均线附近时受到压制再次下跌。20 日均线与 60 日均线交叉后彻底转向下方，均线组合发散开来。而布林线也在短暂收缩后再次向下扩张，中轨线始终保持下行。

在后续的下跌中，股价出现了逐浪下降的形态，5日均线和10日均线呈波浪形下跌。而20日均线和60日均线几乎保持平行状态压制在股价和短周期均线上方，整体表现为稳定的单边下跌行情。布林线在这段时间内，也出现了相应的三线平行下跌状态。

在该股9月期间反弹见顶后，均线组合与布林线表现出了高度的统一与契合，两项指标同时对后市的下跌做出了预示。此时投资者就要积极接收这些信号，在股价还处于反弹高位时抓住机会，及时止损。

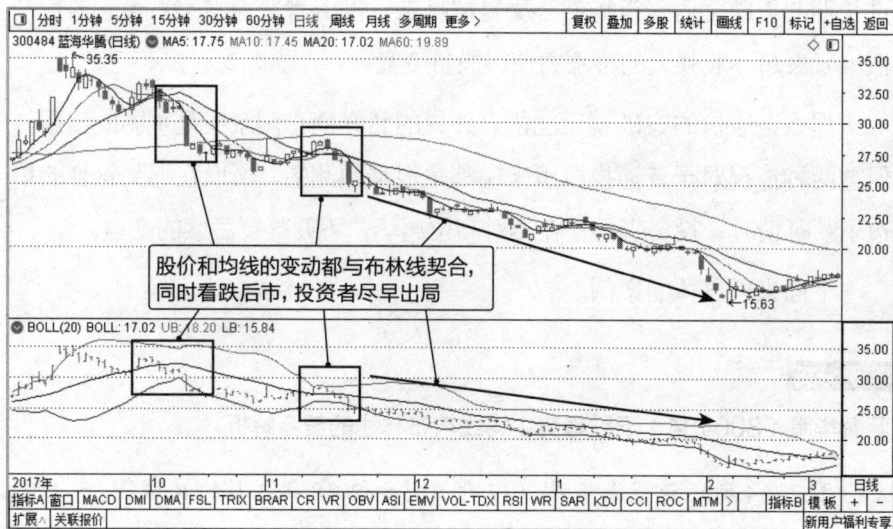

图7-14 蓝海华腾 2017 年 9 月至 2018 年 3 月的 K 线图

7.3 均线与 KDJ 指标组合

KDJ 指标也叫随机指标，以最高价、最低价及收盘价为基本数据进行计算得出 K 值、D 值和 J 值，这 3 个数值分别在指标的坐标空间中形成无数个点，将这些点连接起来就会形成一个完整的、能反映价格波动趋势的 KDJ 指标。

KDJ 指标主要用于分析市场内的超买和超卖情况，从而指导投资者进行短线的高抛低吸操作。KDJ 指标比较敏感，用它能够比较迅速、快捷且直观地研判行情，其 K 值、D 值和 J 值形成的各种形态可以传达出不同的买卖信号。

均线与 KDJ 指标的结合，主要利用的是 KDJ 指标的交叉形态。KDJ 指标与 MACD 指标的信号模式类似，其指标曲线形成的交叉形态也会构成金叉与死叉。

但是 KDJ 指标能够根据价格走势的乖离情况反映市场中的超买和超卖，金叉与死叉出现在不同的区域，其含义会有所区别。所以在配合均线进行分析时，KDJ 指标能够起到很好的辅助研判作用。

7.3.1　均线多头排列与 KDJ 金叉结合战法

KDJ 指标的低位以 20.00 作为标准，是一个表示行情超卖的刻度。当 KDJ 指标的 K 值、D 值和 J 值在低位的超卖区域形成向上的交叉时，就属于一个胜算较高的买入信号，也就是金叉。

在行情低位市场情绪低迷时，成交量萎缩，股价持续下跌或横盘，均线组合黏合或收敛在一起，KDJ 指标也运行到了超卖区。反转来临时成交量量能配合放大，股价受到支撑上涨，超卖区的 KDJ 指标形成金叉。

均线组合也很快在股价上涨后纷纷拐头向上，由黏合转为发散，并且呈多头排列向上运行。两项指标的看多形态结合起来，向投资者释放了强烈的买入信号，是一个较好的抄底机会。

但由于两者对股价波动的敏感度不同，KDJ 指标的金叉一般会在均线组合的多头排列成立之前出现。所以投资者在观察到 KDJ 指标的金叉时，就需要对目标股保持高度关注了，一旦均线出现多头排列的迹象，就立刻入场，积极做多。

下面来看具体的案例。

实例分析

高澜股份（300499）均线多头排列与 KDJ 金叉结合解析

图 7-15 所示是高澜股份 2021 年 3 月至 8 月的 K 线图。

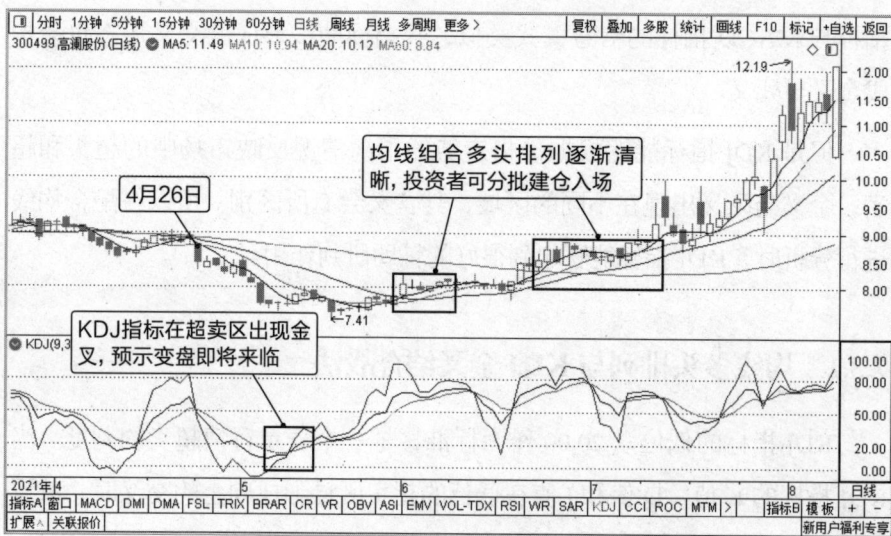

图 7-15　高澜股份 2021 年 3 月至 8 月的 K 线图

图中展示的是高澜股份的股价低位，可以看到，该股在 4 月之前的下跌比较缓和，股价在震荡中缓慢下跌，均线组合黏合在一起。

4 月 26 日，股价在开盘后就被大单打压下跌，并在盘中不断震荡，最终以一根中阴线报收，当日便跌破了均线组合。后续该股的跌速加快，带动均线组合向下发散开来，KDJ 指标也受到影响，逐渐运行到了超卖区。

5 月中上旬，股价跌势减缓，在 7.50 元的价位线附近横盘。此时的均线组合依旧呈下行状态，而 KDJ 指标却在横盘之时出现了超卖区的金叉。KDJ 指标看多形态的出现，预示着变盘即将来临。

5 月中下旬，股价创出了 7.41 元的新低，随后很快开始回升。5 日均线和 10 日均线随之转向上方，20 日均线也在被突破后完成了转向，3 条均线呈多头排列同步上行。

虽然 60 日均线还未参与到多头排列之中，但其走平的趋势也表明了新行情的到来。激进的投资者在观察到 KDJ 指标的金叉及 3 条均线出现的多头排列时，就可以开始建仓试探了。

6 月底，3 条均线相继突破了 60 日均线，均线组合的多头排列更加清晰。同时 60 日均线逐渐拐头向上，并在 7 月中下旬彻底转为上扬，KDJ 指标也在靠近超买区的位置运行。

此时两项指标的看多形态都已经十分明显，而且从后续的涨势来看，该股也即将进入快速的拉升。要想抓住这段涨幅，谨慎的投资者就要加快建仓的步伐，无须过多犹豫。

7.3.2　均线空头排列与 KDJ 死叉结合战法

当 KDJ 指标中的各值在 80.00 以上时，此时行情处于超买区。如果此时 KDJ 指标中的 K 值、D 值和 J 值在 80.00 的高位区域形成向下的死叉，是强烈的卖出信号。

在行情的高位，市场情绪高涨，成交量表现活跃，股价持续上涨，均线组合保持上扬，KDJ 指标也运行到超买区。此时反转的征兆出现，成交量量能和股价一同冲高回落，超买区的 KDJ 指标出现死叉。如果后续均线组合也同步转向下方并且呈空头排列，就传递出了强烈的卖出信号。

下面来看具体的案例。

实例分析

新宝股份（002705）均线空头排列与 KDJ 死叉结合解析

图 7-16 所示是新宝股份 2020 年 12 月至 2021 年 4 月的 K 线图。

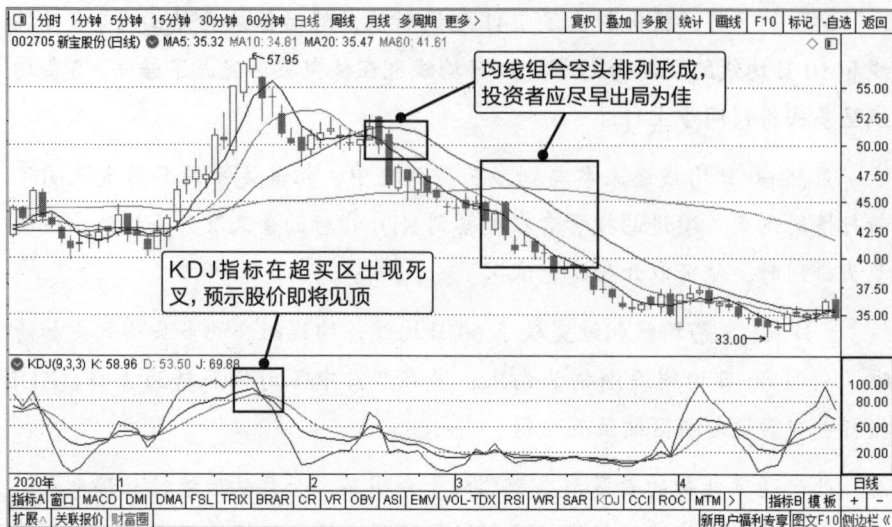

图 7-16　新宝股份 2020 年 12 月至 2021 年 4 月的 K 线图

　　图中展示的是新宝股份的股价高位，可以看到，该股在 2020 年 12 月横盘一段时间后，于 2021 年 1 月中上旬快速上涨，3 条较短周期的均线上扬角度较大，KDJ 指标上扬快速运行至超买区上方。

　　1 月中下旬，股价出现回落，灵敏的 KDJ 指标迅速在超买区形成死叉。此时，5 日均线和 10 日均线随着股价下跌，其他两条均线还未出现明显反应，KDJ 指标首先出现的看空形态，就是对投资者的一次警示。

　　2 月中上旬，股价横盘后再次下跌，骤然加快的跌速拉动 5 日均线、10 日均线和 20 日均线迅速向下转向，3 条均线形成初步的空头排列。而 60 日均线在 3 月中上旬才被跌破，至此，4 条均线才全部形成空头排列形态。

　　两项指标的看空形态相继出现，对后市的下跌产生了更为强烈的预示作用。机警的投资者在 3 条均线构成空头排列时就已经出局，而犹豫不决的投资者在 60 日均线被跌破时也应该及时撤离，继续等待变盘只会带来更大的损失。